Die schönsten Motorradtouren in Europa

Die schönsten Motorradtouren in Europa

Rudolf Geser

40 Touren von Sizilien bis Norwegen

Bild oben: Eigentlich nicht zum Biken gedacht – die alten Pfahlbauten bei Unteruhlsingen am Bodensee.

Bilder gegenüberliegende Seite: Verlassene Kirchen säumen den Jokobsweg in Spanien (oben). In Schottland hat man die Straße oft für sich ganz alleine, hier eine Nebenstrecke der berühmten »Road to the Isles« (Mitte). Das Schloss ist das Ziel – hier ein französisches Wasserschloss bei Chenonceaux am Cher (unten).

Vorwort

Kurze Rast an einer Kaskade aus Eis und Wasser am Sommeilerpass.

Landschaftsmosaik Europa

Für Motorradfahrer reicht Europa von den kargen, nur mit niedrigem Buschwerk, Moosen und Flechten bedeckten Hochflächen der Fjells, wie in Norwegen jegliches Gebiet oberhalb der Waldgrenze genannt wird und auf denen man noch archaisch anmutende Moschusochsen antreffen kann, bis weit hinunter an die Südspitze Spaniens, nur einen Steinwurf von Afrika entfernt, wo im sonnenüberfluteten Andalusien die höchste europäische Passstraße auf den 3392 Meter hohen Pico del Veleta wartet.

Im Nordwesten sind es die rauen schottischen Highlands mit einer grandiosen unberührten Natur aus Klippen, an denen das Meer meist stürmisch anbrandet, Hochmoore und kahle Felskuppen, gegen die sich die von dunklen Wäldern überzogenen Berge des Schwarzwaldes freundlich ausnehmen. Im Osten können Sie in Polen auf touristische Entdeckungsreise gehen und dabei auf vielfältige Spuren deutscher Vergangenheit treffen.

Europa bietet eine solche Bandbreite unterschiedlicher Landschaften, wie man sie wohl auf der ganzen Welt auf einem so überschaubaren Raum nicht mehr antreffen kann. Diese reicht beispielsweise von den Vulkanbergen der Auvergne, den Schlössern an der Loire über die Schluchten der Cevennen und der Provence, wo aus blühenden Lavendelfeldern ein fast 2000 Meter hohes Kalksteinmassiv aufragt, das den Namen Mont Ventoux, Berg des Windes, nicht umsonst trägt, bis zu den Pyrenäen, deren Ruf als wildes, unzugängliches Gebirge sich wohl in erster Linie auf die große Entfernung zu Deutschland und den entsprechend spärlichen Informationen hierzulande gründet.

Mediterrane Vielfalt

In Italien spannt sich der Bogen von den Passstraßen Südtirols und der Dolomiten, die an Kurvenreichtum und landschaftlicher Schönheit ihresgleichen suchen, vorbei am Gardasee, der nicht nur Badegelegenheiten, sondern attraktive Bergstraßen bietet, bis hinunter ins Piemont und in die Ligurischen Alpen, wo vor allem die Fraktion der Stollenreifenfahrer auf ihre Kosten kommt und dabei am Colle Sommeiller bis in Höhen von über 3000 Metern vordringen kann. Auch in der Toskana oder in den Abruzzen geht es teilweise höher hinaus, wenngleich hier wieder reine Genusstouren im Vordergrund stehen und auch Kunst und Kultur in Städten wie Florenz, Siena und Pisa, um nur einige zu nennen, nicht vergessen werden dürfen. Hoch hinauf geht es auch am Vesuv, der recht friedlich über dem lebhaften Straßengewirr von Neapel und der Amalfitana, einer der schönsten Küstenstraßen der Welt, aufragt und dennoch in den Jahren 63 und 79 nach Christus für eine der größten Naturkatastrophen der damaligen Zeit verantwortlich war. Auch auf Sizilien kann man mit dem Ätna einen Vulkan besuchen, während die kleinere und überschaubarere Insel Elba aus geschichtlicher Sicht vor allem als Napoleons Verbannungsort bekannt ist und darüber hinaus eine große Vielfalt an landschaftlicher Schönheit und kurvenreichen Straßen aufweist.

Dies finden wir freilich auch auf Korsika und Sardinien, die sich, obwohl in unmittelbarer Nachbarschaft gelegen, aus Motorradfahrersicht vor allem durch ihren Straßenzustand erheblich unterscheiden: Sind die Straßen auf Sardinien, von wenigen Ausnahmen im Gennargentu-Massiv einmal abgesehen, erstaunlich gut, sind sie auf Korsika – vor allem im bergigen Hinterland – zum Teil erstaunlich schlecht, dafür allerdings an Kurvenreichtum kaum zu übertreffen.

Reizvolles Mittel- und Osteuropa

Aber auch die Ziele in Deutschland, vom nördlichen Teil der Alleenstraße bis hinunter nach Oberbayern, und im gebirgigen Österreich, wo es in Nordtirol mit der Söldener Gletscherstraße bis auf 2829 Meter Höhe und damit auf den höchsten öffentlich auf einer durchgehend befestigten und damit für alle Motorräder geeigneten Strecke anfahrbaren Punkt des Alpenraums hinaufgeht, müssen sich keineswegs verstecken.

Und die Schweiz mit ihrer Vielzahl kurvenreicher Passstraßen von Graubünden über das Tessin bis

in die Westschweiz steht ja ohnehin für Fahrspaß pur.
Die Landschaft, aber auch eine für uns Mitteleuropäer vielleicht weniger bekannte Kultur steht in den osteuropäischen Ländern Polen, Ungarn und Rumänien im Vordergrund. Besonders Rumänien bietet noch echtes Abenteuer, vor allem für Endurofahrer, die keine Probleme mit schlechten oder gar ungeteerten Straßen haben.

Fahrspaß maßgeschneidert

Letztendlich lassen die 40 beschriebenen Touren in den schönsten Landschafts- und Feriengebieten Europas keinerlei Wünsche für Motorradfahrer offen, und ich bin sicher, dass hier jeder sein Traumziel finden wird. Natürlich findet sich in diesem Buch eine persönliche Auswahl, die keine Vollständigkeit vorgaukeln will. Auch Portugal, Slowenien, Südengland oder Finnland sind eine Reise wert.
Damit man bereits vor Urlaubsantritt so weit wie möglich über das Reiseziel informiert ist, habe ich in die jeweilige Tourenbeschreibung so viel Wissenswertes wie möglich eingefügt. Die Urlaubsplanung soll Ihnen aber vor allen Dingen der organisatorische Teil zu jeder Tour erleichtern, der neben der Anfahrtsstrecke auch über die voraussichtlich benötigte Fahrtzeit und über eventuelle Mautgebühren informiert. Sind Fähren zu benutzen, werden hierzu ebenfalls Angaben gemacht.
Und damit neben dem reinen Fahrspaß auch Kunst und Kultur nicht zu kurz kommen, werden zu jeder Tour Sehenswürdigkeiten entlang der Strecke angegeben und für den hoffentlich nicht eintretenden Fall einer Panne auch Motorradwerkstätten. Somit dürfte in diesem Führer vieles enthalten sein, was Ihnen die Reiseplanung erleichtert. Nur auf eines habe ich leider keinen Einfluss, das Wetter. Eine Regenkombi sollte immer dabei sein.
Mir verbleibt nun also nur noch, Ihnen viel Spaß, schönes Wetter und ein gutes Gelingen der Touren zu wünschen. Und noch etwas: Fahren Sie vor allem auch im Ausland rücksichtsvoll und defensiv, um wieder heil und gesund zurückzukommen.

Rudolf Geser

Bild oben: Höhenflug mit dem Motorrad über dem Golf der Poeten bei La Spezia.
Bild Mitte: In Frankreich überraschen uns immer wieder herrliche Platanenalleen – hier auf dem Weg zur Loire.
Bild unten: Auf der Timmelsjochstraße berühren wir sogar ewiges Eis – hier der Tiefenbachferner.

Bild gegenüberliegende Seite: Eine schöne Kehrenanlage verbindet Umhausen im Ötztal mit dem kleinen Dorf Niederthai.

Bilder rechte Seite: Dreimal Spanien von seiner besten Seite. Auf dem Jakobsweg führt die Route manchmal auch über die Staubpiste (oben).
Wo früher die Pilger an einer Messe teilnahmen, führt heute die Straße mitten durch die Kirche – hier am Jakobsweg (Mitte).
Weiß umrahmte Dachpfannen sind das Markenzeichen vieler andalusischer Dörfer, wie hier in Grazalema (unten).

TOURATECH

DEUTSCHLAND

Im hohen Nordosten Deutschlands, auf Rügen, beginnt die Tour entlang der Deutschen Alleenstraße. Sie führt den Zweirad-Genießer auf baumgesäumten Straßen durch das weite, dünn besiedelte Mecklenburg-Vorpommern mit seinem bekannten Seengebiet, durch Brandenburg, Sachsen-Anhalt und Thüringen. Dort geht es kurvenreich durch die waldige Mittelgebirgslandschaft des Thüringer Waldes und des Thüringer Schiefergebirges. Und noch zwei weitere landschaftlich und auch fahrerisch ausgesprochen attraktive deutsche Mittelgebirge werden mit den Fahrten durch den Schwarzwald und die Fränkische Schweiz vorgestellt, bevor es dann mit einer kleinen Tour in den bayerischen Voralpen einen Vorgeschmack auf Panoramen und Pässefahrspaß in den Zentralalpen gibt.

Bild links: Der Bodensee – hier die wiederhergestellten Pfahlbauten bei Unteruhlsingen aus der Stein- und der Bronzezeit – könnte der Ausgangspunkt für eine abenteuerliche Reise durch Deutschland sein.

Bild oben: Eine der beliebtesten Routen ist die Deutsche Alpenstraße, die vom Bodensee durch die Voralpen bis nach Berchtesgaden führt. Die Abendstimmung am Tegernsee wäre dann inklusive.

Deutsche Alleenstraße – Die Fahrt im grünen Tunnel

Was Napoleons Soldaten schon erfreute, ist auch für den »Streetfighter« von heute eine Wohltat. Besonders in der heißen Jahreszeit gestaltet sich die Fahrt im Licht- und Schattenspiel der Deutschen Alleenstraße zu einer erfrischenden Begegnung zwischen Ost und West, Vergangenheit und Gegenwart. Eine Fahrt durch das ganze Deutschland in seiner reichen Vielfalt.

Tour 1

Streckenlänge 1114,0 km

Ausgangs- und Endpunkt
Prora/Rügen (5 m)
Plauen (311 m)

Anfahrt München – Ingolstadt – Nürnberg – Bayreuth – Hof – Dessau – Neuruppin – Rostock – Ribnitz-Damgarten – Löbnitz – Stralsund – Putbus – Prora (895 km)

Anfahrtszeit 10 3/4 Stunden

Straßenverhältnisse
Aus Kostengründen werden Straßenreparaturen fast usschließlich mit Bitumenflicken durchgeführt. Als Zugabe gibts noch Rollkies, und fertig sind die Motorradfallen. Wer sein Tempo nicht anpasst und im Licht- und Schattenspiel diese unverantwortlichen Straßenbausünden übersieht, lebt gefährlich. Also unbedingt Tempo runter, gerade auf einsamen Streckenabschnitten, wo einem immer wieder unbeleuchtete Fahrzeuge, Radfahrer und Fußgänger begegnen können.

Servicestellen
Bergen/Rügen: Suzuki Michael Köster, Straße der DSF 63 a, 18528 Bergen/Rügen
Ostseebad Wustrow: BMW Bike-World, Rudolf-Diesel-Str. 7, 19061 Schwerin
Dessau: Honda Motorrad-Warmuth, Bauhüttenstr. 15, 06847 Dessau
Yamaha Motorrad Franke, Kleutscher Str. 58, 06842 Dessau-Mildensee
Rudolstadt-Kirchenhasel: Honda Motorrad Werner, Altsaale 21, 07407 Rudolstadt-Kirchenhasel

›››

Strecke: Prora/Rügen (km 0,0) – Ostseebad Sellin (km 15,0) – Ostseebad Göhren (km 22,0) – Putbus (km 43,0) – Garz (km 51,5) – Stralsund (km 80,5) – Grimmen (km 107,5) – Demmin (km 136,5) – Kummerow (km 160,5) – Malchin (km 168,5) – Malchow (km 207,5) – Röbel (km 225,5) – Rheinsberg (km 284,5) – Neuruppin (km 308,5) – Fehrbellin (km 314,5) – Nauen (km 356,5) – Brandenburg (km 398,5) – Belzig (km 435,5) – Lutherstadt Wittenberg (km 476,5) – Eutzsch (km 482,5) – Gräfenhainichen (km 498,5) – Oranienbaum (km 508,5) – Dessau (km 521,5) – Köthen (km 541,5) – Staßfurth (km 579,5) – Halberstadt (km 615,5) – Osterwieck (km 646,0) – Goslar (km 668,5) – Seesen (km 687,5) – Northeim (km 716,5) – Duderstadt (km 748,5) – Heiligenstadt (km 771,5) – Leinefelde (km 785,5) – Mühlhausen (km 812,5) – Bad Langensalza (km 833,5) – Eisenach (km 861,5) – Meiningen (km 913,5) – Oberhof (km 948,5) – Arnstadt (km 776,5) – Rudolstadt (km 1009,5) – Saalfeld (km 1020,5) – Leutenberg (km 1038,5) – Lobenstein (km 1066,5) – Schleiz (km 1088,0) – Plauen (km 1114,0)

Über 2500 Kilometer lang ist die gesamte Alleenstraße von Prora auf Rügen bis zur Insel Reichenau am Bodensee, aber ich begnüge mich mit dem nördlichen und mittleren Teil bis Plauen im sächsischen Vogtland.

Auf Rügen

Als Ausgangspunkt für diese Tour habe ich mir einen der schönsten Badestrände Rügens vor der ehemaligen »Kraft-durch-Freude-«, kurz »KdF-« Anlage in Prora ausgesucht, die im Dritten Reich gebaut wurde, um verdienten Arbeitern des Regimes einen Erholungsurlaub zu ermöglichen. 4 Kilometer des geplanten Gebäudes sind fertig gestellt, es sollte ursprünglich noch länger werden. Ein Großteil davon steht heute leer, nachdem die Nationale Volksarmee der ehemaligen DDR ausgezogen ist. Es hat sich noch kein Investor gefunden, der dieses gewaltige Gebäude sanieren will. Die Mini-Appartements entsprechen in Grundriss und Größe einfach nicht mehr heutigen Ansprüchen.
Mir genügt für heute der Strand auf der anderen Seite des Gebäudes, der den Vergleich mit Spanien oder Italien nicht zu scheuen braucht. Leider ist er aber auch genauso voll. Ich bin überrascht von der Freizügigkeit der Sonnenanbeter – ein Großteil der Menschen ist hier splitterfasernackt. Wohl ein Relikt aus vergangenen DDR-Zeiten. Ich entledige mich

auch meiner Motorradklamotten und springe in die Fluten. Man kommt schnell ins Gespräch hier. Sofort als »Wessi« enttarnt, weil ich meine Badehosen anbehalte, bekomme ich den Tipp, mir das NVA-Museum anzusehen. Es befindet sich in einem Teilstück des Gebäudes, doch ich schwinge mich nach dieser erfrischenden Badeeinlage lieber wieder aufs »Mopped«.

Über Stralsund nach Süden

An einem beschrankten Bahnübergang muss ich anhalten, als ein alter Dampfzug die Straße überquert. Der »Rasende Roland« ist eine bekannte Attraktion der Insel. Als sich der Rauch verzieht, geht es weiter zum Ostseebad Göhren, aber die Preise an der Strandpromenade und der zu erwartende Verkehr am Ende dieses Badetages lassen es mir leichter fallen, die Insel Rügen zu verlassen. Es ist wunderschön hier, doch ich habe mir mit August den »falschen« Monat ausgesucht. Über Putbus, das mit seinen Baudenkmälern aus dem frühen 19. Jahrhundert im wahrsten Sinne des Wortes glänzend in der Mittagssonne liegt, fahre ich weiter durch Schatten spendende Baumröhren zum kilometerlangen Damm, der die Insel mit dem Festland und Stralsund verbindet. Je weiter ich das historische Stadtzentrum Stralsunds hinter mir lasse und auf der B 194 Richtung Süden fahre, desto weniger Verkehr begegnet mir. Teilweise kommt minutenlang kein Fahrzeug entgegen. Das ist auch gut so, denn die Straße hier ist gerade mit Bitumenflicken ausgebessert worden und hat als »Sahnehäubchen« darauf noch etwas Rollkies bekommen.

Dass ich mich hoch im Norden befinde, wird schon wegen der Bauweise der Häuser und der speziellen Sonneneinstrahlung deutlich. Dass ich bei Steinhagen sogar eine Windmühle sehe, überrascht mich dann aber doch. Bei einem kurzen Gespräch mit der Tochter des Müllers erfahre ich Wissenswertes über Bauweise und Funktion der Mühle.

Die Wartburg – hier übersetzte Martin Luther die Bibel ins Deutsche – ist eine der Hauptattraktionen auf unserer Route. Die Fachwerkbauten stammen aus dem 15. und 16. Jahrhundert.

›››

Saalfeld/Saale: Yamaha Motorrad Center Koch, Kulmbacher Str. 18, 07318 Saalfeld/Saale
Schleiz: Honda MM Schleizer Dreieck M. Zapf, Langwiesenweg 15, 07907 Schleiz
BMW Autohaus Kühnert, Greizer Str. 41, 07907 Schleiz
Plauen: Suzuki Motorrad Shop Gottsmann, Gut Rensa 12/Gewerbegebiet, 08529 Plauen

›››

>>>

Karte Euro Cart Länderkarte 1:800.000, Blatt Deutschland Vom ADAC werden Kartenblätter herausgegeben, die in insgesamt acht Teilabschnitten die gesamte Deutsche Alleenstraße von Rügen bis zur Insel Reichenau am Bodensee enthalten.

Hinweis Weitere Informationen zur Deutschen Alleenstraße sind im Internet unter www.Deutsche-Alleenstraße.de erhältlich.

Durch die Mecklenburgische Seenplatte nach Brandenburg

Das Licht- und Schattenspiel des Alleenstraßen-Fahrens hat mich schon in seinen Bann gezogen. Ich fühle mich teilweise wie im Tunnel, so dicht schließen die Äste über meinem Helm und sperren das Sonnenlicht fast gänzlich aus. Dann wieder dichte Baumkronen, wie in der wunderschönen Kastanienallee bei Malchin, die seitwärt den Blick auf die weiträumige, sanft hügelige Landschaft zulässt.

Entlang zahlreicher von Freizeitkapitänen bevölkerter Seen fahre ich am Müritz-Nationalpark vorbei. Die ganze Infrastruktur ist hier aufs Wasser ausgerichtet, das Leben spielt sich vornehmlich auf den Flüssen, Seen und Kanälen ab. Normalerweise ziehe ich die sommerliche Einsamkeit den hier teilweise sogar recht kurvigen Landstraßen mit ihrem schützenden Blätterdach dem regen Wassersporttourismus vor, doch nach einem recht üppigen und köstlichen Kaffee- und Kuchenbüffet am Wutzsee lockt dann doch das 27 Grad warme und saubere Wasser.
Bei Fehrbellin besichtige ich die Hakenberg-Siegessäule, errichtet im Jahr 1675 von Friedrich Wilhelm, Kurfürst von Brandenburg, der die Schweden in die Flucht schlug, und finde mein Nachtquartier auf Burg Rabenstein, einer mittelalterlichen Burg mit empfehlenswertem Restaurant und preiswerter Übernachtungsmöglichkeit, wo auch öfters Motorradtreffen veranstaltet werden.

Sehenswürdigkeiten

- **Göhren/Rügen:** Freilichtmuseum mit reetgedecktem Bauernhaus aus dem 19. Jh. mit Trachten und landwirtschaftlichen Geräten.
- **Putbus – Göhren/Rügen:** »Rasender Roland« wird eine über 90 Jahre alte Schmalspur-Dampfeisenbahn genannt, die zwischen Potbus und Göhren verkehrt.
- **Putbus/Rügen:** Klassizistisches Theater von 1821. Das 300 Plätze umfassende prachtvolle Bauwerk hat eine einmalige Akustik.
- **Steinhagen:** Hier ist die letzte von ehemals 60 Windmühlen in dieser Region zu besichtigen.
- **Fehrbellin:** Hakenberg-Siegessäule, das 34 Meter hohe Denkmal ist von innen zu besichtigen, 114 Stufen ermöglichen einen schönen Panoramablick.
- **Lutherstadt Wittenberg:** Augusteum mit Wohnhaus; Luthers Melanchthonhaus; Marktplatz am Rathaus aus dem 16. Jh. mit überlebensgroßen Luther- und Melanchthon-Statuen.
- **Wörlitzer Park:** Schöner Landschaftspark bei Wörlitz, ca. 5 km nördlich von Oranienbaum, der zwischen 1765 und 1811 angelegt wurde. Auf dem Wörlitzer See werden für Romantiker Gondelfahrten veranstaltet.
- **Dessau/Törten:** Bauhaussiedlung von W. Gropius.
- **Goslar:** Die Kaiserpfalz, das geschlossen erhaltene Stadtbild und das über 1000 Jahre alte Silberbergwerk sind absolut sehenswert.
- **Eisenach:** Wartburg, eine der historisch interessantesten Burganlagen Deutschlands.
- **Schleiz:** Einmal jährlich finden hier noch Motorradrennen statt, daneben auch Oldtimer-Veranstaltungen.
- **Plauen:** Elstertalbrücke aus dem 13. Jh.

Von Dessau nach Eisenach

Der nächste Morgen bringt Regenschauer, und ich beschließe deshalb, den geplanten Besuch im Wörlitzer Park ausfallen zu lassen, nicht zuletzt auch wegen dem dort zu erwartenden Urlaubsrummel.

Stattdessen besichtige ich die große Bauhaussiedlung im Dessauer Vorort Törten. Die mehr als 300 Wohnhäuser sehen eigentlich überhaupt nicht so aus, als ob sie bereits 1926 gebaut worden wären. Wie hätte wohl ein Motorrad von Gropius ausgesehen, falls er eines konzipiert hätte?

Weil der Wetterbericht von Nordwesten her Besserung verspricht, mache ich mich auf, um bei Dessau in die Westtangente der Alleenstraße vorzustoßen. Ich überquere die Saale bei Nienburg und passiere immer mehr brach liegende Industriegelände aus DDR-Zeiten. Leider sieht es hinter Goslar etwas dürftig aus mit Alleebäumen, und die B 247 zwischen Leinefeld und Bad Langensalza nervt mit Schwerlastverkehr und Baustellen. In Eisenach auf der Wartburg dann das bekannte Spiel: Schon die Parkplatzsuche für mein Zweirad gerät im Menschengetümmel zum »Procedere«.

Durch den Thüringer Wald

Erst in den nördlichen Rhönausläufern vor Meiningen und wenig später im Thüringer Wald bei Oberhof bin ich wieder im Einklang mit Motor, Kurven, Einsamkeit und den Bäumen am Straßenrand. Nach einer nördlichen Schleife über Arnstadt tauche ich nochmals tief in die Mittelgebirgslandschaft des Naturparks Obere Saale ein. Dann empfängt mich der Schleizer Ring mit Grillschwaden und dem Duft von echten Thüringer Rostbratwürsten. Hier weiß man, was der Biker braucht, finden doch am Schleizer Ring seit 1923 Motorradrennen statt.

In Plauen beende ich meine Tour, denn bald hört es fast auf mit Bäumen am Wegesrand: Die Sicherheitskampagnen der 60er und 70er Jahre in der alten BRD haben ihnen den Garaus gemacht. Was von der Arbeitsgemeinschaft Alleenstraße und dem ADAC als Förderer des Projekts als Strecke ausgelobt wird, benötigt wohl noch Jahrzehnte der Wiederaufforstung. Lediglich auf der Insel Reichenau am Bodensee befindet sich noch ein gut erhaltenes Ensemble – der Anfang der Alleenstraße, oder das Ende, wie man es nimmt.

Bild gegenüberliegende Seite: Hier trägt die Alleenstraße ihren Namen zu Recht. Die Fortsetzung dieser prächtigen Route endet erst am Bodensee, doch im süddeutschen Raum wurden die schönen Bäume bereits vor Jahrzehnten einer vermeintlichen Sicherheit geopfert.

Bild unten: Am schönsten zeigt sich die Alleenstraße im Frühjahr, wenn die Bäume ihr Blütenkleid anlegen – wie hier auf der Südseite des Harzes. Neben Obstbäumen gibt es auch Kastanien und Platanen, die früher den Reisenden in der heißen Jahreszeit Schatten spendeten.

Schwarzwald – Durch das schönste Mittelgebirge Deutschlands

Der Schwarzwald ist ohne Zweifel das schönste und abwechslungsreichste Mittelgebirge Deutschlands. Seinen Namen verdankt er den dunklen Tannen- und Mischwäldern, die mehr als die Hälfte seiner Fläche bedecken. Er erstreckt sich parallel zur Rheinebene, etwa auf der Höhe von Basel beginnend, auf einer Länge von 170 Kilometern Richtung Norden bis Pforzheim. Im Westen bildet das Oberrheintal eine natürliche Grenze, im Südosten ist der Übergang in den Schwäbischen und Schweizer Jura dagegen eher fließend.

Tour 2

Streckenlänge 273,5 km

Ausgangs- und Endpunkt
Freiburg (278 m)

Anfahrt München – Landsberg – Memmingen – Lindau – Kressbronn – Friedrichshafen – Meersburg – Singen – Titisee-Neustadt – Freiburg (350 km)

Anfahrtszeit 4 1/2 Stunden

Streckensperrung
Die Schauinsland-Bergstraße ist an Wochenenden und Feiertagen vom 30. März bis 1. Nov. für Motorradfahrer gesperrt. Im Kurbereich von Freudenstadt besteht zwischen 22 und 6 Uhr ganzjährig Nachtfahrverbot. Auf der B 500 zwischen Baden-Baden und Freudenstadt ist die Geschwindigkeit überwiegend auf 70 km/h begrenzt.

Servicestellen
Baden-Baden: Yamaha Klaus Scheck, Fürstenbergallee 50, 76532 Baden-Baden
Suzuki Jochen Rehm, Ooser Hauptstr. 3, 76532 Baden-Baden
Freiburg: Yamaha Zweirad Garage L. Schwär, Gündlingerstr. 1, 79111 Freiburg
Honda F. Sütterlein, Hexentalstr. 2, 79249 Freiburg-Merzhausen
BMW Autohaus Freiburg, Breisacher Str. 86, 79110 Freiburg
Kawasaki Udo Rommerskirchen, Schopfheimer Str. 2, 79115 Freiburg

›››

Strecke: Freiburg (km 0,0) – Schauinsland (km 21,0) – Todtnau (km 42,5) – Utzenfeld (km 45,5) – Belchen (km 57,0) – Wiedener Eck (km 62,0) – Lailehäuser (km 65,0) – Utzenfeld (km 71,0) – Todtnau (km 74,0) – Feldberg (km 84,5) – Feldberg-Bärental (km 90,5) – Titisee (km 96,0) – Hinterzarten (km 101,0) – Breitnau (km 105,0) – Gasthaus Thurner (km 110,0) – St. Märgen (km 117,0) – St. Peter (km 114,0) – Berghotel Kandel (km 124,0) – Waldkirch (km 136,0) – Elzach (km 147,0) – Haslach (km 162,0) – Hausach (km 170,0) – Wolfach (km 174,0) – Oberwolfach (km 177,0) – Bei der Walke (km 180,0) – Freudenstadt (km 208,5) – Baden-Baden (km 273,5)

Mit »fließend« ist auch das am besten zu umschreiben, was den Motorradfahrer neben der herrlichen Landschaft in den Schwarzwald lockt: das Fahrvergnügen auf den kurvenreichen, gut ausgebauten Straßen, die den Schwarzwald in einem schier nicht enden wollenden Auf und Ab überziehen.

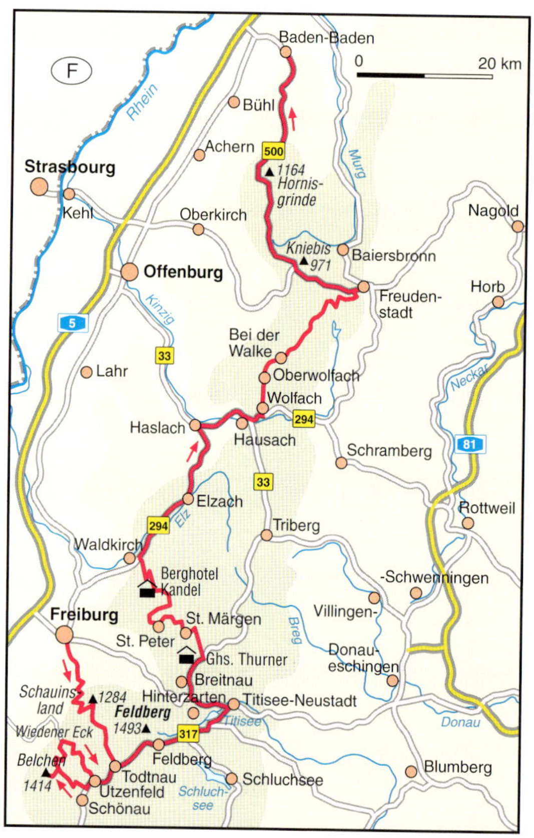

Auf den Schauinsland

Die vielleicht schönste, auf jeden Fall aber bekannteste Motorradstrecke im Schwarz-wald ist die von Freiburg hinauf zum Schauinsland, dem 1284 Meter hohen Ausflugsziel der Freiburger, dessen frühere Bezeichnung »Erzkasten« genauso in Vergessenheit geriet wie die Tatsache, dass dort oben einst Silber, Blei und Zinkerz abgebaut wurde. Lange her ist dies freilich: Die Hauptabbauzeit war im 14. und 15. Jahrhundert, und so muss man dies nicht unbedingt wissen, wenn man sich von Freiburg aus auf den Weg macht. Eine andere Information ist allerdings unerlässlich, nämlich die bedauerliche Tatsache, dass die Schauinslandstraße zwischen dem 1. März und dem 1. November an allen Wochenenden und Feiertagen für Motorradfahrer gesperrt ist.

Heute ist allerdings Wochentag, und ich kann die herrliche Kurvenstrecke dort hinauf voll auskosten. Vor allem das obere Teilstück der 1920 erbauten Straße beeindruckt mich, und ich finde es keineswegs verwunderlich, dass dort erstmals im Jahre 1924 der »Große Bergpreis von Deutschland« aus-

getragen wurde, bevor diese Veranstaltung den verschärften Umweltbestimmungen zum Opfer fiel.
Ich halte erst nach dem Überfahren des höchsten Punktes an der Abzweigung nach Kirchzarten, die »Notschrei« genannt wird und wo ein Obelisk daran erinnern soll, dass die hier ansässigen Gemeinden in ihrer Not lange Jahre nach einer Straßenverbindung zwischen Kirchzarten und Todtnau schrieen.
Ich fahre abwärts nach Todtnau, um von dort noch einen Abstecher zum Belchen zu unternehmen, wie die kuppelförmig aufgewölbten Berge mit ihren weithin sichtbaren kahlen Hochlagen in dieser Gegend im alemannischen Sprachgebrauch im Allgemeinen und hier im Speziellen genannt werden.

Die Feldbergstraße

Über das Wiedener Eck fahre ich zurück ins Wiesetal, um bei Todtnau meine Schleife wieder zu beenden und die Feldbergstraße anzugehen. Vom 1234 Meter hoch gelegenen Parkplatz am Scheitelpunkt der Straße ist der Gipfel der höchsten Erhebung des Schwarzwaldes noch gute 250 Höhenmeter von mir entfernt, und wenn er auch auf guten Wanderwegen, unter Mithilfe eines Sesselliftes bis zum Seebuck, unschwer zu erreichen wäre, verzichte ich doch auf eine Besteigung.

Im Hochschwarzwald

Stattdessen fahre ich abwärts zum Titisee, der mit seinen nicht gerade überwältigenden Maßen von 2 Kilometern Länge und 750 Metern Breite dennoch der größte Natursee des Schwarzwaldes ist, um an dessen Nordspitze nach Hinterzarten abzubiegen.
Der heilklimatische Kurort ist Heimatort so berühmter Sportler wie Georg Thoma, der 1960 im amerikanischen Squaw Valley die Goldmedaille in der Nordischen Kombination gewann, und Dieter Thoma, Skiflugweltmeister und Sieger der Vierschanzentournee, dessen Erfolge zwar noch nicht so lange zurückliegen, aber der seine aktive Karriere ebenfalls bereits beendet hat. Erste Erfahrungen in ihrer Sportart sammelten beide auf der berühmten mattenbelegten Adlerschanze am Ortsrand.

Wenn auch die typischen Schwarzwaldhäuser am Verschwinden sind, immer gibt es aber eine erfreuliche Begegnung mit der bereits historisch gewordenen Architektur – wie hier bei Wolfach.

>>>

Freudenstadt: Suzuki Motorrad Beck, Hirschkopfstr. 34, 72250 Freudenstadt
Honda K. Müller, Rudolf-Diesel-Str. 9, 72250 Freudenstadt

Karte Euro Cart Regionalkarte 1:300.000, RV-Verlag Deutschland Blatt 11, Baden-Württemberg

Schwarzwälder Panoramastraße

Ich hingegen will weitere Motorradkilometer sammeln und biege Richtung Breitnau ab. Ich befinde mich nun auf der Schwarzwälder Panoramastraße, die von hier über St. Märgen und St. Peter nach Waldkirch führt und deren schönster Streckenteil an der Nordseite des Kandels verläuft. Von den Hauptgipfeln des südlichen Schwarzwaldes ist dieser 1243 Meter hohe Berg durch seine exponierte Lage vielleicht der imposanteste und bietet eine prächtige Fernsicht, die von der Schwäbischen Alb bis zu den Alpen reicht. Auch die Straße führt recht hoch hinauf, bis knapp unter Gipfelhöhe, bevor sie sich ins Elztal absenkt.

Durch Elztal und Kinzigtal

Ich fahre das Elztal aufwärts, verlasse bei Elzach langsam den Hochschwarzwald, in dem ich mich bisher aufgehalten habe, um mich mehr dem mittleren Teil zu widmen, der zwar nicht mehr ganz so imposant erscheint, aber auch noch mit Gipfelhöhen zwischen 1000 und 1250 Metern aufwarten kann.

Bei Haslach erreiche ich das Kinzigtal und fahre aufwärts über den lang gestreckten Eisen-

Sehenswürdigkeiten

- **Freiburg:** Seilbahn vom Stadtgarten zum aussichtsreichen Schlossberg mit Kanonenplatz; Münster; Rathaus mit Glockenspiel zur Mittagszeit; Natur- und Völkerkundemuseum.
- **Todtnau:** Glasbläserhof im Ortsteil Aftersteg; Berg-Wild-Park Steinwassen.
- **Titisee-Neustadt:** Münster St. Jakobus; Museum »Heimatstuben«.
- **St. Peter:** Barocke Pfarrkirche St. Peter aus dem 18. Jh. mit vielfältigen Stuckarbeiten sowie angeschlossenes Kloster mit Bibliothek.
- **Waldkirch:** »Schwarzwaldzoo« mit in Europa heimischen Tier- und Vogelarten am südlichen Stadtrand (offen täglich 9 – 17 Uhr).
- **Haslach:** Trachtenmuseum im ehemaligen Kloster mit Schwarzwälder Volkstrachten (offen April bis Oktober Di. bis Sa. 9 – 17 Uhr So. 10 – 17 Uhr, von November bis März Di. bis Fr. 9 – 12 Uhr und 13 – 17 Uhr).
- **Wolfach:** Schloss mit Heimatmuseum (offen Mai bis Oktober, Di., Do., Sa., So. 14 – 17 Uhr, So. auch 10 bis 12 Uhr).
- **Oberwolfach:** Mineralien- und Bergbaumuseum in der Schulstraße 5 (offen Di., Mi., Fr. und Sa. jeweils 14 – 17 Uhr).
- **Freudenstadt:** Fichtennadel-Bewegungsbad; evangelische Stadtkirche am Marktplatz; Friedrichsturm am Kienberg.
- **Baden-Baden:** Römische Baderuinen unter dem Römerplatz; Friedrichshaus; Trinkhalle neben dem Kurhaus; Neues Schloss; Caracalla-Therme; Spielkasino.

bahn- und Straßenknotenpunkt Hausach nach Wolfach, einer malerischen fürstenbergischen Kleinstadt an der Einmündung des gleichnamigen Flusses. Durch das landschaftlich reizvolle Tal geht es nun hinüber nach Freudenstadt. Dort erfahre ich bei einer Rast, dass das Tal für seinen Mineralienreichtum berühmt war und dort auch heute noch hobbymäßig nach Edelsteinen gesucht wird. In Oberwolfach, in der Grube Clara und am Siedlungsplatz Walke können die Abraumhalden noch immer auf wertvolles Gestein durchsucht werden. Im trauere der vergebenen Chance nicht lange nach, sondern freue mich auf das letzte Teilstück meiner Schwarzwaldreise, der Schwarzwald-Hochstraße hinüber nach Baden-Baden.

Die Schwarzwald-Hochstraße

Einige Sehenswürdigkeiten liegen auf den 60 Kilometern der gut ausgebauten Straße noch vor mir: beispielsweise die Ortschaft Kniebis mit den Ruinen eines alten Klosters aus dem 13. Jahrhundert, der von den eiszeitlichen Gletschern ausgehobelte Mummelsee, der seinen Namen von den Mummeln, Seerosengewächsen mit gelben Blüten erhalten hat, oder das mondäne Schlosshotel Bühlerhöhe, dessen Preise von 120 bis 1600 Euro für den gebotenen Service zwar durchaus angemessen erscheinen, meine Reisekasse leider aber doch etwas überstrapazieren würden. Aber eine Schwarzwälder Kirschtorte kann ich mir durchaus leisten und verzehre diese Kalorienbombe aus Sahne, Kirschen und Kirschwasser mit Hochgenuss, obwohl sie eigentlich gar nicht im Schwarzwald erfunden wurde, sondern vom Konditor Josef Keller in Bad Godesberg bei Bonn.

Zurück in Baden-Baden überlege ich, ob ich der Spielbank einen Besuch abstatten soll. Immerhin gilt sie nicht nur als die älteste (seit 1838), sondern auch als größte und schönste der Welt. Ich lasse es dann aber lieber bleiben, schließlich will ich nicht wie Fjodor M. Dostojewski (1821 – 1881) enden, der zuletzt hier sogar seine Kleidung versetzen musste. Nicht auszudenken, wenn ich ohne Helm und Kombi nach Hause käme!

Bild gegenüberliegende Seite: Auch wenn die Straßen im Schwarzwald oft genug großzügig ausgebaut sind, gibt es immer wieder zusätzlichen Fahrspaß in engen Kurven.

Bild unten: Rast in Reichental, um die berühmte Kirschtorte vor Ort zu testen.

Fränkische Schweiz – Zum fränkischen Fudschijama

Es gibt eine Vielzahl guter Gründe, die Fränkische Schweiz mit dem Motorrad zu besuchen. In erster Linie wäre dies natürlich das gut ausgebaute, abwechslungsreiche Straßennetz, auf dem sowohl die Anhänger größerer Schräglagen als auch geruhsamere Tourenfahrer oder Cruiser auf ihre Kosten kommen.

Tour 3

Streckenlänge 172,5 km

Ausgangs- und Endpunkt Bamberg (269 m)

Anfahrt München – Ingolstadt – Nürnberg – Erlangen – Forchheim – Bamberg (232 km)

Anfahrtszeit 2 1/2 Stunden

Servicestellen
Bamberg: Honda Autohaus Eismann, Dürrseestr. 5, 96052 Bamberg
Suzuki Müller & Rau, Brennerstr. 13 b, 96052 Bamberg
Yamaha Motorrad Center Johann Bauer, Geisfelder Str. 40, 96050 Bamberg
Bayreuth: Yamaha und BMW Zweirad Drewe, Hohenzollernring 44, 95444 Bayreuth
Pottenstein: Kawasaki Motorpark Schrembs, Am Langen Berg 6, 91278 Pottenstein >>>

Strecke: Bamberg (km 0,0) – Geisfeld (km 10,0) – Leesten (km 11,5) – Heiligenstadt (km 24,0) – Ebermannstadt (km 33,5) – Kirchehrenbach (km 41,0) – Leutenbach (km 44,5) – Egloffstein (km 51,5) – Obertrubach (km 59,5) – Kleingesee (km 63,5) – Stadelhofen (km 66,5) – Sachsendorf (km 69,0) – Pottenstein (km 72,0) – Tüchersfeld (km 76,0) – Behringersmühle (km 78,0) – Oberailsfeld (km 82,5) – Volsbach (km 92,5) – Glashütten (km 97,0) – Mistelbach (km 103,0) – Bayreuth (km 106,5) – Eckersdorf (km 111,0) – Eschen Schanz (km 114,0) – Neustädtlein a. Forst Lahm (km 116,0) – Limmersdorf (km 122,0) – Thurnau (km 124,0) – Sanspareil (km 131,5) – Kainach (km 136,0) – Hollfeld (km 138,0) – Königsfeld (km 147,5) – Huppendorf (km 149,0) – Tiefenellern (km 155,5) – Litzendorf (km 162,5) – Bamberg (km 172,5)

Dann natürlich die schon fast als romantisch zu bezeichnende Landschaft mit Wiesen und Tälern, aus denen immer wieder mächtige Felstürme aufragen und in der sich neben reizvollen kleinen Orten auch geheimnisvolle Höhlen und verfallene Ritterburgen verstecken. Und schließlich besitzt die Fränkische Schweiz auch unter Feinschmeckern einen guten Ruf. Außerdem kann kein anderer Landstrich Deutschlands eine solche Biersortenvielfalt aufweisen, was dieser Region auch den Beinamen Bierfranken eingetragen hat. Vollmundig und hopfenbetont schmeckt vor allem das dunkle Kellerbier, das im Gegensatz zu seinem Namen gern aus kaltem Krug unter freiem Himmel getrunken wird. Motorradfahren sollte man nach dessen Genuss allerdings nicht mehr, wobei ich nicht versäumen möchte darauf hinzuweisen, beim Motorradfahren der Sicherheit wegen auf jeglichen Alkoholgenuss zu verzichten.

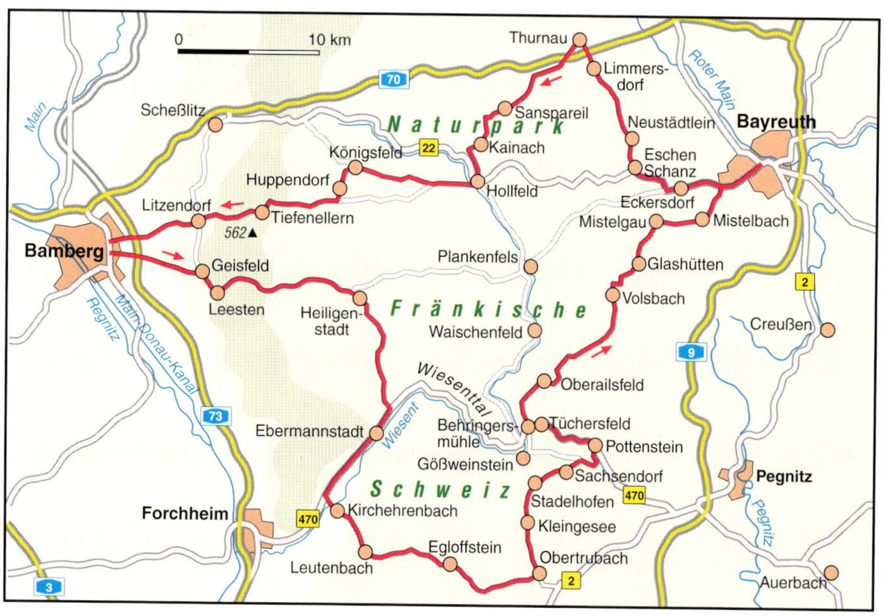

Von Bamberg in die östliche Fränkische Schweiz

Um mit gutem Beispiel voranzugehen, verzichte also auch ich auf einen Besuch des Schlenkerla, der bekanntesten Brauereigaststätte Bambergs, und begnüge mich mit einem Blick vom malerischen Klein-Venedig, wie das Regnitzarmufer in der Altstadt auch genannt wird, hoch zum Dom, der mit seinen vier schlanken Türmen seit dem Mittelalter das Stadtbild beherrscht.
Dann verlasse ich die Stadt auch schon in genau östlicher Richtung, um auf der Straße über Geisfeld hinüber nach Heiligenstadt erste Eindrücke über die Beschaffenheit der Landstraßen dieser Region zu sammeln. Ich werde nicht enttäuscht,

Die Burg Unteraufsess in der Fränkischen Schweiz wird auch heute noch von den Nachfahren dieses edelfreien Geschlechts bewohnt, das sich schon im Jahre 1114 »liber homo Herok de Ufsaze« nannte. Aufsess ist zudem eine Rekordgemeinde ganz eigener Art, denn es darf sich der größten Brauereidichte weltweit rühmen.

wobei die landschaftlichen Eindrücke durchaus mithalten können: Der Marktflecken liegt in einer von bewaldeten Hängen umgebenen Talmulde, bewacht von der auf einem vorgelagerten Bergsporn thronenden Burg Greifenstein. Noch imponierender ist allerdings die Lage von Burg Egloffstein, malerisch auf einer Felsnase über dem gleichnamigen Ort gelegen. Wie eine richtige Ritterburg mit Schießscharten, Zinnen, Erkern und Wehrtürmen sieht sie ja eigentlich nicht aus, trotzdem hat die bereits im 11. Jahrhundert erstmals erwähnte Festung schon Bauernkriege, Reformation, Markgräflerkrieg, den Dreißigjährigen Krieg und die Eroberung und Besetzung durch napoleonische Truppen überstanden. Froh, diese kriegerischen Zeiten weit hinter mir zu wissen, verlasse ich den Ort um über Ebermannstadt zum »fränkischen Fudschijama« zu fahren. Die Rede ist hier vom Walberla, einem 1,5 Kilometer langen, 300 Meter breiten und bis zu 514 Meter hohen Bergmassiv, dessen geographische Bezeichnung Ehrenbürg kaum einer mehr kennt.

Durchs Wiesenttal

Mit dem echten Fudschijama in Japan hat das Walberla ehrlich gesagt nicht sehr viel gemeinsam, weder von seiner Höhe noch von der Form her. Aber er heißt so, weil jeder echte Franke einmal in seinem Leben dorthinauf muss, genau wie jeder Japaner einmal auf dem Fudschijama gewesen sein sollte.

Ich bin zum einen kein echter Franke, zum anderen recht unzweckmäßig gekleidet und überlasse daher den Drachenfliegern, die das Hochplateau als Startrampe nutzen, und den Kletterern am nahen Rodenstein das Feld, um dafür meiner Sportart auf kleinen, verschlungenen Straßen hinüber nach Pottenstein im Püttlachtal nachzugehen.

>>>

Karte Euro Cart Regionalkarte 1:300.000, RV-Verlag Deutschland Blatt 12, Bayern

Von Pottenstein nach Bayreuth

Überragt von der gleichnamigen Burg am Zusammenfluss der Püttlach und des Weihersbaches gelegen, ist Pottenstein einer der schönsten Orte der Fränkischen Schweiz. Ich schwanke zwischen einem Besuch des Felsenbades, das als ältestes Freibad Bayerns gilt, oder der Teufelshöhle, beide unweit des Ortes an der B 470 Richtung Pegnitz, und wähle dann aber eine Fahrt auf der Sommerrodelbahn, die gleich gegenüber vom Felsenbad gebaut wurde. Ich fahre nach Pottenstein zurück und bleibe noch ein kurzes Stück auf der B 470, um in der fast schluchtartigen Enge des Püttlachtals mit dem von Felstürmen überragten Fachwerkdorf Tüchersfeld nochmals eine touristische Sehenswürdigkeit aufzusuchen, bevor ich bei Behringersmühle ins Ailsbachtal abbiege.

Jetzt ist wieder Fahrspaß angesagt, der erst im Einzugsgebiet von Bayreuth endet. Untrennbar ist die Stadt mit dem Komponisten Richard Wagner verbunden, der von Tribschen bei Luzern im Jahre 1872 hierher übersiedelte und im selben Jahr den Grundstein für das Festspielhaus auf dem Grünen Hügel legte. Mit seiner Musik ist das freilich so eine Sache – manche lieben sie, andere halten sie zumindest für gewöhnungsbedürftig. Aber das ist unter Liebhabern verschiedener Motorradmarken ja auch nicht anders.

Sehenswürdigkeiten

- **Bamberg:** Dom mit Standbild des Bamberger Reiters; Altes Rathaus auf der Regnitzinsel »Klein-Venedig« mit Fachwerkhäusern und nostalgischen Fischerkähnen zwischen Unterer Brücke und Markusbrücke am Regnitzufer; Fränkisches Brauereimuseum auf dem Michelsberg (offen April bis Oktober, Do. bis So. 13 – 16 Uhr).
- **Heiligenstadt:** Sehenswerter Marktplatz mit restaurierten und denkmalgeschützten Fachwerkhäusern; Burg Greifenstein aus dem 12. Jh. (Führungen täglich 8.30 – 11.45 und 13.30 – 16.45 Uhr).
- **Egloffstein:** Burg Egloffstein aus dem 11. Jahrhundert, malerisch auf einer Felsnase über dem Ort gelegen mit Aussicht auf das Trubachtal. Übernachtungsmöglichkeit. Führungen ab 10 Personen nach Anmeldung im Touristenbüro. Eintritt 3,– Euro für Erwachsene.
- **Pottenstein:** Burg Pottenstein (offen Mai bis Nov., Di. bis Sa. 10 – 16.30 Uhr); Felsenbad; Sommerrodelbahn (täglich ab 10 Uhr); Teufelshöhle (Ostern bis 1. Nov., täglich 9 bis 16.30 Uhr; im Winter Di., Sa., So. 10 – 15 Uhr).
- **Tüchersfeld:** Fränkische-Schweiz-Museum im Judenhof mit archäologischer und historischer Abteilung, zudem Überblick über Brauchtum, Handwerk und Zunftwesen der Region (offen April bis 1. Nov. Di. bis So. 10 bis 17 Uhr, im Winter So. 13.30 – 17 Uhr).
- **Bayreuth:** Richard-Wagner-Festspielhaus; Haus Wahnfried mit Wagner-Museum; Neues Schloss mit archäol. Museum und Hofgarten; Markgräfl. Museum.
- **Thurnau:** Töpfermuseum in der Lateinschule (offen April bis Sept. Di. bis So. 14 – 17 Uhr, So. auch 10 – 12 Uhr, Okt. bis 6. Januar nur Do., Sa., So. 14 – 17 Uhr).

Durch die nördliche Fränkische Schweiz

Ich möchte noch hinauf nach Thurnau, aber weniger des bekannten Schlosses wegen, das als eine der größten Schlossanlagen der Fränkischen Schweiz gilt, und auch nicht wegen des Töpfermuseums in der alten Lateinschule, sondern weil der Ort die nördliche Grenze der Fränkischen Schweiz bildet. Zur Rückfahrt nach Bamberg ziehe ich der nahen Autobahn aber die Landstraßen wieder vor, und als ich mich in einer kleinen Gastwirtschaft mit einer Portion »Schäuferla«, einem Schweineschulterbraten mit Klößen, stärke, komme ich mit einem einheimischen Motorradfahrer ins Gespräch. Nachdem er mir vorschwärmt, wie schön es hier im Frühjahr zur Zeit der Kirschblüte oder im Spätherbst sei, wenn der Nebel aus den Tälern zu den Türmen der Ritterburgen hochsteigt, klärt er mich noch über die Enstehung des Namens dieser Region auf: Der Bamberger Privatgelehrte Josef Heller verwendete sie erstmals in einer Reisebeschreibung von 1829 und verglich das Gebiet mit der urwüchsigen Naturlandschaft der Schweiz.

Bild gegenüberliegende Seite: Eine Begegnung bei Schloss Greifenstein – zwei Kraftpakete beäugen sich interessiert.

Bild unten: Tüchersfeld ist einer der berühmtesten Orte in der Fränkischen Schweiz. Die Fachwerkhäuser – an steile Felsen gebaut –, sind ein Markenzeichen dieser Landschaft. Darüber sind die Reste der früheren Burg erkennbar. Im Ort gibt es ein kleines Museum.

Oberbayern – Über das Sudelfeld und den Kesselberg

Von den ungezählten Motorradstrecken Oberbayerns die schönste zu finden, ist nicht so einfach. Dies liegt daran, dass ganz Oberbayern mit seiner herrlichen Landschaft, die vom Altmühltal im Norden bis zu den Bayerischen Voralpen im Süden reicht, so ziemlich alles an Schönheiten bietet und daher zum Motorradfahren geradezu einlädt. Neben den landschaftlichen Schönheiten ist es aber auch die Infrastruktur, die das Motorradfahren so reizvoll macht.

Tour 4

Streckenlänge 139,0 km

Ausgangs- und Endpunkt
Achenmühle/Samerberg (461 m), Ausfahrt A 8 Anschlussstelle Achenmühle
Kochel am See (605 m)

Anfahrt München – Rosenheim (71 km)

Anfahrtszeit 1 Stunde

Streckensperrung
Die Auffahrt von Kochel zum Kesselberg ist an Wochenenden und Feiertagen für Motorradfahrer gesperrt. In der Gegenrichtung von Einsiedl/Walchensee nach Kochel ist die Strecke offen.

Mautgebühren
Die Auffahrt von Brannenburg zum Großparkplatz Tatzelwurm ist mautpflichtig. Die Mautgebühr beträgt 2,50 €.
Die Straße zwischen Vorderriß und Wallgau ist mautpflichtig. Die Mautgebühr beträgt 2,50 €.
Der Abstecher von Vorderriß in die Eng zum Großen Ahornboden ist mautpflichtig. Die Mautgebühr beträgt 2,50 €.

Servicestellen
Rosenheim: Honda Wiesböck, Kufsteiner Str. 98, 83026 Rosenheim
Yamaha Zweirad-Center Rupp, Innstr. 30 – 34, 83022 Rosenheim
Bad Aibling: Kawasaki Motorradwelt Auer, Altwasserstr. 8 c, 83043 Bad Aibling
Fischbachau: Suzuki Stöger, Stög 10, 83730 Fischbachau >>>

Strecke: Ausfahrt der A 8 München – Salzburg Achenmühle/Samerberg (km 0,0) – Törwang (km 4,5) – Roßholzen (km 8,0) – Nußdorf (km 11,0) – Brannenburg (km 15,5) – Tatzelwurm (km 23,0) – Sudelfeldsattel (km 31,0) – Bayrischzell (km 35,5) – Aurach (km 43,5) – Abstecher Spitzingsee (hin und zurück 11 km) – Schliersee (km 48,5) – Hausham (km 51,5) – Gmund am Tegernsee (km 57,0) – Tegernsee (km 61,0) – Rottach-Egern (km 64,0) – Kreuth (km 70,0) – Achenpass (km 80,0) – Kaiserwacht (km 82,0) – Vorderriß (km 99,0) – Abstecher Großer Ahornboden/Eng (hin und zurück 44 km) – vor Wallgau (km 113,0) – Walchensee (km 120,5) – Kesselbergpasshöhe (km 135,5) – Kochel (km 139,0)

Es gibt kleine Sträßchen mit traumhaften Kurvenkombinationen, gute Landstraßen, die sich hervorragend zum Cruisen eignen, und zahllose Gastwirtschaften in teilweise idyllischer Umgebung, wo neben den fahrerischen Genüssen auch das leibliche Wohl nicht zu kurz kommt. Von den kulturellen Angeboten, die Oberbayern mit seiner reichen Vergangenheit zu bieten hat, einmal ganz zu schweigen. Ich habe deshalb eine Strecke in den Bayerischen Voralpen ausgewählt, von der ich zwar nicht behaupten möchte, dass es die schönste Oberbayerns sei – wenngleich man sich schwer tun wird, eine schönere zu finden –, die aber alle oben genannten Vorzüge der bayerischen Landschaft bietet und zudem zwei der bekanntesten Motorradstrecken Oberbayerns mit einschließt: das Sudelfeld und den Kesselberg.

Zum Samerberg

Als Ausgangspunkt habe ich mir die Stadt Rosenheim am Innufer ausgesucht, aber bei meiner Anfahrt von München lasse ich sie ehrlich gesagt

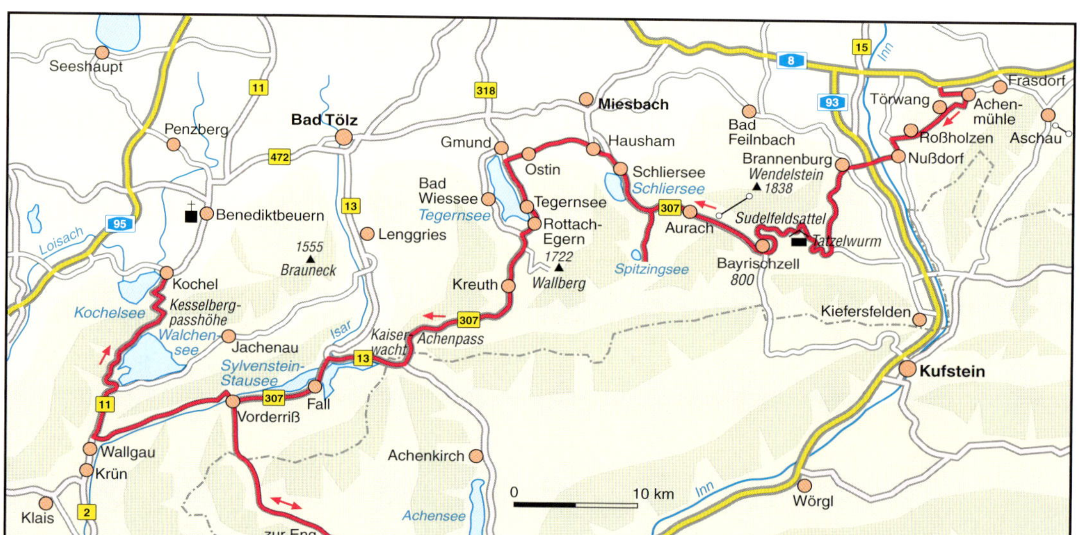

links liegen und fahre auf der Autobahn daran vorbei, um diese erst bei der Anschlussstelle Achenmühle/Samerberg zu verlassen. Ich möchte mich im Stadtgewirr nicht mit längerem Suchen nach der richtigen Ausfallstraße aufhalten, sondern gleich eine richtige Motorradstrecke unter die Reifen nehmen, nämlich die Auffahrt über Törwang zum Samerberg, und die präsentiert sich hier am Westrand der Chiemgauer Alpen, zu Füßen der 1563 Meter hohen Hochries auch schon vom Feinsten. Zudem bin ich in dieser grünen, hügeligen Landschaft auf historischen Pfaden unterwegs, denn ihren Namen hat die Gegend von den Samern, die einst mit schwer beladenen Pferdefuhrwerken das damals noch kostbare Salz aus dem Inntal in die Rosenheimer Gegend transportierten. Ich tue mich mit meinen Pferdestärken da schon wesentlich leichter, zumal ich heute nicht einmal eine Sozia transportieren muss, und bin bald in Nußdorf angelangt.

Über das Sudelfeld

Dort überquere ich den Inn und bin in Brannenburg, wo ich an der Talstation der Wendelstein-Zahnradbahn vorbei gleich dem ersten Höhepunkt dieser Tour zustrebe, der Auffahrt zum Sudelfeld. Noch deutet freilich wenig auf diesen Höhepunkt hin. Zuerst einmal wird mir am Beginn der Auffahrt durch das Förchenbachtal eine geringe Mautgebühr abgenommen, dann steigt die Straße steil an und ein enger Tunnel mit Einbahnregelung zwingt mich zu einem kurzen Halt. So steil ist die Strecke hier, dass ich beim Umschalten der Ampel vor dem Tunnel auf Grün beim Anfahren fast den Motor abwürge, dann aber habe ich das Teilstück überwunden und stehe an der Kreuzung beim Großparkplatz Tatzelwurm.

Er hat seinen Namen von einem gefürchteten, Feuer speienden Drachen, der einst hier gehaust haben soll, an den heute aber nur noch die Gastwirtschaft »Zum Feurigen Tatzelwurm« erinnert, die gut aus-

Rast an der Sudelfeldstraße, einer der beliebtesten Motorradstrecken in den bayerischen Alpen. Die dicht bewaldeten Vorberge laden zu gemütlichen Wanderungen ein. Aber das steht ein andermal auf dem Programm.

›››

Miesbach: Honda Autohaus Meyer, Am Windfeld 28 – 30, 83714 Miesbach
Bad Tölz: Motorrad Niederberger, Demmeljochstr. 52, 83646 Bad Tölz

Karte Euro Cart Regionalkarte 1:300.000, RV-Verlag Deutschland Blatt 12, Bayern

Bikertreff am Scheitelpunkt der Sudelfeldstraße. Anschließend geht es hinab nach Bayrischzell im Leitzachtal.

geschildert etwas unterhalb der Kreuzung Richtung Oberaudorf gar nicht zu verfehlen ist. In der Schlucht hinter dem Gasthaus soll er sich versteckt haben, der Drache, aber heute ist dort nur noch eine sehenswerte Klamm mit Wasserfällen, die in einem kurzen Verdauungsspaziergang unschwer zu erreichen ist.

Ich aber fahre hoch zum Sudelfeld, und die folgenden Kehren lassen wirklich keinen Zweifel, warum diese Strecke bei Motorradfahrern so beliebt ist – kann man hier doch so richtig schön all seine Schräglagengelüste auskosten. Einziger Wermutstropfen: Allzu viele Kurven sind es leider nicht, und so ist man recht schnell oben auf der Passhöhe, wo es kurz unterhalb, am Parkplatz vor dem Café Kotz an schönen Tagen vor lauter abgestellter Maschinen kaum mehr einen freien Platz gibt.

Zum Spitzingsee

Über die Westseite der Sudelfeldstraße, die nur zwei Kehren aufweist, geht es abwärts nach Bayrischzell am Fuße des 1838 Meter hohen Wendelsteins und auf fast schnurgerader Strecke im ebenen Leitzachtal Richtung Schliersee.

Kurz vor dem Ort, in Aurach, ist die Abzweigung zum Spitzingsee nicht zu übersehen, und auch wenn die Stichstraße dorthinauf leider nicht all zu viel an fahrerischen Ansprüchen bietet, sollte man sich den kurzen Abstecher in dieses wunderschön gelegene Naherholungsgebiet vor allem der Münchner Bürger nicht entgehen lassen.

Achenpass und Sylvensteinspeicher

Hinter Schliersee, in Hausham wechsle ich über einen Höhenrücken bei Ostin nach Gmund am Tegernsee. Am Ostufer entlang widerstehe ich in Tegernsee der Versuchung, das Herzoglich Bayerische Brauhaus mit seinem vorzüglichen Gerstensaft aufzusuchen, und fahre stattdessen über Kreuth zum Achenpass, um an der alten Kaiserwacht zum Sylvensteinstausee abzubiegen.

Ich überquere den fjordartigen See auf der lang gestreckten Fallerklammbrücke und überlege, ob ich bei Vorderriß noch einen Abstecher zum Gro-

Sehenswürdigkeiten

- **Brannenburg:** Auffahrt mit der Zahnradbahn bis auf 1724 m Höhe auf den Wendelstein (1838 m).
- **Tatzelwurm:** Sehenswerte Schlucht mit Wasserfällen beim Gasthof Feuriger Tatzelwurm.
- **Bayrischzell:** Pfarrkirche St. Margaretha; Alpenfreibad.
- **Schliersee:** Kabinenbahn zur Schliersbergalm mit Sommerrodelbahn; barocke Pfarrkirche St. Sixtus; Westenhofen mit Grab des Wildschütz Jennerwein.
- **Tegernsee:** Heimatmuseum im ehem. Kloster Tegernsee mit Volkskunst, Trachten, Klosterschriften, Waffen, Möbeln, alten Stichen (Juni bis Okt. 14 – 17 Uhr)
- **Rottach-Egern:** See- und Warmbad; Pfarrkirche St. Laurentius; Olaf-Gulbransson-Museum.
- **Kochel:** Franz-Marc-Museum.

ßen Ahornboden in die Eng unternehmen soll – 44 Kilometer wären es hin und zurück – aber mich schreckt das hohe Verkehrsaufkommen ab, das an einem schönen Sommerwochenende wie heute hier herrscht. Stattdessen folge ich über eine Holzbrücke dem Mautsträßchen an der Isar entlang nach Wallgau, wo ich fast alleine unterwegs bin. Der teilweise unübersichtliche Straßenverlauf mit vielen Kuppen, Fahrbahnverengungen, Brücken und auch einigen Fahrbahnschäden erfordert eine konzentrierte Fahrweise, und so bin ich gar nicht unglücklich, bei Wallgau wieder auf eine gute Bundesstraße zu treffen.

Den Kesselberg hinunter

Den zweiten Höhepunkt dieser Tour nehme ich dann streng genommen von der falschen Seite, aber das hat seinen Grund: Die schöneren Kurven weist der Kesselberg, von dem hier die Rede ist, auf seiner Nordseite auf. Die Nordauffahrt aber ist an Wochenenden und Feiertagen für Motorradfahrer gesperrt, und ich bin an einem Wochenende unterwegs. Von der Gegenrichtung kommend ist die Strecke durchgehend befahrbar, und so überzeuge ich mich von deren Motorradtauglichkeit bei der Abfahrt. In Kochel beende ich die Tour, von hier ist es nicht mehr weit zur Autobahn Garmisch – München, die mich nach München zurückbringt.

Der Abstecher in die »Eng« zum Großen Ahornboden ist ein Muss, auch wenn diese Strecke mautpflichtig ist. Und man wird garantiert nicht allein sein: Es werden noch ein paar andere die berühmten Ahornbäume bewundern wollen.

ÖSTERREICH

Auch wenn die Landschaft Österreichs in weiten Teilen von alpinen Bergmassiven geprägt ist, gibt es doch auch – besonders im Osten des Landes – viele liebliche Gegenden. In eine solche führt uns die erste Österreichtour, bei der es donauabwärts durch die Wachau sowie durch das reizvolle Wald- und Mühlviertel geht. Ganz den Alpen und damit dem Passkurven-Vergnügen sind hingegen die Touren im Salzburger Land und in Nordtirol gewidmet – letztere eine wahre Panoramafahrt von den gletscherbedeckten Hängen der Gipfel von Stubaier und Ötztaler Alpen bis hinab ins warme, grüne Südtirol. Und auch die letzte der hier vorgestellten Touren bietet ein solches Kontrastprogramm: Passstraßen im Gebiet der schroffen Hohen Tauern und Genussstrecken in den runden Nockbergen sowie in den warmen, fast schon mediterranen Tallagen Kärntens.

Bild links: Vom Hochtor an der Großglocknerstraße bietet sich ein Abstecher auf der Piste in die kargen Hochtäler an.

Bild oben: Tunnelausgang Süd auf 2829 Meter Höhe auf der Timmelsjochstraße. Nirgendwo in Europa kommt man auf Asphalt so hoch hinauf.

Wachau, Waldviertel und Mühlviertel – Landschaft mit Charme

Bei einem früheren Besuch auf dem Donau-Radweg habe ich den »Wachauer Schlemmerwinkel« kennen gelernt. Die Gegenden östlich der Donau schienen mir dabei immer wie in einem Dornröschenschlaf zu liegen, so unbekannt waren sie mir. Bis ich eines Tages las, dass Weitra im Waldviertel Österreichs ältester Brauort ist. Da war mein Interesse geweckt.

Tour 5

Streckenlänge 397,0 km

Ausgangs- und Endpunkt Linz (266 m)

Anfahrt München – Rosenheim – Salzburg – Linz (271 km)

Anfahrtszeit 3 Stunden

Mautgebühren
Die Anfahrtsstrecke auf der österreichischen Autobahn A 1 zwischen den Anschlussstellen Salzburg und Ansfelden ist vignettenpflichtig.

Servicestellen
Linz: Suzuki, Kawasaki, Yamaha Schuller Zweirad, Freistädter Str. 336, 4040 Linz/Urfahr
Harley-Davidson Linz, Gewerbepark 2, 4053 Linz/Ansfelden
BMW Höglinger Denzel, Estermannstr. 4, 4020 Linz
Honda Magnum, Kremstalstr. 93, 4050 Traun bei Linz
Krems: Suzuki Bikehaus, Wachaustr.11, 3500 Krems
Yamaha Zweirad Kandern, Wachaustr. 11, 3500 Krems
Kawasaki, BMW, Honda Zweirad-Center Hentschl, Wiener Str. 129, 3500 Krems
St. Pölten: Suzuki, Yamaha Ginzinger GmbH, Linzer Str. 49, 3100 St. Pölten
Kawasaki BLM, Mariazeller Str. 6 a; 3100 St. Pölten
BMW Hentschl GmbH, Ernst-Maerker-Str. 7, 3100 St. Pölten
Honda Zweirad-Center Hentschl, Mariazeller Str. 260, 3100 St. Pölten

Karte Euro Cart Regionalkarte 1:300 000, RV-Verlag, Blatt Österreich

Strecke: Linz (km 0,0) – Mauthausen (km 33,0) – Grein (km 66,0) – Marbach a. d. Donau (93,0 km) – Maria Taferl (km 95,0) – Melk (km 113,0) – Dürnstein (km 149,0) – Krems (km 157,0) – Langenlois (km 167,0) – Rosenburg (km 191,0) – Neupölla (km 209,0) – Ottenstein (km 257,0) – Zwettl (km 276,0) – Weitra (km 300,0) – Karlstift (km 321,0) – Freistadt (km 349,0) – Bad Leonfelden (km 369,0) – Linz (km 397,0)

Von Hauptplatz in Linz starte ich meine Reise-Unternehmung, fahre auf der Nibelungenbrücke über die Donau, biege bald rechts in Richtung Steyregg ab und fahre dann auf der B 3 nach Mauthausen, das durch das gleichnamige Konzentrationslager (die eindrucksvolle und düstere Gedenkstätte liegt etwas außerhalb) einen traurigen Ruf erhalten hat. Ich befinde mich hier im Nibelungengau, so benannt, weil Krimhilde aus der Nibelungensage hier entlang der Donau zu ihrem Verlobten König Etzel von Ungarn reiste.

Donauabwärts in die Wachau

Nun endlich habe ich den Sog der Großstadt hinter mir und genieße die reizvollen kleinen Orte und Städte entlang der Route. Hinter Mauthausen verlasse ich die Donau mit der B 3 und fahre über Perg durch das kulturgeschichtlich so reiche Machland nach Grein, wo ich wieder auf die Donau stoße. Dort lasse ich mir natürlich das Schifffahrtsmuseum in der Greinburg nicht entgehen. Der nächste Streckenabschnitt folgt immer der Donau und führt durch den Strudengau, bis ich den Fluss bei Persenbeug wiederum kurz verlasse.

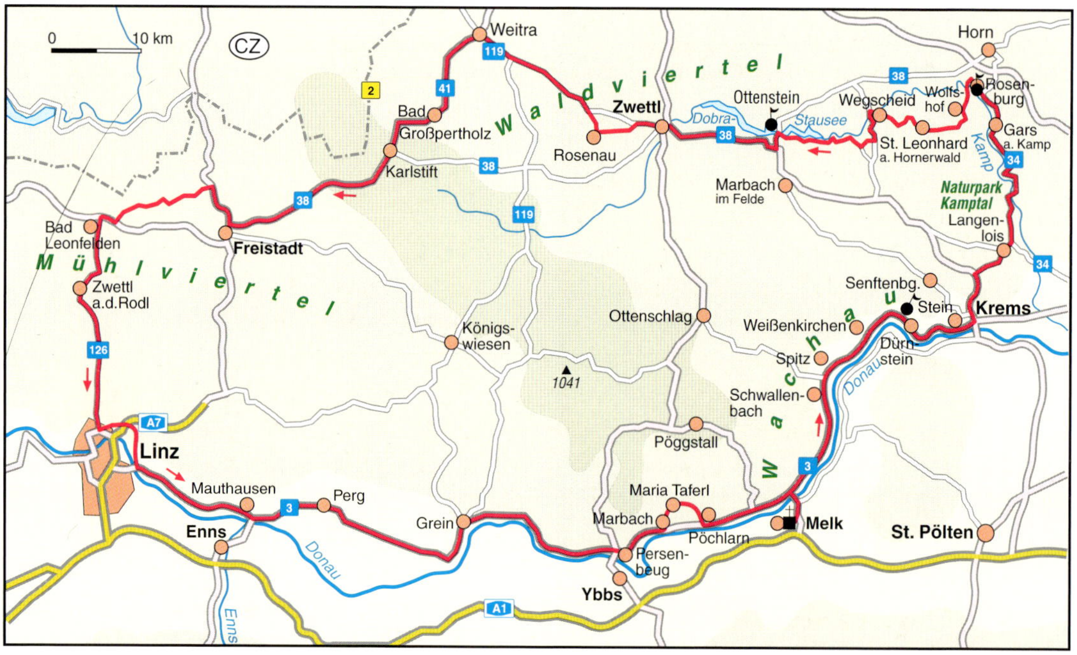

In Marbach an der Donau, das durch seine schönen Bürgerhäuser besticht, halte ich mich an die Ausschilderung zur Wallfahrtskirche Maria Taferl, die auf einer Anhöhe über der Donau thront. Nach einigen Kehren ist der schöne Aussichtspunkt erreicht, der mich mit einem herrlichen Blick auf die Donau belohnt. Ich fahre auf der schmalen Straße jenseits hinab in Richtung Pöchlarn, dem Geburtsort des Malers Oskar Kokoschka, der diesen allerdings bereits als Kind verlassen hatte.
In Emmersdorf überquere ich die Donau, um dem Benediktinerstift Melk einen Besuch abzustatten, das mir bereits von der anderen Donauseite mit seinem kräftigen Ockergelb entgegenleuchtete. Da die Führungen stündlich stattfinden, kann ich die Zeit erübrigen und bestaune mit großen Augen die prächtige Bibliothek. Auch die Altstadt hat mein Interesse geweckt, und so muss ich mich sputen, denn ich bin neugierig auf die reizvollen Weinorte in der Wachau.

Von Emmersdorf bis Krems führt die B 3 immer auf der linken Donauseite entlang. Hier wird bereits seit den Tagen Karls des Großen Wein angebaut, aber einen guten Schoppen hebe ich mir – auch wenn's schwer fällt – lieber für heute Abend auf. In Dürnstein mache ich wieder einen Stopp, schaue hinauf zur Burgruine hoch über der Donau, wo im Winter 1192/93 der englische König Richard I., genannt Löwenherz, gefangen gehalten wurde. Im Ort schaue ich mir natürlich die Stiftskirche Mariä Himmelfahrt an, die durch ihren blau-weißen Kirchturm ein unübersehbares Erkennungszeichen hat. In Krems verlasse ich schließlich die Donau und mache mich auf ins Waldviertel.

Durchs Kamptal ins Waldviertel

Das Waldviertel gilt ja gemeinhin als die Region mit den meisten Bildstöcken und Marterln an der Straße. Und bereits im Kamptal kann ich schöne,

Für einen Abstecher zum Kloster Melk überqueren wir kurz die Donau. Denn einen Blick in die berühmte Klosterbibliothek wollen wir uns nicht entgehen lassen. Anschließend streben wir in die reizvoll restaurierte Altstadt und lassen diese bei einer »Melange« auf uns wirken.

Kurzer Stop in Zwettl, bevor es weitergeht in Richtung Mühlviertel.

gut instand gehaltene Exemplare entdecken. Ich halte mich an die Ausschilderung nach Langenlois und erreiche nicht weit dahinter die Kamp. Die Straße schlängelt sich nun entlang des Flüsschens im gleichnamigen Naturpark, und kurz hinter Gars am Kamp erreiche ich den Ort Rosenburg: Links geht es hinauf zum gleichnamigen Schloss, wo meine Vorstellungen von Ritterromantik und höfischem Zeremoniell wieder zu neuem Leben erweckt werden.

Nach dem Rundgang durch die großartige Anlage fahre ich weiter über Etzmannsdorf und Wolfshof nach St. Leonhard und Wegscheid. Dort entscheide ich mich, den linken Abzweig zu nehmen, um das reizvolle Ausflugsgebiet am Stausee Dobra mit seinen Burgen und Freizeiteinrichtungen in Augenschein zu nehmen. Auf der kurvenreichen Straße folge ich der Uferlinie der gestauten Kamp. Nach dem Abstecher nach Ottenstein halte ich auf Zwettl zu. Da ich nun schon einige Kirchen besichtigt habe, fahre ich bald weiter, nehme aber zumindest noch den Hinweis mit, dass sich außerhalb

Sehenswürdigkeiten

- **Linz:** Sehenswert der Hauptplatz mit der Dreifaltigkeitssäule, das Herz der Stadt; Jesuitenkirche; Martinskirche, das älteste Gotteshaus Österreichs; Schloss mit dem Oberösterreichischen Landesmuseum; Rathaus – der Eckturm stammt noch aus dem Jahre 1513/14.
- **Grein:** Stadtpfarrkirche St. Ägyd; Greinsburg mit interessantem Schifffahrtsmuseum; Rathaus aus dem 16. Jh.
- **Maria Taferl:** Auf einem Hügel über der Donau gelegene Wallfahrtskirche, bereits in vorchristlicher Zeit eine Kultstätte.
- **Marbach:** Schöne Bürgerhäuser entlang der Donau.
- **Melk:** Auf der rechten Donauseite gelegene Stadt mit dem berühmten Kloster und der großartigen Bibliothek (Stiftsführungen zu jeder vollen Stunde zwischen 10 und 15 Uhr); in der Stadt sehenswert: das Alte Posthaus von 1790; Rathaus (geht auf das Jahr 1575 zurück).
- **Dürnstein:** Ehemaliges Augustiner-Chorherrenstift; Pfarrkirche Mariä Himmelfahrt; Burgruine über der Stadt.
- **Krems:** Pfarrkirche Hl. Veit , an jedem Freitag Bauernmarkt mit lokalen Spezialitäten; Piaristenkirche; Weinstadtmuseum am Körnermarkt 14 (offen März bis Nov., Di. 9 – 18 Uhr sowie Mi. bis So. 13 – 18 Uhr).
- **Langenlois:** Größte Weinbaustadt Österreichs mit Weinverkostungen; Rathaus Pfarrkirche St. Laurentius.
- **Rosenburg:** Schloss Rosenburg mit bemerkenswerter Bibliothek, Greifvogelvorführungen (täglich um 11 und 15 Uhr).
- **Zwettl:** Stift Zwettl (Besuch nur mit Führung möglich) mit dem ältesten Kreuzgang Österreichs und der barockisierten Stiftskirche.
- **Schloss Rosenau:** Österreichisches Freimaurermuseum mit Tempel-, Ritual- und Logenräumen sowie zahlreichen Exponaten (geöffnet Ostern bis Allerheiligen täglich 9 – 17 Uhr).
- **Weitra:** Sehenswerte Altstadt dieser bedeutenden mittelalterlichen Handelsstadt, die noch zur Gänze von einer Stadtmauer umgeben ist; Schloss mit Schlossmuseum und Bierausstellung (offen Mai bis Okt. täglich außer Di.).
- **Freistadt:** Fast vollständig erhaltene mittelalterliche Stadtbefestigung; Heimathaus; Katharinenkirche; Kaiserjubiläumseiche am Linzer Tor.
- **Bad Leonfelden:** Wallfahrtskirche Maria Schutz am Bründl; Schulmuseum; Schwedenschanze.

Die hügelige Landschaft im Waldviertel lädt zum geruhsamen Cruisen ein.

des Orts das bekannteste landwirtschaftliche Schulungszentrum Österreichs befindet.

Endlich gelange ich nach Weitra, das mir mit seinen alten Gassen und seiner großen Stadtmauer sofort gefällt. Zudem ist Weitra der nachweislich älteste Brauort Österreichs – seit 1321 wird hier Bier gebraut – was ihn mir zusätzlich sympathisch macht.

In der böhmischen Grenzregion

Von Weitra folge ich der B 41 in Richtung Karlstift. Auf halber Strecke passiere ich Bad Großpertholz, das in den Ausläufern des Böhmerwaldes liegt und das noch den Charme der ursprünglichen Sommerfrische von anno Dazumal ausstrahlt. Hier komme ich auf die Idee, mir für meine rheumatischen Glieder eine Moorpackung angedeihen zu lassen. Das erweist sich aber als zu zeitaufwändig. Als Souvenir kaufe ich zumindest einen handgeschöpften Bogen Büttenpapier, denn hier befindet sich die letzte Papiermühle Mitteleuropas, die dieses edle Papier noch herstellt. Eine Bleiglasschleiferei demonstriert mir noch weitere Waldviertler Handwerkskunst, bevor ich mich wieder aufmache, meinen Rundkurs zu beenden.

Durch den Freiwald wechsle ich nun hinüber ins Mühlviertel. Über Karlstift erreiche ich Freistadt. Das Mühlviertel ist ein Burgenland und war früher auch Textilland. Dessen Zentrum liegt aber im westlichen Teil, den ich heute ausspare. Beim nächsten Besuch werde ich hinüber nach Haslach ins Textilmuseum fahren und auch Österreichs ältester Privatbrauerei in Schlägl einen Besuch abstatten.

Heute beschließe ich meine Tour mit der Besichtigung der Schwedenschanze in Bad Leonfelden und kehre über Zwettl an der Rodl und Wildberg nach Linz zurück.

Freistadt weist auch heute noch ein fast geschlossene Stadtmauer und einen reizvollen historischen Stadtkern auf.

Salzburger Land – Vom Wilden Kaiser zum Großglockner

Tour 6

Streckenlänge 381,5 km

Ausgangs- und Endpunkt
Kufstein (499 m)

Anfahrt München – Rosenheim – Autobahnausfahrt Anschlussstelle Kufstein Nord – Kufstein (91 km)

Anfahrtszeit 1 1/4 Stunden

Mautgebühren
Bei Verlassen der Inntalautobahn A 12 an der Anschlussstelle Kufstein Nord besteht auf der Anfahrtsstrecke keine Vignettenpflicht.
Die Großglockner-Hochalpenstraße ist mautpflichtig. Die Tageskarte kostet 17 €.
Nach 18.00 Uhr ist die Gebühr um 50 % ermäßigt. Im Vorverkauf bei ÖAMTC- und ADAC-Geschäftsstellen kostet die Karte 13,50 €.
Die Felbertauernstraße ist mautpflichtig. Die Gebühr beträgt 8 €. Eine Rundfahrtkarte für eine Fahrt über Großglockner-Hochalpenstraße und Felbertauernstraße kostet 23 €.
Die neue Gerlospassstraße ist mautpflichtig. Die Mautgebühr für die Tageskarte beträgt 4 €. Die neue Gerlospassstraße kann aber zwischen Wald im Pinzgau und der Passhöhe auf der alten Gerlospassstraße mautfrei umfahren werden.

Straßenverhältnisse
Die alte Gerlospassstraße ist schmal, mit unübersichtlichen Kurven und teilweise erheblichen Belagschäden. >>>

Das Salzburger Land verdankt seinen Namen dem Salz, das in dieser Region, die sich vom Flachgau nördlich von Salzburg bis weit hinunter nach Süden zum Bundesland Kärnten erstreckt und im Westen von Tirol und im Osten von der Steiermark begrenzt wird, schon von den Jägern der Steinzeit vor 4500 Jahren genutzt wurde.

Strecke: Kufstein (km 0,0) – St. Johann (km 28,0) – Kitzbühel (km 37,0) – Pass Thurn (km 55,5) – Mittersill (km 67,0) – Bruck an der Glocknerstraße (km 95,0) – Hochtor (km 138,5) – Heiligenblut (km 153,5) – Lienz (km 192,5) – Matrei in Osttirol (km 220,5) – Mittersill (km 252,5) – Krimml (km 284,5) – Gerlospass (km 296,5) – Zell am Ziller (km 322,5) – Straß bei Jenbach (km 343,5) – Wörgl (km 365,5) – Kufstein (km 381,5)

Heute ist das Weiße Gold, wie es lange genannt wurde, fast bedeutungslos geworden: Am 31. Juli 1989 wurde die letzte Saline am Dürrnberg bei Hallein geschlossen und von einem anderen Erwerbszweig abgelöst, dem Fremdenverkehr. Mit ihrer Landschaft, in der Wälder, Seen und Gebirge eine fast einmalige Symbiose bilden, zählt die Region zu den schönsten Ferienzielen Österreichs. Zum Salzburger Land gehören auch die Hohen Tauern, ein gewaltiger Gebirgszug mit riesigen Gletscherflächen und steilen Felsspitzen, die von zerrissenen Hängegletschern überzogen und deren lange Grate von weißen, wechtengeschmückten Schneegiebeln bedeckt sind. In der Glocknergruppe ragen sie mit dem 3798 Meter hohen Großglockner am höchsten auf, und genau dort will ich hin. Allerdings nicht, um den Berg selbst – den höchsten Österreichs – zu bezwingen, wozu meine bescheidenen bergsteigerischen Möglichkeiten nicht ausreichen würden, sondern um die Großglockner-Hochalpenstraße zu befahren, die mitten durch dieses Berggebiet führt und zu den großartigsten Bergstraßen des gesamten Alpenraums gezählt wird.

Am Wilden Kaiser

Meinen Startort habe ich etwas außerhalb des Salzburger Landes nach Tirol ins Städtchen Kufstein am Inn verlegt, das von einer gewaltigen Festung aus dem Jahre 1205 bewacht wird, aus

Bald nach unserem Start in Kufstein nehmen wir das Kaisergebirge ins Visier.

Am Beginn der Großglockner-Hochalpenstraße an der Mautstelle in Ferleiten.

der vor allem der massive Kaiserturm als mächtigster der drei Türme hervorsticht. Mindestens ebenso gewaltig und massiv sind aber auch die Felszacken des Wilden Kaisers, die hier über der Stadt ihr grimmiges und abweisendes Gesicht zeigen.

Viel schöner und einladender präsentiert sich dieser Gebirgszug dann allerdings auf meiner Fahrt Richtung St. Johann in Tirol bei Going. Hier scheinen die gewaltigen hellen Kalkmassen unmittelbar aus einem grünen Gürtel von Wäldern, Almen und Bergwiesen herauszuwachsen.

Und wer schon Lust auf eine Brotzeit hat: In Going befindet sich der Stanglwirt, eine weit über die Grenzen Österreichs bekannte Gastwirtschaft, die auch von vielen Prominenten gerne besucht wird.

Kitzbüheler Horn und Pass Thurn

Prominenz kann man aber auch in Kitz-bühel antreffen, das ich über St. Johann erreiche – vor allem im Winter, wenn hier das Hahnenkammrennen stattfindet, das vielleicht spektakulärste Skirennen der Welt, bei dem sich die Akteure auf der »Streif« genannten Rennstrecke über Hänge mit bis zu 85 Prozent Gefälle ins Tal stürzen.

Ich bescheide mich dagegen gerne mit den 16 Prozent Steigung der Mautstraße hinauf zum Kitzbüheler Horn, dem eigentlichen Wahrzeichen Kitzbühels, dessen markante Form das ganze Tal beherrscht.

Nach diesem Abstecher wieder wohlbehalten im Talboden angelangt, überschreite ich mit dem Pass Thurn endlich die Grenze zum Salzburger Land und fahre die Salzach abwärts durch den Pinzgau Richtung Zell am See.

Die Großglockner-Hochalpenstraße

Den bekannten Touristenort, der schon 740 von Salzburger Mönchen als »Cella in Bisonico« am Westufer des gleichnamigen Sees gegründet wurde, erreiche ich aber nicht ganz, denn schon vorher leiten mich große Hinweisschilder weiter ostwärts nach Bruck, dem nördlichen Ausgangsort zur Großglockner-Hochalpenstraße. Sie zweigt von Bruck aus Richtung Süden ab und hält sich zunächst wenig spektakulär im Talboden der Fuscher Ache, aber schon bei der Mautstelle Ferleiten ändert sich das Bild: Dramatisch bestimmt das Große Wiesbachhorn westlich der Mautstelle

>>>

Passöffnungszeiten

Die Großglockner-Hochalpenstraße ist vom 1. Mai bis 1. Nov. geöffnet. Sie ist vom 15. Juni bis 15. Sept. zwischen 22 und 5 Uhr, in der übrigen verkehrsoffenen Zeit zwischen 20.30 und 6 Uhr gesperrt. Letzte Einfahrtmöglichkeit ist 45 Min. vor der Nachtsperre. Weitere Hinweise zur Großglockner-Hochalpenstraße unter Tel. 00 43 (0)6 54 66 50 bzw. im Internet unter www.großglockner.at.
Die Gerlospassstraße und die Felbertauernstraße sind ganzjährig befahrbar. >>>

die Landschaft und lässt aber die gewaltigen Hochgebirgsdimensionen, in die ich mich nun begebe, trotzdem erst nur erahnen. Über Kehren geht es am Parkplatz Piffkar vorbei zum Parkplatz Hochmais, schon etwas oberhalb der Baumgrenze gelegen, dessen Name sich vom althochdeutschen »meizen« ableitet, was so viel wie hauen oder roden bedeutet. Ungemütlicher ist dagegen schon das Felssturzgebiet der so genannten Hexenküche, wo man bei Bauarbeiten Häftlingsketten aus dem 17. Jahrhundert fand – von Gefangenen, welche nach Venedig gebracht wurden, um dort als Galeerensträflinge ihre Strafe zu verbüßen. Ein großer Steinbau beherbergt hier ein alpines Museum.

Dann zweigt auch schon die nur knapp 2 Kilometer lange Stichstraße zur Edelweißspitze ab, mit 2571 Metern der höchste Punkt an der Glocknerstraße. Ich lasse mir den Abstecher nicht entgehen und genieße die Schau auf fast 40 Dreitausender der Umgebung.

Über das Fuscher Törl mit seiner Gedenkstätte, welche an die beim Bau der Straße verunglückten Arbeiter erinnern soll, geht es kurz abwärts zur Fuscherlacke. Dann schwingt sich die Straße durch den Elendboden, vorbei an der Knappenstube zum Hochtor. Der Tunnel dort oben bildet nicht nur den Scheitelpunkt der Großglockner-Hochalpenstraße, sondern auch die Grenze nach Kärnten.

Sehenswürdigkeiten

- **Kufstein:** Festung Kufstein aus dem 13. Jh. mit Heimatmuseum, Kaiserturm sowie Heldenorgel im Bürgerturm, Auffahrt mit Lift von der Innpromenade aus möglich; Heldenhügel mit Andreas-Hofer-Denkmal oberhalb der Festung mit schöner Aussicht.
- **St. Johann:** Barockhäuser mit Lüftlmalerei in der Altstadt; barocke Pfarrkirche Mariä Himmelfahrt aus dem 18. Jh.
- **Kitzbühel:** Stattliche Giebelhäuser im Tiroler Stil in der Fußgängerzone; gotische Pfarrkirche aus dem 15. Jh. in Nachbarschaft zur barocken Liebfrauenkirche; Heimatmuseum mit umfangreichem geschichtlichem Material.
- **Pass Thurn:** Schöner Aussichtspunkt etwa 2 km nach der Passhöhe beim Buffet Tauernblick.
- **Großglockner-Hochalpenstraße:** Wildpark bei der Mautstelle Ferleiten; Panoramablick von der Edelweißspitze; Abfahrt mit Schrägaufzug von der Franz-Josefs-Höhe auf den Pasterzegletscher.
- **Heiligenblut:** Pfarrkirche St. Vinzenz.
- **Lienz:** Osttiroler Heimatmuseum im Schloss Bruck mit Rittersaal, Gemäldegalerie Albin-Egger-Lienz (1868 bis 1926) sowie vorgeschichtlicher und römischer Abteilung; Pfarrkirche St. Andrä aus dem 18. Jh.
- **Krimml:** Krimmler Wasserfälle, die zu den schönsten Wasserfällen der Alpen gezählt werden. Vom Parkplatz im Krimmltalgrund geht es auf anfangs breitem Weg zum Berggasthof Schönangerl, dann steiler werdend zu den oberen Wasserfällen. Für Hin- und Rückweg sind gut 3 Std. einzuplanen (bei Hitze wegen der Motorradkleidung also nur eingeschränkt zu empfehlen).
- **Rattenberg:** Hauptstraße mit zahlreichen sehenswerten Häusern: bunte Fassaden, verziert mit filigranen Stuckarbeiten und rosafarbenem Marmor; Augustinermuseum in der Pfarrgasse 8 mit spätgotischen Plastiken und alten Goldschmiedekunstwerken; Pfarrkirche St. Virgil aus dem 15. Jh. am Schlossberg; Aussichtspunkt am Schlossberg mit Burg. Für den Fußweg hin und zurück sind ca. 30 Min. einzuplanen.

Ich fahre einige Kilometer abwärts bis zur Kreuzung Guttal, wo die Gletscherstraße zur Kaiser-Franz-Josefs-Höhe abzweigt, die mich fast unmittelbar an den Nordfuß des Großglockners bringt. Vom Parkplatz aus blicke ich auf den Gletscher der Pasterze hinab, dann zur messerscharfen Bergspitze hoch, bevor mich der Trubel ringsum wieder weitertreibt.

In Heiligenblut verabschiede ich mich von der Großglockner-Hochalpenstraße und fahre das Mölltal auswärts nach Lienz am Fuße der Lienzer Dolomiten.

Über Felbertauern und Gerlospass

Als Rückweg wähle ich die Strecke über den Felbertauern, die durch einen mehr als 5 Kilometer langen Tunnel zwar wintersicher ausgebaut wurde, landschaftlich und fahrerisch aber nicht allzu viel zu bieten hat.

Diese Aspekte kommen dafür wieder am Gerlospass zum Tragen, den ich dem Pass Thurn diesmal vorziehe. In Krimml, Ausgangspunkt der östlichen Passroute, will ich eigentlich die bekannten Krimmler Wasserfälle besichtigen, die sich über drei Stufen insgesamt 380 Meter in die Tiefe stürzen. Als ich aber erfahre, dass man dieses Naturschauspiel in einem gut dreistündigen Fußmarsch erwandern müsste, begnüge ich mich mit der Aussicht auf die Berge der Kitzbüheler Alpen im Norden und die Zillertaler Alpen im Süden, die der Passübergang trennt. Durch das Zillertal gelange ich dann ins Inntal und über die Bundesstraßen neben der Autobahn zurück nach Kufstein.

>>>

Servicestellen

St. Johann: Yamaha Erro Moto, Josef-Teubl-Str. 1, 8295 St. Johann

Lienz: Suzuki und Yamaha Ginzinger, Dr.-Karl-Renner-Str. 6, 9900 Lienz; Honda Zweirad Ortner, Kärntner Gasse 25, 9900 Lienz

Kufstein: BMW Fritz Unterberger und Söhne, Endach 32, 6330 Kufstein

Zell am See: Suzuki Aldendorfer, Brucker Bundesstraße 108, 5700 Zell am See

Karte Euro Cart Regionalkarte 1:300.000, RV-Verlag Blatt Österreich

Bild gegenüberliegende Seite: Der Krimmler Wasserfall ist ein Naturschauspiel der Extraklasse: 380 Metern tief stürzt das Wasser in drei Stufen zu Tal. Um das Schauspiel genießen zu können, muss allerdings ein Fußmarsch eingeplant werden.

Bild links: An der Gerlosplatte, mit 1587 Meter der höchste Punkt der Gerlospassstraße, hat man einen schönen Blick auf die Zillertaler Alpen.

Nordtirol – Auf die höchste Straße der Alpen

Kaum zu glauben, dass sich der höchste für den öffentlichen Verkehr anfahrbare Punkt der Alpen in Nordtirol befindet – genauer gesagt, am Ostrand der Ötztaler Alpen, wo von Sölden im Ötztal aus die Söldener Gletscherstraße in die Sommerskigebiete um Rettenbach- und Tiefenbachferner hinaufführt, um erst in exakt 2829 Metern Höhe zu enden.

Tour 7

Streckenlänge 391,5 km

Ausgangs- und Endpunkt
Mittenwald (913 m)

Anfahrt München – Garmisch-Partenkirchen – Mittenwald (106 km)

Anfahrtszeit 1 1/2 Stunden

Mautgebühren
Die Auffahrt zur Söldener Gletscherstraße ist mautpflichtig. Die Mautgebühr beträgt 5 € pro Person.
Die Timmelsjoch-Hochalpenstraße ist mautpflichtig.
Die Mautgebühr beträgt für die einfache Strecke 6,50 €, für Hin- und Rückfahrt 8,50 €.
Die Kaunertaler Gletscherstraße ist mautpflichtig.
Die Mautgebühr beträgt 9 €.

Passöffnungszeiten
Die Timmelsjoch-Hochalpenstraße ist vom 15. Juni bis 15. Okt. geöffnet.
Die Söldener Gletscherstraße ist vom 1. Mai bis 15. Dez. geöffnet.
Die Kaunertaler Gletscherstraße ist vom 15. Mai bis 15. Nov. geöffnet.

›››

Strecke: Mittenwald (km 0,0) – Scharnitz (km 5,0) – Zirl (km 27,0) – Kematen (km 28,0) – Kühtaisattel (km 53,0) – Oetz (km 71,5) – Sölden (km 103,0) – Abstecher Söldener Gletscherstraße (hin und zurück 26 km) – Timmelsjoch (km 125,5) – St. Leonhard im Passeier (km 155,0) – Meran (km 174,5) – Reschenpass (km 253,5) – Prutz (km 288,5) – Abstecher Kaunertaler Gletscherstraße (hin und zurück 81 km) – Landeck (km 301,5) – Zirl (km 367,5) – Seefeld (km 377,5) – Scharnitz (km 386,5) – Mittenwald (km 391,5)

Die Restefond-/Bonettepassstraße in den französischen Alpen bringt es mit ihren 2802 Metern damit nur auf den zweiten Platz, kann dafür aber das Attribut des höchsten Passübergangs der Alpen für sich verbuchen.

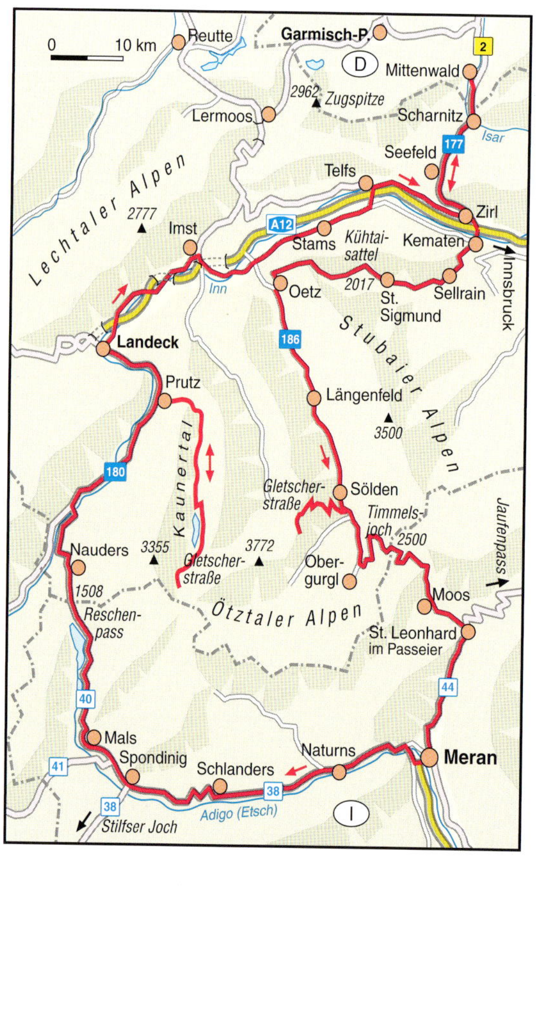

Um ganz genau zu sein, müsste man allerdings dazusagen, dass man in den Alpen mit dem Motorrad noch etwas höher hinauf könnte: bis in 3040 Meter Höhe nämlich, auf der Sommeiller-Bergstraße im italienischen Piemont, die in Tour 18 in diesem Band beschrieben ist. Zwar handelt es sich auch hier um eine für den öffentlichen Verkehr freigegebene Straße, allerdings mit einer ganz gravierenden Einschränkung: Sie ist größtenteils unbefestigt, und wenn sie sich auch in ausreichend gutem Zustand präsentiert, ist sie dennoch nicht für alle Fahrzeuge geeignet.

Die Söldener Gletscherstraße, die in dieser Tour vorgestellt wird, ist dagegen durchgehend asphaltiert, gut ausgebaut, und wenn es überhaupt eine Einschränkung gibt, dann diese, dass sie mautpflichtig ist.

Dies ist für Österreich allerdings nicht unbedingt etwas Besonderes, und so habe ich die Anfahrt über Mittenwald und Scharnitz gewählt und mich den steilen Zirler Berg ins Inntal hinuntergebremst. Dort vermeide ich es peinlichst, auf die Autobahn Richtung Innsbruck zu gelangen, um mir so die Gebühr für die Vignette, welche zur Benutzung der österreichischen Autobahnen berechtigt, zu sparen.

Über das Kühtai ins Ötztal

Es sind ohnehin nur wenige Kilometer bis Zirl, wo ich auch schon die großen Hinweisschil-

Bild oben: Am Tiefenbachferner scheinen die Eismassen direkt bedrohlich auf den Motorradfahrer herabzustürzen.

Bild unten links: Auf der Kühtai-Bergstraße sind wir nicht alleine unterwegs.

der ins Skigebiet Axams-Lizum erkenne, an denen ich mich auf meinem Weg zum Kühtaisattel orientiere. Ich könnte auch im breiten Inntal hinüber ins Ötztal gelangen, aber ich ziehe die landschaftlich und fahrerisch viel anspruchsvollere Variante am Nordrand der Stubaier Alpen natürlich bei weitem vor.

Bis in 2020 Meter Höhe zieht sich die gut ausgebaute Straße hinauf zum Hotelort Kühtai, der früher einmal Jagdsitz der Tiroler Landesfürsten und ein bevorzugtes Jagdgebiet Kaiser Maximilians I. (1459 bis 1519) war, der von den Historikern auch als der »letzte Ritter« bezeichnet wird, weil er wohl als letzter Kaiser noch einen Harnisch anlegte und auf ritterlichen

Turnieren kämpfte. Von Rittern und Turnieren ist heute hier oben freilich nichts mehr zu erkennen, lediglich ein paar Haflinger weiden auf den Wiesen zwischen den Stützen der Liftanlagen.

Ich mache mich also an die Abfahrt über die Westseite. Hier erfordern einige Engstellen und Weideroste etwas Vorsicht, doch mit dem Auftauchen des schlanken gotischen Kirchturms von Oetz habe ich bald das gleichnamige Tal erreicht.

Die Söldener Gletscherstraße

Ich wundere mich etwas über die Schreibweise des Ortsnamens auf dem Ortsschild, denn im Gegensatz zum Talnamen wurde hier noch die alte Schreibweise für den Umlaut verwendet. Doch bald werde ich von den schönen Bemalungen an einigen alten Mittelflurhäusern aus dem 16. und 17. Jahrhundert abgelenkt. Vorbei am Gasthof Stern mit seinen Wandmalereien aus der Renaissance, dem Schmuckstück des Ortes, fahre ich das Ötztal aufwärts, überwinde dabei mehrere Geländestufen und halte in Sölden Ausschau nach der Abzweigung zur Söldener Gletscherstraße.

Ich sehe die Schilder mit der Aufschrift »Gletscherstraße Tiefenbach-/Rettenbachferner« etwas später im Ortsteil Pitze und drehe etwas stärker am Gasgriff, denn die Straße steigt gleich recht

>>>

Servicestellen

Innsbruck: BMW Unterberger-Denzel, Griesauweg 32, 6020 Innsbruck
Harley-Davidson Innsbruck, Bleichenweg 18, 6020 Innsbruck
Yamaha Ginzinger, Bachlechnerstraße 31 a, 6020 Innsbruck

Seefeld: Suzuki-Corner Niederkircher, Innsbrucker Str. 775, 6100 Seefeld

Meran: Suzuki Mik Motodi Pistone & Co. KG, Via Piave 49/c, 39012 Meran

Karte Euro Cart Regionalkarte 1:300.000, RV-Verlag Blatt Österreich

Im Scheitelbereich der Timmelsjochstraße durchfahren wir eine äußerst karge Felslandschaft.

steil an. Anfangs über Kehren, dann kurvig geht es vorbei an der Abzweigung nach Hochsölden nach oben. Nach ziemlich genau 6 Kilometern Fahrt entrichte ich an der Mautstelle meinen Obolus, dann überfahre ich die Baumgrenze, und Hochgebirgslandschaft löst den Wald ab.

Ich komme gut voran, erkenne hoch über mir bereits die Liftgebäude und kann der Versuchung nicht widerstehen, noch schnell zwei Autos vor mir zu überholen. Dann stehe ich auf einem Parkplatz vor der Talstation am Rettenbachferner und lese etwas verwundert die Höhenangabe »2800 Meter«. Ich blicke mich suchend um, aber höher hinaus geht es nicht mehr. Also wird es wohl nichts mit meinem Höhenrekord, denke ich und fahre langsam zurück. Dann wird mir klar: Ich habe bei meinem Überholvorgang etwa 2 Kilometer vorher beim Restaurant Rettenbachferner die Abzweigung zum Tiefenbachferner übersehen. Dort, in 2672 Meter Höhe, befindet sich nämlich das Nordportal des Tiefenbachtunnels, in den ich nun neugierig einfahre.

Es ist eine 1700 Meter lange, leicht ansteigende Röhre, innen roh behauen, mit unebener, von Schmelzwasserbächen durchzogener Fahrbahndecke, die mich nun zu meinem eigentlichen Ziel führt, dem 2829 Meter hoch gelegenen Parkplatz beim Tiefenbachferner. Ein Schild mit der Höhenangabe »2892 Meter« lässt keinen Zweifel aufkommen, und voller Stolz bitte ich einen Touristen, ein Erinnerungsfoto von mir vor dem Schild zu machen. Von der Pracht der umliegenden Gletscher bekomme ich leider recht wenig mit, zu sehr blendet mich die starke Sonneneinstrahlung in dieser Höhe, und so mache ich mich bald an die Abfahrt.

Bei der Rückfahrt durch den Tunnel wird mir bewusst, dass ich heute noch einen weiteren Rekord aufgestellt habe: Der Tiefenbachtunnel gilt nämlich als höchstgelegener Straßentunnel der Alpen, was für sich alleine gesehen aber wohl kein ausreichendes Ziel darstellt.

Über das Timmelsjoch ins Passeiertal

Zurück in Sölden möchte ich noch hinauf zum Timmelsjoch, das mit seinen 2500 Metern auch eine ganz beachtliche Höhe aufweisen kann, und fahre dann über die engen Kehren nach St. Leonhard im Passeiertal hinab. Nordtirol habe ich

Sehenswürdigkeiten

- **Sellrain:** Pfarrkirche St. Sigmund, älteste Pfarrkirche im Sellraintal.
- **Kühtai:** Hotel Jagdschloss Kühtai, ein zum Hotel umgebautes Jagdschloss aus dem 17. Jh.; Alpenblumengarten mit mehr als 500 alpinen Pflanzen.
- **Oetz:** Gasthof Stern mit Wandmalerein aus der Renaissance; Heimatmuseum »Galerie zum alten Ötztal« mit altem Handwerksgerät und Ötztaler Volkskunst.
- **Längenfeld:** Ötztaler Freilichtmuseum im Ortsteil Lehn.
- **St. Leonhard im Passeier:** Gasthof Sandwirt mit Andreas-Hofer-Geburtshaus.
- **Meran:** Landesfürstliche Burg; Zenoburg; Stadtmuseum und Laubengasse.
- **Landeck:** Burg Landeck mit Heimatmuseum; Pfarrkirche Mariä Himmelfahrt aus dem 15. Jh. mit spätgotischem Flügelaltar.
- **Seefeld:** Spielcasino; Seekircherl aus dem 17. Jh. am Ufer des Kreuzsees am Westende des Dorfes.

damit zwar verlassen, aber Motorrad fahren kann man schließlich in Südtirol mindestens genauso schön.

Reschenpass und Kaunertaler Gletscherstraße

Durch das Vinschgau fahre ich zum Reschenpass hoch, der mit seinen 1508 Metern im Reigen der ganz großen Pässe zwar keine Rolle spielt, mich dafür aber nach Nordtirol zurückbringt. Landeck schon fast in Sichtweite las-se ich mir in Prutz die Gelegenheit, nochmals Höhenmeter zu sammeln, nicht entgehen. Bis in 2750 Meter Höhe führt die mautpflichtige Kaunertaler Gletscherstraße hinauf zum Gepatsch-Stausee, der vom 19 km langen Gepatschgletscher, einem der größten Gletscher der Alpen, gespeist wird.

Meine letzten Höhenmeter sammle ich dann auf der Rückfahrt zum Zirler Berg, wo von Zirl bis zur 1185 Meter hoch gelegenen Seefelder Platte immerhin gute 550 Höhenmeter zu überwinden sind.

Bei der Fahrt durch den südlich geprägten Vinschgau passieren wir auch den Ort Schluderns mit der Churburg. Die Burg kann besichtigt werden und ist über eine befahrbare Straße erreichbar.

Kärnten – Von den Hohen Tauern zur »Kärntner Riviera«

Tour 8

Streckenlänge 366,0 km

Ausgangs- und Endpunkt
Bruck an der Glocknerstraße (757 m)
Gmünd (730 m)

Anfahrt München – Rosenheim – Kufstein – St. Johann in Tirol – Zell am See – Bruck an der Glocknerstraße (179 km)

Anfahrtszeit 2 3/4 Stunden

Mautgebühren
Bei Verlassen der Inntalautobahn A 12 an der Ausfahrt Kufstein Süd (Anfahrtsstrecke) besteht keine Vignettenpflicht. Die Großglockner-Hochalpenstraße ist mautpflichtig. Die Gebühr für die Tageskarte beträgt 17,– €. Nach 18 Uhr ist die Gebühr um 50 % ermäßigt.

›››

Während ich meine Maschine vor dem architektonisch auffälligen Rundbau des Sporthotels Malta in 1920 Metern Höhe über dem Meeresspiegel etwas oberhalb des parabolisch geformten Betonkolosses der Kölbreinsperre parke und auf die glatte Wasseroberfläche blicke, in der sich die Gletscherberge der Ankogelgruppe spiegeln, überlege ich, ob mir solch große landschaftliche und klimatische Gegensätze wie im eher begrenzten Raum des österreichischen Bundeslandes Kärnten schon einmal begegnet sind.

Strecke: Bruck an der Glocknerstraße (km 0,0) – Hochtor (km 33,5) – Heiligenblut (km 48,5) – Winklern (km 70,5) – Iselsbergpass (km 74,5) – Oberdrauburg (km 107,5) – Gailbergsattel (km) – Kötschach-Mauthen (km 121,5) – Hermagor (km 151,5) – Greifenburg (km 178,5) – Spittal an der Drau (km 213,5) – Millstatt (km 222,5) – Radenthein (km 234,5) – Bad Kleinkirchheim (km 241,5) – Patergassen (km 249,5) – Rosental/Winkl (km 256,5) – Eisentalhöhe (km 281,5) – Innerkrems (km 290,0) – Kremsbrücke (km 299,5) – Gmünd (km 309,0) – Abstecher Malta-Hochalmstraße (hin und zurück 57 km)

Als Anreiseweg in das mit seiner Fläche von 9533 Quadratkilometern fünftgrößte von insgesamt neun österreichischen Bundesländern wähle ich den Weg über die Großglockner-Hochalpenstraße. Oben am Hochtor, dem Scheitelpunkt der Großglockner-Hochalpenstraße in 2575 Metern Höhe, der gleichzeitig die Grenze der Länder Salzburg und Kärnten darstellt, gerate ich mitten im Hochsommer in einen Schneesturm, der erhebliche Zweifel am Wetterglück für diese Tour in mir aufkommen lässt. Vorsichtig bremse ich mich die Kehren der Südseite hinunter nach Heiligenblut, wo der Schnee langsam in Regen übergeht, der aber im weiteren Verlauf meiner Fahrt aus dem Mölltal hinaus bald aufhört.

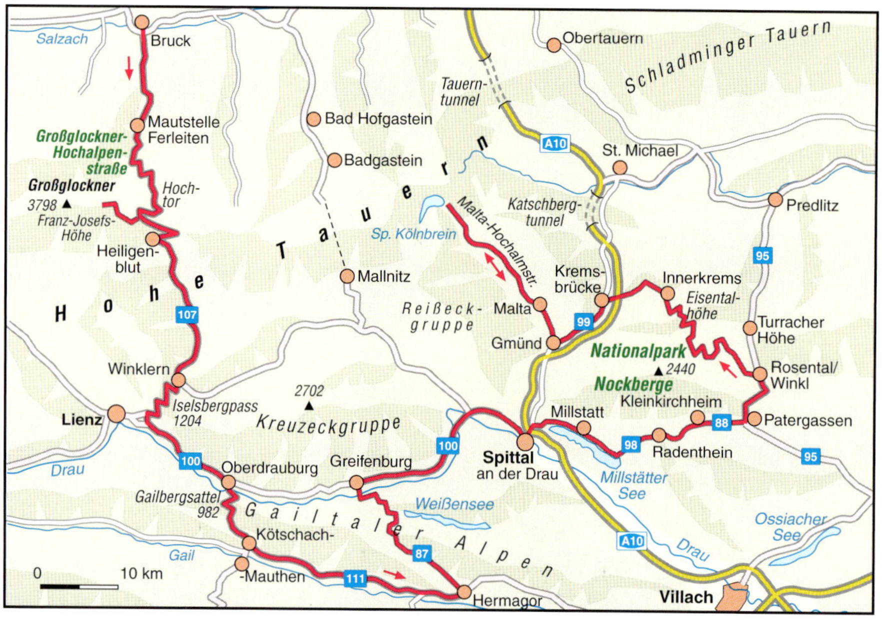

Über den Iselsbergpass ins Drautal

In Winklern hat sich das Wetter dann bereits so weit gebessert, dass ich es mir nicht nehmen lasse, über die Iselsbergpassstraße einen kurzen Abstecher hinüber ins benachbarte Osttirol zu unternehmen. Während die östliche Auffahrt auf der breit und gut ausgebauten Straße vorwiegend durch dichten Wald führt, ändert sich dieses Bild nach Überfahren der 1204 Meter hohen Passhöhe schlagartig. Nach den ersten Kehren der Abfahrt zeigen sich im Süden die mattgrauen, schroffen Felstürme der Lienzer Dolomiten, die im Volksmund auch Unholde genannt werden, aber an landschaftlicher Schönheit den Vergleich mit ihren Südtiroler Namensvettern in keinster Weise zu scheuen brauchen.

Nachdem ich beim Gasthaus Dolomitenblick dieses Naturschauspiel ausgiebig bewundert habe, fahre ich weiter abwärts Richtung Lienz, um vor Erreichen der Stadt aber schon ins Drautal Richtung Oberdrauburg abzubiegen.

Gailbergsattel und Gailtal

Eigentlich wollte ich von hier ja gleich das Drautal auswärts fahren, um so schnell wie möglich mein nächstes Ziel, die Kärntner Seenplatte mit dem Millstätter See, zu erreichen. Aber als ich in Oberdrauburg die Abzweigung zum Gailbergsattel sehe, kann ich nicht widerstehen: Ich setze den Blinker, biege nach Süden ab und schwing mich dann auf breiter, gut ausgebauter Straße über schön geschwungene Kehren zur Passhöhe. Auch die Südseite ist in einem hervorragenden Ausbauzustand, weist aber leider deutlich weniger Kehren auf, und so bin ich bald im heilklimatischen Luftkurort Kötschach-Mauthen auf der Südseite der Passstrecke angekommen. Gerne würde ich ja noch die hier nach Süden ansetzende Strecke zum Plöckenpass mitnehmen, aber zum einen schreckte mich deren deutlich schlechterer Ausbauzustand, zum anderen führt sie hinüber nach Italien und damit doch deutlich zu weit aus meinem eigentlichen Reisegebiet heraus.

Also fahre ich das Obergailtal auswärts, das im Norden von den Gailtaler Alpen und im Süden von den Karnischen Alpen begrenzt wird, nach Hermagor, wo ich durch das Gitschtal und über den Kreuzbergsattel wieder hinüber ins Drautal wechsle, das ich bei Greifenburg erreiche.

Bild oben: Auf der Großglocknerstraße beim Hochtor.

Bild unten: Typischer Bildstock in Kärnten.

›››

Die Nockalm-Höhenstraße ist mautpflichtig. Die Gebühr beträgt 7 €. Die Malta-Hochalmstraße ist mautpflichtig. Die Gebühr beträgt 7,55 €. Die Tourenkarte für eine Fahrt über Großglockner-Hochalpenstraße, Nockalm-Höhenstraße und Malta-Hochalmstraße in einer Saison kostet 25 €. ›››

>>>

Passöffnungszeiten
Die Großglockner-Hochalpenstraße ist vom 1 Mai bis 1. Nov., die Nockalm Höhenstraße von Pfingsten bis 31. Okt. geöffnet. Zwischen 18 und 8 Uhr gilt auf der Nockalm-Höhenstraße ein Fahrverbot für Motorräder. Die Malta-Hochalmstraße ist vom 10. Mai bis 12. Okt. geöffnet.

Servicestellen
Spittal/Drau: Kawasaki Rödlbach & Son, Kummererstr. 2, 9800 Spittal/Drau
BMW Nowak GesmbH, Villacher Str. 72, 9800 Spittal/Drau
Suzuki Moto-Point, Lehndorfer Str. 11, 9800 Spittal/Drau
Zell am See: Suzuki Aldendorfer, Brucker Bundesstraße 108, 5700 Zell am See

Karte Euro Cart Regionalkarte 1:300.000, RV-Verlag Blatt Österreich

Am Millstätter See

Je weiter ich mich nun Spittal an der Drau nähere, umso schöner wird das Wetter und in Millstatt, am Nordufer des gleichnamigen Sees, macht diese Region ihrem Beinamen Kärntner Riviera mit einem schon fast mediterran zu nennenden Klima alle Ehre.
Ich parke an einem kleinen Badestrand, entledige mich meiner Stiefel und Strümpfe, kremple die Kombi an den Beinen nach oben und bade meine Füße im warmen Wasser des zweitgrößten Kärntner Sees, der sich im Sommer bis auf 26 Grad aufheizt.
Es ist viel zu warm, als dass ich es in meiner Montur hier lange aushalten würde. Eine Badehose habe ich aber leider nicht eingepackt, und so schwinge ich mich bald wieder auf meine Maschine und lasse mich vom Fahrtwind abkühlen.

Die Nockalm-Höhenstraße

Vor mir liegen die Gurktaler Alpen, ein Mittelgebirge mit sanft geschwungenen Kuppen und weiten Tälern, das seiner charakteristischen runden Formen wegen eigentlich nur als »Nockberge« bezeichnet wird. Mitten durch diese Landschaft, die im Jahre 1987 in einen Nationalpark umgewandelt wurde, führt mit der Nockalm-Höhenstraße eine Panoramastraße, die eigentlich auf dem Pflichtprogramm eines jeden Kärntenbesuchers stehen sollte, zumindest wenn er mit dem Motorrad hier ist. Sie nimmt ihren Ausgangspunkt an

Sehenswürdigkeiten

- **Großglockner-Hochalpenstraße:** Wildpark bei der Mautstelle Ferleiten; Panoramarundblick von der Edelweißspitze; Abfahrt mit Schrägaufzug von der Franz-Josefs-Höhe auf den Pasterzegletscher.
- **Winklern:** Burg Alttreffen mit Bergfried aus dem 14./15. Jh.; spätgotische Pfarrkirche mit Fresken aus dem Jahre 1470.
- **Iselsbergpass:** Schöner Aussichtspunkt auf die Lienzer Dolomiten beim Gasthaus Dolomitenblick kurz nach der Passhöhe.
- **Oberdrauburg:** Sehenswerte Altstadthäuser in der Markt- und Kirchengasse; Ruine der Burg Flaschberg mit Renaissanceschloss.
- **Kötschach-Mauthen:** Ehemaliges Amtshaus aus dem 16. Jh. mit sehenswerten Fassadenmalereien am Marktplatz; Pfarrkirche Zu unserer Lieben Frau aus dem 16. Jh.
- **Hermagor:** Heimatmuseum im Schloss Moderndorf.
- **Greifenberg:** Schloss Greifenberg aus dem 12. Jh. mit Ringmauer und zwei Basteien; Pfarrkirche zur Heiligen Katharina mit Stilelementen aus Gotik und Barock.
- **Spittal an der Drau:** Schloss Porcia mit Heimatmuseum; Bauern- und Bergbaumuseum im Rathaus.
- **Gmünd:** Porschemuseum.

einer Rosental/Winkl genannten Abzweigung im Gurktal, welche man von Millstatt auf der Straße über Radenthein, Patergassen und Ebene Reichenau Richtung Turracher Höhe erreicht.

Die Südrampe der Turracher Höhe, deren Passhöhe von Ebene Reichenau nicht einmal 8 Kilometer entfernt ist, weist übrigens Steigungsspitzen bis zu 23 Prozent auf und zählt damit zu den steilsten Alpenstraßen überhaupt. Das ist etwa das Doppelte der Höchststeigung der Nockalm-Höhenstraße, die mit ihren zwölf Prozent dafür aber erheblich mehr Fahrspaß bietet.

Bis in 2012 Meter Höhe führt die gut ausgebaute Straße nach oben zur Schießtelscharte, wobei sich die Kurven und Kehren den runden Formen des Gebirges angepasst zu haben scheinen, bevor es nach längerer Abfahrt zum Parkplatz Sackl im Grundltal nochmals zur Eisentalhöhe bis in 2040 Meter Höhe hinaufgeht. Die Abfahrt ist genauso schön wie die Auffahrt und endet an der Mautstelle Innerkrems, wo es auf enger, teilweise nur knapp zweispuriger Straße am Kremsbach entlang nach Kremsbrücke im Liesertal geht.

Die Malta-Hochalmstraße

Richtig alpin präsentiert sich dagegen die Auffahrt von Gmünd über die Malta-Hochalmstraße, die mit ihren Tunnels, Haarnadelkehren und Engstellen, die teilweise sogar Einbahnregelung erfordern, auch einiges an fahrerischen Ansprüchen stellt.

Jetzt stehe ich also hier oben, lasse das Erlebte Revue passieren und überlege, welches Wetter mich wohl auf der Rückfahrt über den »Glockner« erwartet. Um es kurz zu machen, einsetzender Nieselregen lässt es mir geboten erscheinen, über die Tauernautobahn den Rückweg anzutreten.

Bild gegenüberliegende Seite: Auf dem höchsten Punkt der Nockalmstraße – auf der Eisentalhöhe – erwartet uns natürlich ein Alpengasthaus mit guter Kärntner Küche.

Bild unten: Bei Kötschach-Mauthen beginnt das liebliche Lesachtal, das Fahrgenüsse eigener Art bereit hält. Hier mit Blick auf die Lienzer Dolomiten.

ÖSTLICHES EUROPA

Nach wie vor werden die Länder Osteuropas – mit Ausnahme der Küstenregionen Sloweniens und Kroatiens – nur von Wenigen als Urlaubsziele geschätzt. Zu wenig bekannt sind die Naturschönheiten, zu groß ist die Unsicherheit wegen fremder Sprachen, zu groß oft auch die Angst vor dem »wilden« Osten und zu nah noch die Vergangenheit, in der diese Länder so gut wie gar nicht bereist werden konnten. Die hier vorgestellten Touren – durch Masuren, den östlichen Teil Polens, entlang der Donau auf ungarischem Gebiet bis nach Budapest sowie eine Tour in den rumänischen Karpaten und durch Siebenbürgen – sollen daher als Appetithappen dienen. Sie werden sicher Lust darauf machen, mehr von den Landschaften und der Lebensart im europäischen Osten kennen zu lernen.

Bild links: Die schmalen Schotterpisten in Rumänien führen immer wieder an abgelegenen Bauernhöfen vorbei.

Bild oben: Unbekanntes Schloss in der Nähe von Braşov in Rumänien. Wer denkt da nicht an Roman Polanskis »Tanz der Vampire«?

Tour 9

Streckenlänge 1262,0 km

Ausgangs- und Endpunkt
Stettin/Szczecin (60 m)

Anfahrt München – Ingolstadt – Nürnberg – Bayreuth – Hof – Dessau – Berlin – Autobahndreieck Uckermark – Grenzübergang Pomellen – Pomellen – Stettin/Szczecin – Abfahrt E 28 Anschlussstelle Kolbaskowo – Stettin (729 km)

Anfahrtszeit 8 3/4 Stunden

Straßenverhältnisse
Auf den gut ausgebauten Nationalstraßen kommt man gut voran, schnelleren Fahrzeugen wird durch deutliches Rechtsfahren das Überholen angeboten. Vorsicht ist bei starkem Regen angebracht, da sehr oft Sand vom Straßenrand über die Fahrbahn gespült wird. Kleine Nebenstraßen können durchaus nicht asphaltiert sein. Ungeübte Fahrer sollten es hier langsam angehen lassen, der teils feine Sand kann ziemliche Unruhe ins Fahrwerk bringen. Hunde, Enten, Gänse und andere Tiere sowie Pferdefuhrwerke können theoretisch hinter jeder Kurve auftauchen, besonders in der Nähe von Ortschaften.

Servicestellen
Stettin/Szczecin: Yamaha Cross, ul. Klonowica 14, 71244 SzczecinKawasaki Szubski , ul. Klonowica 14, 71244 Szczecin
Köslin/Koszalin: Yamaha und Kawasaki Fronton, ul. Bohaterów Warszawy 23, 75211 Koszalin
Danzig/Gdansk: Yamaha Zdanowicz, ul. Kolobrzenska 5/7, 80323 Gdansk
Harley-Davidson Zdanowicz, ul. Grunwaldzka 258, 80314 Gdansk ›››

Polen/Masuren – Unbekanntes Land mit deutscher Vergangenheit

Wer die Einsamkeit sucht und gerne auf touristische Entdeckungsreise geht, ist hier gerade richtig. Dem Naturliebhaber erschließen sich bei etwas Eigeninitiative wunderschöne Nebenstrecken durch Wald-, Hügel und Seenlandschaften. Auf zahlreiche Spuren der Vergangenheit stößt er dabei fast automatisch.

Strecke: Szczecin/Stettin (km 0,0) – Koszalin/Köslin (km 147,0) – Gdansk/Danzig (km 298,0) – Elblag/Elbing (km 352,0) – Paslek/Pr. Holland (km 376,0) – Ostróda/Osterode (km 422,0) – Olsztynek/Hohenstein (km 451,0) – Mragowo/Sensburg (km 533,0) – Mikolajki/Nikolaiken (km 552,0) – Ruciane-Nida (km 572,0) – Pisz/Johannisberg (km 590,0) – Szczuczyn (km 624,0) – Grajewo (km 639,0) – Elk/Lyck (km 661,0) – Gizycko/Lötzen (km 721,0) – Ketrzyn/Rastenburg (km 749,0) – Swieta Lipka/Heilige Linde (km 756,0) – Sorkwity (km 782,0) – Biskupiec/Bischofsburg (km 794,0) – Jeziorany/Seeberg (km 821,0) – Dobre Miasto/Guttstadt (km 847,0) – Morag/Mohrungen – (km 858,0) – Paslek/Pr. Holland (km 882,0) – Elblag/Elbing (km 910,0) – Nowy Dwor/Tiegenhof (km 984,0) – Abstecher Krynica Morska (hin und zurück 98 km) – Gdansk/Danzig (km 964,0) – Szczecin/Stettin (km 1262,0)

Nun hat es mich also doch noch erwischt: Wenige Kilometer vor meinem Etappenziel, der alten Hafenstadt Danzig, stehe ich mit gezücktem Geldbeutel am Straßenrand. Während ein polnischer Verkehrspolizist gewissenhaft meine Papier kontrolliert, kniet sein Kollege bewundernd mit lässig unter dem Arm geklemmter Dienstmütze vor meinem Tourer und kommt mit seiner Zigarettenkippe im Mundwinkel dem Motorradvergaser bedenklich nahe. 125 km/h soll ich gefahren sein, deutlich zu viel, gemessen am lokalen Tempolimit von 90 km/h auf Landstraßen.
Nachdem ich mich anfangs brav an dieses Limit gehalten hatte und dabei ständig von tiefliegenden Privat-PKW überholt wurde, steigerte sich mein Marschtempo langsam, aber stetig. Die gut ausgebaute, kurvenarme E 28 von Stettin/Szczecin über Köslin/Koszalin nach Danzig/Gdansk stellt ja auch wirklich keine allzu große fahrerische Herausforderung dar, und unterwegs wurde ich auch einige Male durch Lichthupe entgegenkommender Fahrzeuge gewarnt. Relativ auffällig parkte kurz darauf immer ein blau-weißes Polizeifahrzeug im Acker neben der Hauptstraße, ohne erkennbare Aktivitäten der meist darin sitzenden amtlichen Besatzung. Vor dieser Streife wurde ich mangels Gegenverkehr jedoch nicht gewarnt und nähere mich Danzig so um einige Zloty ärmer.

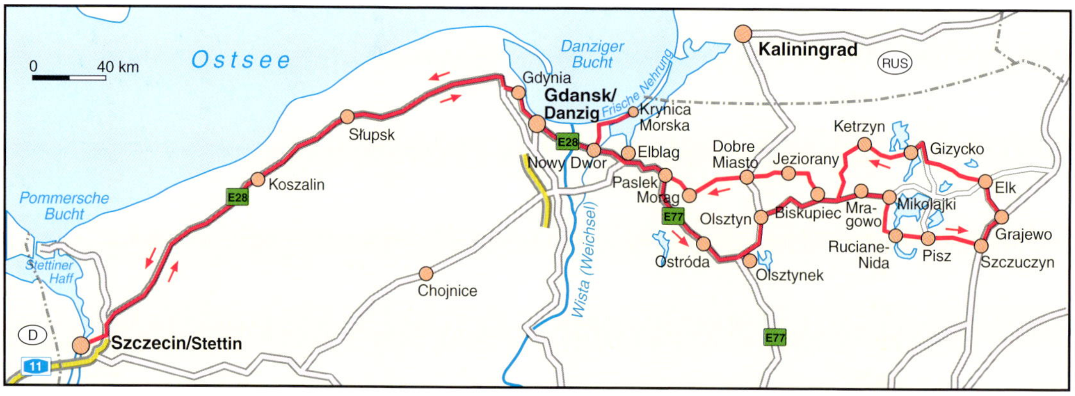

Danzig

Gleich neben der historischen Altstadt begrüßt mich freundlich das Schild einer französischen Hotelkette. Ich zögere nicht lange und fahre meine Maschine auf den bewachten Hotelparkplatz. Die Zimmer inklusive der Sanitäreinrichtung versprühen den kommunistischen Charme vergangener Epochen, auf dem Aschenbecher steht sogar noch »Hotel ORBIS«. Hier hat sich also nur der Besitzer, der Name und das Preisniveau geändert. Doch die kühle Dusche und der laue Spätsommerabend entschädigen für die lange Anfahrt. Im T-Shirt sitze ich an der Schiffsanlegestelle und betrachte beim Abendessen die vorbeiflanierenden Geschäftsleute, die Einheimischen und die wenigen Touristen. Für den Preis meines Abendmenüs hätte ich zwar in einer Dorfkneipe eine ganze Woche speisen können, doch das Flair der alten Hafenstadt ist hier neben dem Krantor wirklich erlebenswert.

Im Zweiten Weltkrieg komplett zerstört, wurde diese schöne Stadt in den Fünfzigerjahren wieder originalgetreu aufgebaut – ein lebendiger Kontrast zur Einsamkeit der Masurischen Seenplatte, die ich in den nächsten Tagen aufsuchen werde.

Richtung Osten

Elblag, früher Elbing, wurde vor 1000 Jahren vom Deutschen Orden gegründet. Die Ordensritter beherrschten weite Teile Ostpreußens bis hinauf ins Baltikum. Von der alten Elbinger Burg ist heute jedoch nichts mehr zu sehen, und auch der historische deutsche Stadtkern fiel der kriegerischen Geschichte zum Opfer. Jetzt ist Elblag eine Arbeiter- und Hafenstadt mit jeder Menge Plattenbauten und ein paar restaurierten deutschen Fachwerkhäusern.

Ein paar Kilometer weiter, südlich von Paslek, biege ich auf die E 77 ab und fahre durch Zielona Paslecka, wo die Zeit komplett stehen geblieben zu sein scheint. Gänse auf der Straße, Schlaglöcher, kläffende Hunde und eine kleine Wallfahrtskirche. Die Häuser präsentieren sich in bedauernswertem Zustand, und in der Dorfwirt-

Neugierig durchqueren wir die weite, ebene Landschaft der Masuren – immer mit einem Blick auf Spuren der Vergangenheit.

>>>

Honda P. M. Auto Gdansk, ul. Gen. Hallera 132, 80416 Gdansk
Elbing/Elblag: Honda Gregor, Krolewiecka 229, 82300 Elblag
Kawasaki ASO Peugeot, ul. Akacjowa 5, 82300 Elblag
Allenstein/Olsztn: Honda Auto-Serwis Daszuta, Boenigka 34 c, 10686 Olsztyn

Karte Euro Cart Regionalkarte 1:300.000, RV-Verlag, Polen Blatt 1 Pommern/Ostseeküste und Blatt 2 Masurische Seenplatte

Pferdegespanne sind auch heute noch kein seltenes Bild in dieser stark bäuerlich geprägten Landschaft. Da ist dann schon mal ein Schwätzchen drin.

schaft gibt es die Tasse Kaffee noch für umgerechnet wenige Cent.

Bei Ostróda, dem früheren Osterode, bekomme ich einen ersten Vorgeschmack auf die beginnende Seenlandschaft. Ich fahre am örtlichen Krankenhaus vorbei, einer Burganlage, in der einst Napoleon ein paar Wochen residierte, und sehe zahlreiche Schilder, auf denen für organisierte Kanutouren geworben wird. Doch dafür stehen heute noch zu wenige Kilometer auf dem Zähler.

Begegnungen mit der Vergangenheit

Ich habe von einem Freilichtmuseum ganz in der Nähe gehört, das ich mir unbedingt ansehen will. 30 Kilometer weiter in Olsztynek, früher Hohenstein, bekomme ich einen guten Einblick in das frühere Leben im Ermland und in Masuren. Eine Mühle, Scheunen und Hütten mit alten Gerätschaften, Pferdeställe, ein Wirtshaus, eine Kirche und eine Schmiede legen Zeugnis ab vom einfachen und beschwerlichen Leben früherer Zeiten.

Etwas nachdenklich drehe ich den Zündschlüssel meines »Hightech-Gerätes« und schaue vom Cockpit auf die stark ausgebesserte Straße, die mich in die Hauptstadt Masurens, nach Allenstein/Olsztyn bringt. Im Burgschloss finde ich ein astronomisches Museum mit Planetarium: Hier arbeitete Nikolaus Kopernikus an seinen Studien. Polen konfrontiert immer wieder mit starken Gegensätzen zwischen Arm und Reich, das war früher schon so und hat sich bis heute nicht geändert. Pferdefuhrwerke auf alten Autoachsen werden von teuren Geländewagen überholt, und ich fühle mich mit meiner Reiseenduro und der Gore-Tex-Kombi wie ein Ritter aus einer anderen Zeit.

Im Herzen Masurens

Hinter Nikolaiken/Mikolajki halte ich mich südlich und verirre mich auf kleinen Nebenstraßen in das Dorf Krutyn. Es ist Zeit für Quartiersuche, und schon mein erster Kontakt mit Kristina, einer sympathischen Bootsvermieterin, führt zum Erfolg. Für kleines Geld miete ich mir ein Zimmer mit Frühstück und ein Paddelboot für den morgigen Tag. Hier, im Herzen Masurens mit seinen vielen Seen, Kanälen und Flussläufen will ich einen Ruhe-

Sehenswürdigkeiten

- **Danzig/Gdansk:** Sehenswerte Altstadt und Hafen; die »Dreistadt« mit Grdingen/Gdynia, Danzig/Gdansk und dem Seebad Zoppot/Sopot.
- **Elbing/Elblag:** Nikolaikirche mit ihrem 95 Meter hohen Turm.
- **Hohenstein/Olsztynek:** Im Freilichtmuseum werden etwa 40 Bauwerke aus den vergangenen 250 Jahren präsentiert.
- **Allenstein/Olsztyn:** 1348 begann der Bau der Allensteiner Burg; 1516 bis 1521 wurde die Burganlage von Nikolaus Kopernikus verwaltet. Heute befindet sich in der Burg ein technisch sehr interessantes Planetarium.
- **Ketrzyn/Rastenburg:** Wolfsschanze – bei Ketrzyn/Rastenburg befindet sich das ehemalige Befehlsquartier Adolf Hitlers. Ein österreichisches Unternehmen hat das Gelände 1992 vom polnischen Staat gekauft und vermarktet es erfolgreich, mit über 100.000 Besuchern jährlich.
- **Heilige Linde/Swieta Lipka bei Reszel/Rössel:** Katholische Wallfahrtskirche aus dem 17. Jh.

tag einlegen und den Tag mit Wasserwandern, Baden und dem Beobachten von allen möglichen Fischarten im sauberen Wasser verbringen. Fisch gibt es dann auch zum Abendessen. Gesellschaft leistet mir dabei Maria, eine deutsche Rentnerin aus dem Nachbardorf. Mit umgerechnet knapp 100 Euro Rente, die ihr der polnische Staat zahlt, ist sie auf jeden Zusatzverdienst angewiesen. Nur wenige Deutsche leben noch hier und sind nicht in die Bundesrepublik ausgewandert. Maria erzählt von kalten, sonnigen Wintern und der kleinen Kirche, die sie nebenbei betreut.

Anderntags fahre ich durch schier endlose Kiefernwälder, vorbei an kleinen Seen und schilfbedeckten Ufern. In diesen Wäldern soll es auch heute noch Elche geben. Die Einsamkeit steht wiederum in Kontrast zu den Städten, die ich durchfahre. In Lyck/Elk und Lötzen/Gizycko dominieren Plattenbauten. Junge Leute flanieren auf den Gehwegen und winken mir im Vorbeifahren freundlich zu.

Unweit der russischen Grenze komme ich zu einem großen Ausflugsparkplatz mit ungewöhnlich vielen PKW, mitten im Wald. Durch Zufall habe ich Hitlers Befehlsstand, die »Wolfsschanze«, entdeckt. Hier missglückte 1944 das Attentat auf den Führer. Heute lassen es sich zahlreiche Touristen das happige Eintrittsgeld kosten, zwischen den kiefernbewachsenen, zerstörten Ruinen herumzuwandern. Ich möchte aber lieber einen friedlicheren Ort besichtigen und fahre weiter zum Wallfahrtsort Heilige Linde/Swieta Lipka bei Reszel/Rössel. Der Barockbau aus dem 17. Jahrhundert erinnert mich mit seinen Souvenirständen und frommen Besuchern ein wenig an Kloster Andechs im heimatlichen Bayern, nur eine Klosterbrauerei suche ich vergebens.

Ein abschließender Badetag an der Frischen Nehrung bringt mit abendlichem Wetterwechsel den lange gefürchteten Herbstregen, und so mache ich mich wieder auf den Rückweg nach Deutschland – unter Beachtung der örtlichen Verkehrsvorschriften natürlich.

Die Masuren sind berühmt für ihre unverwechselbare, riesige Seenlandschaft. Nach einer Tagestour auf dem heißen Ofen, lockt da schon mal ein kühlendes Bad.

Ungarn – Von Wien nach Budapest

Der Name Ungarn erweckt in mir zuerst einmal die Vorstellung von weiter Pusztasteppe, über die sich hölzerne Ziehbrunnen verteilen. Vor den strohgedeckten Gehöften spielen Zigeunerkapellen am Lagerfeuer auf, und hübsche Mädchen mit langen schwarzen Haaren und großen silbernen Ohrringen tanzen zu den Csárdásklängen.

Tour 10

Streckenlänge 335,0 km

Ausgangs- und Endpunkt
Wien (170 m)
Budapest (10 m)

Anfahrt München – Rosenheim – Salzburg – St. Pölten – Wien (441 km)

Anfahrtszeit 5 Stunden

Servicestellen
Wien: Suzuki Action Bike, Wagramer Str. 64, 1220 Wien
Suzuki Team A. Winter, Zeleborgasse 4, 1120 Wien
Kawasaki Bike-City-Holzer, Mariahilfer Str. 206, 1150 Wien
Kawasaki »Gert Motors«, Hirschstettner Str. 44, 1120 Wien
Harley-Davidson Fischer Wien, Triester Str. 260 – 262, 1230 Wien
Yamaha Motorrad Center, Kagranerplatz 32, 1220 Wien
Yamaha Hebart, Dresdner Str. 132, 1200 Wien
BMW Wien-Donaustadt, Rautenweg 4 – 6, 1220 Wien
Honda 2-Rad Börse Center-Werkstatt, Ernst-Renz-Gasse 7, 1020 Wien
Györ: Yamaha Németh András, Damjanisch ut 5/b, 9026 Györ
Budapest: Harley-Davidson Budapest, Neszmely Koz 3, 1118 Budapest
Yamaha Motor Hungaria KFT, Budaörsi ut 112/c, 1118 Budapest

Karte Euro Cart Regionalkarte 1:300.000, RV-Verlag Blatt Ungarn

Strecke: Wien (km 0,0) – Autobahndreieck Wien-Prater (km 4,0) – Fischamend (km 23,0) – Neu-Haslau (km 29,0) – Bad Deutsch-Altenburg (km 47,0) – Hainburg (km 50,5) – Wolfsthal (km 50,5) – Berg (km 60,5) – Kittsee (km 62,5) – Pama (km 68,5) – Deutsch Jahrndorf (km 76,0) – Nickelsdorf (km 85,0) – Grenze Hegyeshalom (km 90,5) – Mosonmagyaróvár (km 103,0) – Hálaszi (km 109,5) – Arak (km 114,5) – Asvány-ráró (km 126,5) – Györladamér (km 137,5) – Györ (km 146,0) – Örkénypuszta (km 153,0) – Bana (km 171,0) – Nagyimánd (km 185,0) – Kocs (km 196,5) – Tata (km 205,0) – Agostyán (km 214,5) – Héreg (km 231,5) – Nagysáp (km 244,0) – Tát (km 251,5) – Esztergom (km 261,5) – Pilismarót (km 275,5) – Visegrád (km 285,0) – Szentendre (km 312,5) – Budapest/Ortsanfang (km 322,0) – Budapest/Zentrum (km 335,0)

Danach stärkt man sich bei Wein und scharf gewürztem Gulasch und lässt mit der hinter dem Balaton, dem ungarischen Meer, rot glühend versinkenden Sonne den Abend in einem Gefühl von Zeitlosigkeit und Weite ausklingen. Ein Klischee leider, das dem heutigen Ungarn nicht mehr so recht entspricht, und wenn ich die Augen vom Träumen wieder öffne, habe ich ein ganz anderes Bild vor mir: Rennwagen, die in halsbrecherischem Tempo um einen Rundkurs jagen, dabei einen infernalischen Lärm veranstalten und dennoch eine unvergleichliche spannende Atmosphäre entstehen lassen, die man nicht beschreiben kann, sondern erlebt haben muss.

Die Rede ist vom Hungaroring, etwas nordöstlich von Budapest, direkt an der Autobahn nach Hatran gelegen, auf dem seit 1986 neben dem all-

jährlich im August stattfindenden Formel-1-Rennen auch Motorrad- und Truckrennen ausgetragen werden. Der Hungaroring und der Formel-1-Grandprix ist mein eigentliches Ziel, aber obwohl ich ihn von München über die Autobahn Wien nach Budapest in wenigen Stunden erreichen könnte, nehme ich mir mehr Zeit für die Anfahrt. Ich möchte feststellen, ob es auch das geträumte romantische Ungarn noch gibt, und wähle ab Wien nur noch Landstraßen, an der Donau entlang bis Budapest.

Von Wien zur ungarischen Grenze

Schon alleine Wien, diese beeindruckende Metropole, ist die Reise wert, denke ich, als ich die Stadt verlasse. Nach dem Dom St. Stephan, von den Wienern liebevoll »Steffl« genannt und eines der bedeutendsten Bauwerke der Hoch- und Spätgotik, habe ich noch die Hofburg am Michaelsplatz, wo von 1283 bis 1918 die Habsburger residierten, und die Kapuzinerkirche mit der Kapuzinergruft besucht, in der 144 Mitglieder des Kaiserhauses Habsburg ihre letzte Ruhestätte gefunden haben. Im Prater bin ich dann noch mit dem 54 Meter hohen Riesenrad gefahren. Nur einen Besuch der mit grünen Föhrenzweigen oder -kränzen gekennzeichneten Lokale, in denen der Heurige ausgeschenkt wird, der Wein der letzten Lese, habe ich mir verkniffen.

In dem verwirrenden Straßengeflecht finde ich auch so keinen richtigen Ausweg und fahre deshalb auf die A 4, die Ostautobahn, die ich bei der Ausfahrt Fischamend verlasse, um auf der B 9 meinem Motto getreu an der Donau entlang nach Hainburg zu fahren. Die Donau bekomme ich allerdings nirgends zu Gesicht, dafür überrascht mich Hainburg, die ehemalige Reichsfestung der Babenberger, mit seinem wehrhaften Charakter. Vor allem die gewaltigen Mauern des Wiener Tores beeindrucken mich, wenn sie auch den Türken, die im Jahre 1683 in der Stadt ein blutiges Gemetzel anrichteten, nicht standhalten konnten. Durch das Ungartor verlasse ich Hainburg in Richtung Bratislava und fahre bis Wolfsburg.

Bild gegenüberliegende Seite: Moderne Technik und ein LKW-Oldtimer aus Sowjetzeiten miteinander im Gespräch.

Bild oben: In den ungarischen Dörfern bietet sich immer wieder mal eine Wasserpumpe zur kurzen Abfrischung an.

Die Burg von Visegrád liegt direkt über der Donau und ist auf einer Fahrstraße erreichbar. Neben der üblichen Besichtigung gibt es Falkner-Vorführungen in historischer Tracht.

Obwohl es von hier nur noch ein kurzer Abstecher hinüber nach Pressburg/Bratislava in der Slowakischen Republik wäre, verzichte ich darauf, folge stattdessen den Hinweisschildern nach Berg/Kittsee/Neusiedler See und erreiche auf ruhiger Straße die ungarische Grenze bei Hegyeshalom.

Weiter nach Osten

Die erste ungarische Stadt mit dem für mich unaussprechlichen Namen Masonmagyaróvár, was übersetzt Ungarisch-Altenburg bedeutet, wartet neben einer Vielzahl von Brücken mit einer kleinen Burg und einigen alten Häusern im volkstümlichen Barockstil auf. Ich möchte weg von der Hauptstraße, folge deshalb anfangs der Beschilderung »Hálaszi«, dann an der Ortskirche vorbei dem Hinweis nach Györ und nähere mich diesem großen Zentrum über eine Landstraße, deren Verlauf genauso eintönig ist wie die Ortschaften, auf die ich treffe und von denen ich nur der Vorstellung halber einige Namen wie beispielsweise Hédervár, Zsejkepuszta oder Györzámoly aufzähle.

Auch Györ wirkt auf den ersten Blick wenig attraktiv, zeigt dann aber doch eine recht sehenswerte Altstadt und ein McDonalds-Restaurant, dessen Werbetafeln ich schon bei der Einfahrt in die Stadt auf der Brücke über die Mosoni Duna gesehen habe. Von Pusztaromantik bisher also weit und breit nichts zu spüren, was sich auch im weiteren Verlauf auf den kleinen Landstraßen hinüber nach Tata nicht wesentlich ändern soll.

Sehenswürdigkeiten

- **Wien:** Dom St. Stephan; Hofburg; Kapuzinerkirche; Fiaker am Domplatz; Prater.
- **Hainburg:** Wiener Tor aus dem 13. Jh. mit kleinem Heimatmuseum; Ungartor mit Resten der alten Befestigungsanlage; Marktplatz mit Mariensäule; Pfarrkirche und Joseph-Haydn-Brunnen.
- **Mosonmagyaróvár:** Burg Ovár aus dem 13. Jh. mit Türmen und Grabensystemen; Hansúg-Museum mit archäologischer und volkskundlicher Sammlung in der Lenin ut. Nr. 135.
- **Györ:** Dom mit Kapitelhügel; Karmeliterkirche aus dem 18. Jh.; Stadtmuseum Jánus Xantus gegenüber der Benediktinerkirche auf der Széahenyitér ut.
- **Tata:** Wassermühlen am Großen See (Öregtó) teilweise mit Museen; Alte Burg (Öregrar), einzige Wasserburg Ungarns; Domonkos-Kuny-Museum in der Burg mit Funden aus der Römerzeit.
- **Esztergom:** Basilika aus dem 19. Jh.; Burgberg mit Resten des königlichen Palastes aus dem 13. Jh.; Viziváros-Pfarrkirche in der Wasserstadt; Christliches Museum im ehemaligen erzbischöflichen Palast mit bedeutender Gemäldesammlung.
- **Visegrád:** Festungshügel mit der alten Zitadelle (mit Pendelbussen vom Stadttor zu erreichen).
- **Budapest:** Burgpalast mit Ungarischer Nationalgalerie; Museum für Zeitgeschichte; Historisches Museum; Burgviertel; Mathiaskirche; Fischerbastei; Römerstadt Aquincum mit archäologischem Museum an der Kiled utca am Westufer der Donau (offen Mai bis September täglich außer Mo. 9 – 13 Uhr, April und Oktober bis 17 Uhr); Parlament mit klassizistischer Fassade am Donauufer (Führungen Mi. bis So. 11 Uhr); Margaretheninsel mit Thermalquellen, Kur- und Sportbädern und zahlreichen Freizeit- und Erholungseinrichtungen.

Entlang der ungarisch-slowakischen Grenze

Der Streckenverlauf war bisher klar als gut ausgeschildert vorgegeben, aber in Tata fehlen dann Wegweiser völlig. Fast bin ich schon versucht, auf die B 100 auszuweichen, orientiere mich aber schließlich unter kräftiger Mithilfe einer Karte mit großem Maßstab sowie der beiden Zwiebeltürmen der Ortskirche und finde die Hinweisschilder nach Almasneszmely und Agostyán.

Vor mir liegen die Gerecseberge und damit ein landschaftlich recht reizvoller, etwa 40 Kilometer langer Streckenabschnitt hinüber nach Tát, wo ich wieder auf eine Bundesstraße treffe. Ich folge ihr nach Esztergom und bin überrascht von dem monumentalen Bauwerk der riesigen Basilika, Ungarns größter Kirche auf einem kleinen Hügel über dem Donauufer.

Donauabwärts bis Budapest

Kurz nach dem Ort erblicke ich erstmals die Donau und zum ersten Mal auch wieder ein Hinweisschild nach Budapest, das mich entlang des Flusses nach Visegrád führt. Der Name bedeutet so viel wie »Hohe Burg«, und tatsächlich breitet sich hier am Donauufer neben einer Unterburg auch eine Hochburg in den Hügeln über der Stadt aus, die allerdings im 16. Jahrhundert von den Türken fast völlig zerstört und nur teilweise wiederhergestellt wurde. Hinter der Stadt ändert die Donau unvermittelt ihre bisherige West-Ost-Richtung und beschreibt eine fast dramatische Biegung um 90 Grad, die als Donauknie treffend beschrieben wird, was sich von mir auf der Straße allerdings kaum in die Schräglage umsetzen lässt.

Budapest ist nicht mehr weit und unterscheidet sich mit seinem Verkehrsaufkommen nicht von anderen europäischen Großstädten. Als ich vom Königlichen Schloss, eigentlich nur als »Burg« bekannt, über die Stadt blicke, überlege ich, welche Eindrücke ich von Ungarn gewonnen habe und stelle fest, dass recht wenig romantische dabei waren. Trotzdem sind meine Erinnerungen an die Reise posi-tiv, und jetzt müsste eigentlich nur noch der richtige Fahrer den Grandprix am Hungaroring gewinnen ...

Bild unten: Von der Fischerbastei hat man einen freien Blick auf die Donau und Ungarns Metropole Budapest. Diese im Zuckerbäcker-Stil errichtete Befestigungsanlage ist erst gut hundert Jahre alt, aber bei Touristen und Einheimischen sehr beliebt.

Rumänien – Genuss ohne Reue im Norden Rumäniens

»Nach Rumänien mit dem Motorrad? Du wirst ausgeraubt werden, nichts zu essen bekommen und wahrscheinlich ohne dein Motorrad wieder nach Hause kommen!« Sehr eindringlich waren die Warnungen fast aller Zeitgenossen, die von meinen Reiseplänen erfahren haben, keiner konnte allerdings aus seinem persönlichen Erfahrungsschatz plaudern …

Tour 11

Streckenlänge 1452,0 km

Ausgangs- und Endpunkt
Satu Mare (127 m)

Anfahrt München – Salz-burg – St. Pölten – Wien – Nickelsdorf – Grenzübergang Nickelsdorf – Györ – Buda-pest – Fuzesabony – Autobahnende Polgar – Nyiregyhaza – Grenzübergang Csengersima – Satu Mare (1027 km)

Anfahrtszeit 12 1/2 Stunden

Mautgebühren
Die Anfahrtsstrecke beinhaltet sowohl in Österreich als auch in Ungarn vignettenpflichtige Straßenabschnitte.
Die Vignette mit Magnetkarten für die Benutzung der ungarischen Autobahnen M1 und M3 Hegysshalom–Budapest–Polgar sind an Grenzstellen, Tankstellen, Postämtern oder beim Ungarischen Automobilclub MAK erhältlich.
Die Wochenvignette ist 10 Tage ab dem gelochten Datum gültig, die Monatsvignette für den Kalendermonat.
Die Wochenvignette kostet für Motorradfahrer 1.900 HUF (ca. 7,50 €), die Monatsvignette 3.200 HUF (ca. 12,50 €).
Die Vignette mit Magnetkarte ist nur gültig, wenn das Kennzeichen des Fahrzeugs eingetragen ist. ›››

Strecke: Satu Mare (km 0,0) – Livada (km 23,0) – Baia Mare (km 68,0) – Baia Sprie (km 78,0) – Vadu Izei (km 127,0) – Abstecher über Sighetul Marmației nach Sapanța (hin und zurück 48 km) – Bârsana (km 140,0) – Săcel (km 182,0) – Mosei (km 194,0) – Abstecher Vișeu de Sus (hin und zurück 18 km) – Borșa (km 203,0) – Jacobeni (km 279,0) – Pjorita (km 303,0) – Vatra Moldoritei (km 329,0) – Poiana Prislop (km 360,0) – Rădăuți (km 373,0) – Milisăuți (km 380,0) – Solca (km 392,0) – Gura Humorului (km 412,0) – Câmpulung Moldevenesc (km 451,0) – Jacobeni (km 478,0) – Vatra Dornei (km 493,0) – Broșteni (km 546,0) – Poiana Teiului (km 581,0) – Bicaz (km 627,0) – Gheorgheni (km 682,0) – Miercurea-Ciuc (km 739,0) – Sfântu Gheorghe (km 808,0) – Brașov (km 831,0) – Abstecher nach Bran (hin und zurück 54 km) – Făgăraș (km 907,0) – Sibiu (km 984,0) – Mediaș (km 1039,0) – vor Sighișoara (km 1076,0) – Târgu Mureș (km 1128,0) – Turda (km 1204,0) – Cluj-Napoca (km 1235,0) – Dej (km 1293,0) – Baia Mare (km 1384,0) – Satu Mare (km 1452,0)

Jetzt also, nach der Kontrolle am ungarischen Grenzübergang Csengersima, rolle ich auf den ersten Kilometern rumänischen Bodens Richtung Satu Mare und bin neugierig auf meinen vermeintlichen Abenteuerurlaub. Die Menschen bei der Feldarbeit oder am Straßenrand winken mir

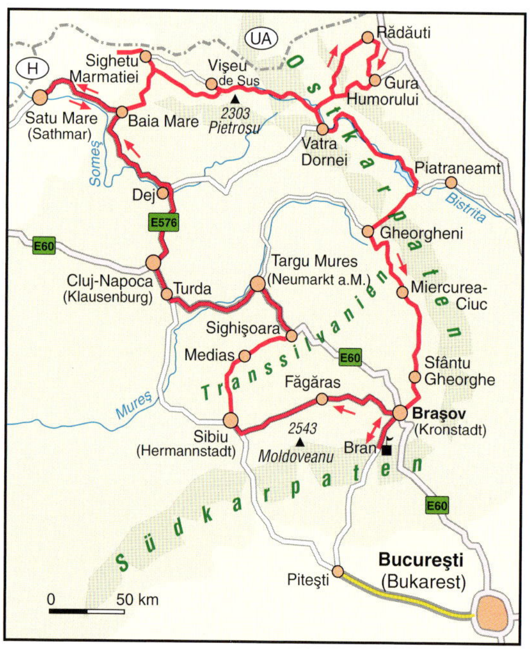

freundlich zu, Pferdefuhrwerke bestimmen schon fast das Bild auf den Straßen, nur ab und zu mischt sich ein einheimischer »Dacia«-PKW oder »Roman«-LKW dazwischen, und auch hier winken mir die Insassen freundlich beim Überholen zu. Jeder scheint sich über den ungewohnten Anblick eines großen Motorrades zu freuen, eine willkommene Abwechslung im beschaulichen Alltag. Ältere Leute sitzen auf Bänken vor ihrem Garten, haben den Verkehr stets im Auge, und ich fühle mich eingebettet in das Verkehrsgeschehen, gewissermaßen als Akteur in einem langsamen Film, der auf der Straße spielt und kann beim besten Willen keine Gefahren feststellen, von dem abenteuerlichen Zustand der Fahrzeuge einmal abgesehen.

»Rrrrumms« – dieses Schlagloch hatte ich aber total übersehen. »Etwas mehr Konzentration«, scheint sich das Fahrwerk bei mir zu beschweren und gibt unsanft Meldung an mein Rückgrat. Ganz in Gedanken habe ich gar nicht bemerkt, dass der Straßenzustand sich rapide verschlechtert hat. Schlaglöcher, Spurrillen, Sandpassagen, dann wieder ein Mix aus Beton- und Asphalt garniert mit Ölflecken, die ganze Bandbreite straßenbaulicher Grausam-

keiten erfordern meine vollste Aufmerksamkeit. Schnell gefahren bin ich schon vorher wegen der Pferdefuhrwerke nicht, ich möchte schließlich vermeiden, dass den freundlichen Menschen die Gäule durchgehen beim ungewohnten Escheinen meines Zweirades. Doch nun sinkt mein Durchschnittstempo nochmals weiter ab, und ich bin schließlich froh über das Ortsschild von Satu Mare.

Satu Mare

Einkaufsstraßen, Kirchen, Restaurants und schlechte Beschilderung – und auch hier scheint sich das Leben auf der Straße abzuspielen. Immer wieder überqueren Fußgänger die Straße, und ich wundere mich darüber, dass auch tatsächlich immer alle Fahrzeuge anhalten, bis ich die Reste von Zebrastreifen-Markierungen auf dem Asphalt wahrnehme, die ich anfangs gar nicht bemerkt hatte, was einige Vollbremsungen nach sich zog.

Hier in der Stadt fällt mir auf, dass ich mir ein völlig falsches Bild von der Bevölkerung gemacht habe. Dunkelhaarig und mit dunklen Augen, aber mit heller Haut entsprechen sie so gar nicht meinen Vorstellungen gängiger Klischees. Ab und an sehe ich auch einige Sinti. Deren Verhalten ist aber eher weniger aufdringlich als in anderen südeuropäischen Ländern. Und die Sintifrau mit Kleinkind auf dem Arm wird sofort mit harschen Worten bedacht, als sie mich beim Einkaufen vor einem Laden anbettelt. Leider habe ich nicht verstanden, welche Worte ihr das einheimische Ehepaar mit auf den Weg gegeben hat, es waren aber nicht die freundlichesten.

Auch die Gruppe Kinder, die mich am Straßenrand bemerkt, als ich einen Blick auf die Karte werfe, hält respektvoll Abstand. Erst jetzt sehe ich die provisorische Hüttensiedlung dahinter. Auf meine Frage nach dem Weg entsteht eine lustige Konversation mit Händen und Füßen. Hellwache Kinderaugen betrachten Fahrer und Motorrad. Kein Betteln, kein Berühren meiner Sachen – fast scheint es als seien diese Kinder besser erzogen als in manch anderen Ländern. Ein kleines Geschenk wechselt den Besitzer, und ich mache mich auf, den »Fröhlichen Friedhof« bei Sapanta, kurz hinter Sighetul Marmaţiei zu suchen.

Rumäniens Dörfer haben den Anschluss an die modernen Zeiten noch kaum gefunden.

›››

Straßenverhältnisse

Besonders im Norden Rumäniens sind die Straßen teils in unglaublich schlechtem Zustand. Lange Federwege sind daher von Vorteil und sehr umsichtige Fahrweise ist absolut notwendig. Höchste Aufmerksamkeit gilt in Ortschaften, wo immer mit Fußgängern, die plötzlich die Fahrbahn überqueren, gerechnet werden muss. Besonders abends und nachts wird es wegen alkoholisierter Verkehrsteilnehmer und unbeleuchteter Fuhrwerke auf den schlechten Straßen schon fast zu gefährlich für Zweiradfahrer, deshalb bei Einbruch der Dunkelheit besser ein Quartier aufsuchen! ›››

>>>

Servicestellen
Bukarest: Honda HIT Power Motor, Bd. Ion Mihalache 106, Sector 1 – Bukarest, Tel. (021) 2 24 82 72 oder 2 24 82 82
BMW S. C. Automobile Bavaria, Str. Horia Cloşca şi Crişan 17, 71918 Bukarest-Otopeni, Tel. (092) 35 48 68 oder +40 12 33 20 20

Karte Euro Cart Regionalkarte 1:800.000, RV-Verlag Blatt Rumänien/Republik Moldau

An der ukrainischen Grenze

Der »Fröhliche Friedhof« hat seinen ungewöhnlichen Namen wegen der bunt bemalten hölzernen Grabkreuze, die teils auch lustige Geschichten über das Leben, das Sterben und den Tod erzählen.
Ich durchfahre die kleine Ortschaft Mara mit wunderschönen hölzernen Toren, die der ganze Stolz der ländlichen Bevölkerung hier zu sein scheinen. Die Gegend der Maramureş, hier ganz im Norden Rumäniens, ist bekannt für kunstvolle Holzverarbeitung. Es dominiert Wald- und Forstwirtschaft, und die Region gilt als die ursprünglichste des Landes.
In Vişeu de Sus gelingt es mir, eine Fahrkarte für die Dampfeisenbahn zu erwerben. Diese bringt mich zusammen mit Waldarbeitern über eine malerische Strecke, die mit dem Motorrad unpassierbar wäre, bis Faina, fast an der ukrainischen Grenze, wo Baumstämme geladen werden. Nach sechs Stunden bin ich wieder zurück bei meiner Maschine, die die ganze Zeit gut bewacht neben dem altertümlichen Bahnhofsgebäude stand.

Da die Routen nicht immer gut ausgeschildert sind, lohnt sich ein kurzer Austausch mit Einheimischen. So erhält man auch wertvolle Tipps zu touristisch sehenswerten Ecken.

In der Bukowina

Meine Unterkunft bei Privatleuten ist ein Volltreffer. Für umgerechnet 18 Euro bekomme ich ein einfaches, aber sehr sauberes Zimmer, Abendessen wie bei Muttern und am nächsten Tag ein umfangreiches Frühstück.
Solcherart gestärkt mache ich mich auf die Weiterreise. Die gebirgigen Strecken im Norden des Landes bieten immer wieder unglaubliche Ausblicke auf verschwiegene Seitentäler, in denen es noch Wölfe und Bären geben soll. Besonders die Strecke von Câmpulung Moldovenesc nach Radauti und zurück über Gura Humorului begeistert durch ihre landschaftliche Schönheit.
Hier im Landesteil Bukowina, der jahrhundertelang von Österreich beherrscht wurde, befinden sich die meisten Klöster des Landes. Voronet mit den bunt bemalten Fresken wird auch als »Sixtinische Kapelle Rumäniens« bezeichnet, entsprechend hoch ist das Touristenaufkommen am Parkplatz davor. Hier erwerbe ich ein Lammfell als zusätzliches Polster zwischen Motorradsitzbank und malträtiertem Hinterteil. Unterwegs hatte ich

Sehenswürdigkeiten

- **Sapinta bei Sighotu Marmatiei:** »Fröhlicher Friedhof« – einzigartiges Ensemble aus bunt bemalten Grabkreuzen mit lustigen Geschichten.
- **Viseu de Sus:** Dampflokstrecke im Vassertal. Vom Ausgangsbahnhof Viseu fährt täglich einmal frühmorgens ein Waldarbeiterzug durch das malerische Vassertal fast bis an die ukrainische Grenze. Bei dieser Tour hat man Naturgenuss pur in nostalgischem Zugabteil.
- **Voronet:** Kloster aus dem Jahre 1488 mit bemerkenswerter, mit Naturfarben bemalter Kapelle, die von Stefan cel Mare (Stefan dem Großen) erbaut wurde.
- **Brasov/Kronstadt:** Baustile verschiedener Jahrhunderte vereinen sich hier in einer absolut sehenswerten Altstadt.
- **Bran:** Hochburg des »Dracula«-Tourismus, sehenswerte Architektur und Feilichtmuseum am Fuße der Burganlage – durch Touristenrummel leider nicht mehr allzu gruselig.
- **Sibiu/Hermannstadt:** Eines der ältesten Kulturzentren Rumäniens.
- **Sighisoara/Schässburg:** Eine der wenigen Städteburgen in Europa, die noch bewohnt ist – sehr viel Atmosphäre in mittelalterlichem Stil.

andere Motorradfahrer getroffen, die mir diesen Tipp gaben. Es hilft im Übrigen wirklich gegen Schmerzen im verlängerten Rücken.

In Siebenbürgen

Brasov, das frühere Kronstadt in Siebenbürgen mit seiner schönen Altstadtfußgängerzone erinnert sehr an die deutsche Vergangenheit dieses Landesteils, und die kurvige Passstraße in das Skigebiet Poina Brasov bietet mir nach langer Zeit wieder Kurvengenuss auf nagelneuem, griffigen Asphalt. Hier ist man voll und ganz auf Tourismus eingestellt, mit allen Vor- und Nachteilen.

Das Gleiche gilt für das Schloss Bran, wo der berühmte Graf Dracula gelebt haben soll – ein touristisches Muss, das man nach der Besichtigung aber getrost wieder vergessen kann. Nachdem die Tagestemperaturen mittlerweile auf über 30 Grad im Schatten gestiegen sind und sich hinter dem Schloss die Wolken des nächsten Gewitters schon bedrohlich auftürmen, gebe ich wieder Gas und freue mich über den kühlenden Fahrtwind – und über die Straßen. Denn sie scheinen hier in Siebenbürgen tatsächlich etwas besser zu sein als im nördlichen Landesteil.

Sibiu, das frühere Hermannstadt, mit seinem hektischen Innenstadtverkehr lasse ich rasch hinter mir, da ich bei diesen Temperaturen keine Lust auf einen Altstadtspaziergang in Motorradkluft habe. In Sighisoara, ehemals Schässburg miete ich mir dann ein Hotelzimmer, denn die bewohnte Burganlage ist zu beeindruckend, als dass ich achtlos daran vorbeifahren könnte.

Man spricht hier überall Deutsch und bemüht sich unwahrscheinlich um das Wohl seiner Gäste. Trotzdem bleibe ich als Motorradfahrer ein Exot. Warum wohl, frage ich mich bei meiner Rückfahrt, denn meine Bilanz nach zwei Wochen Rumänien ist ausschließlich positiv. Ich bin weder bestohlen, noch bedroht oder ausgeraubt worden, habe teilweise hervorragend gegessen, und mein Motorrad ist auch noch da. Nur mein »Allerwertester« hat trotz Lammfell etwas gelitten. Trotzdem, dies wird nicht meine letzte Rumänienreise sein.

Nicht immer sind die Straßen in Rumänien so gut ausgebaut wie auf diesem Bild. Und selbst dann muss mit unerwarteten Schlaglöchern gerechnet werden.

SCHWEIZ

Die Alpenregion der Süd- und Ostschweiz, für die meisten wohl die Schweiz an sich, wird in diesem Buch mit einer Pässe-Tour durch Graubünden ausführlich vorgestellt: kühn in die Hänge gelegte Kurvenstraßen, die in schwindelnde, gipfelumringte Höhen führen, tief eingeschnittene Täler und dazwischen, ganz klein, die Menschen mit ihren Siedlungen. Die Alpenlandschaft der Schweiz hat auch andere Gesichter: Auf der Tour durch das Tessin präsentiert sich mild und freundlich eine üppig grüne Berglandschaft, zu deren Füßen pittoreske Dörfer liegen. Und die letzte Tour lässt nochmals eine ganz andere Schweiz erleben: Im Schweizer Jura – im Nordwesten des Landes – beherrschen sanfte Hügel die Szenerie, durch die sich jedoch überraschend abwechslungsreiche Straßen und Sträßchen ziehen, die das Fahren auch hier zum kurzweiligen Vergnügen machen.

Bild links: Die Schweiz hat nicht nur die höchsten Berge, sondern auch die größten Gletscher aufzubieten. Einen imposanten Einblick erhält man, wenn man die Straße zum Berninapass unter die Räder nimmt.

Bild oben: Ein Bergbauernhaus in Graubünden wie aus dem Bilderbuch – ein mit Steinen beschwertes Dach und die Milchkannen vor der Tür.

Graubünden – Passstrecken in der »Ferienecke der Schweiz«

Vom Klima kann sich der Name Graubünden nicht ableiten, denn der flächenmäßig größte Schweizer Kanton gehört seiner Niederschlagsarmut und seines Sonnenreichtums wegen eher zu den klimatisch bevorzugten Gebieten der Schweiz.

Tour 12

Streckenlänge 254,5 km

Ausgangs- und Endpunkt Chur (587 m)

Anfahrt München – Inning – Landsberg – Memmingen – Lindau – Landquart – Chur (271 km)

Anfahrtszeit 3 1/4 Stunden

Mautgebühren
Die Anfahrtsstrecke beinhaltet sowohl in Österreich als auch in der Schweiz vignettenpflichtige Straßenabschnitte.
Bei Verlassen der Bodensee-autobahn A 96 bei der Anschlussstelle Lindau und Benutzung der Bundesstraßen B 190 und 202 zwischen den Grenzübergängen Unterhöchsteg und Höchst auf ca. 16 km Länge entfällt die Vignettenpflicht für Österreich

Passöffnungszeiten
Der Splügenpass ist vom 1. Jan. bis 31. Okt. geöffnet.
Der Grenzübergang ist vom 1. Juni bis 30. Okt. von 24.00 bis 5.00 Uhr, in der übrigen verkehrsoffenen Zeit von 22.00 bis 6.00 Uhr geschlossen.

Servicestellen
Chur: Yamaha Imholz Fritz AG, Rossbodenstraße 20, 7000 Chur
BMW und Suzuki Motors Obertor A 6, Deutsche Straße 5, 7000 Chur Honda Wittman P. & A., Kornquaderweg 11, 7007 Chur
Thusis: Honda Moto Caseli, Compognastraße 35, 7430 Thusis

›››

Strecke: Chur (km 0,0) – Bonaduz (km 10,0) – Thusis (km 23,5) – Splügen (km 50,0) – Chiavenna (km 81,5) – Malojapass (km 112,5) – Silvaplana (km 124,0) – Abstecher Julierpasshöhe (hin und zurück 15 km) – St. Moritz (km 127,0) – Abstecher Berninapasshöhe (hin und zurück 30 km) – La Punt (km 146,0) – Abstecher Albulapasshöhe (hin und zurück 19 km) – Zernez (km 166,0) – Susch (km 172,0) – Flüelapass (km 185,5) – Davos (km 198,5) – Klosters (km 209,0) – Landquart (km 239,5) – Chur (km 254,5)

Als Grenzland zu Österreich sah sich Graubünden seit dem Mittelalter immer wieder von dieser Seite bedroht. Die damals eigenständigen Talschaften schlossen sich deshalb zu so genannten Bünden, wie beispielsweise dem »Gotteshausbund«, dem »Zehngerichtebund« oder dem »Grauen Bund« zusammen. Und als die Schweiz später in Kantone aufgegliedert wurde, erhielt dieser Kanton den Namen Graubünden, abgeleitet eben vom früheren »Grauen Bund«.

Heute gilt der Kanton Graubünden auch als »Ferienecke der Schweiz«, die mit einigen Superlativen wie dem Besitz von 150 Tälern, 615 Seen und 937 Berggipfeln wirbt, darunter der 4049 Meter hohe Gipfel des Piz Bernina, der höchste Berg der Ostalpen.

Wie viele Passstraßen Graubünden hat, konnte ich dagegen nicht genau in Erfahrung bringen, etwa 30 mögen es sein, aber dass ich auf meiner Tour die schönsten besuchen würde, wusste ich aus Erfahrung.

Von Chur ins Hinterrheintal

Ich nähere mich Graubünden diesmal von seiner nördlichen Seite und wähle Chur als Ausgangspunkt für meine Tour, das auf eine mehr als 500-jährige Geschichte zurückblicken kann und für sich in Anspruch nimmt, die älteste Stadt der Schweiz zu sein. Auch wenn sich auf den ersten Blick nur ein gesichtsloser Gürtel von Neubauten auftut, überrascht mich doch eine malerische Altstadt, die ich aber gleich Richtung Flims verlasse,

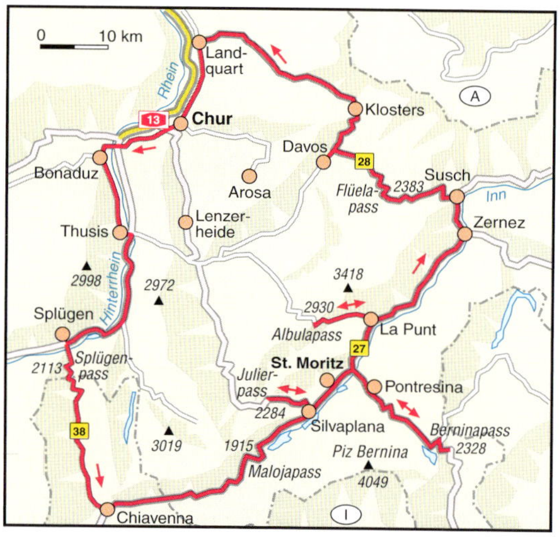

um schon bei Bonaduz ins Hinterrheintal abzubiegen. Einem Tal ähnelt es aber erst hinter Thusis, wo es sich stark verengt und ich bald auf die Via-Mala-Schlucht treffe.

In der Via-Mala-Schlucht

Von einem Parkplatz mit Kiosk führt ein Weg über 271 Stufen bis fast auf Flusshöhe hinab, wo einst der alte Pfad verlaufen sein muss, den John Knittel in seinem 1943 erschienen gleichnamigen Roman so schauerlich schön beschrieb.

Schon in römischer Zeit wurde die Via Mala über Brücken- und Galerienkonstruktionen begehbar gemacht. Karren- und Pferdefuhrwerke konnten jedoch erst ab dem 15. Jahrhundert hier verkehren, und der Verlauf der gut ausgebauten Straße, der ich nun folge, wurde erst nach einer Hochwasserkatastrophe im Jahre 1834 festgelegt.

Nach der Enge der Schlucht leitet mich die Straße ins weite, freundliche Wiesental des Schons, das sich lediglich an der Abzweigung ins Val Ferrera mit der Roflaschlucht, einer Miniaturausgabe der Via Mala, nochmals kurz verengt. Durch das wieder weite und freundliche Rheinwald komme ich nach Splügen, das sich mit seinen typischen alten Walser- und Patrizierhäusern und reizvollen engen Gassen im alten Ortskern sehenswert präsentiert. Mein Interesse gilt aber mehr dem gleichnamigen Pass, der sich hier nach Süden hochzieht und der seines Kehrenreichtums wegen nicht nur von den einheimischen Motorradfahrern gerühmt wird.

Über Splügen- und Malojapass

Vor allem im oberen Bereich sind die schleifenartig angelegten Kehren wirklich beeindruckend, wenngleich das eine oder andere Schlagloch sowie einige Ausbesserungsarbeiten doch Konzentration verlangen. Als ich an der schweizerischen Grenzstation auf der Passhöhe meinen Ausweis umständlich hervorkramen muss, weiß ich die Vorzüge der Europäischen Gemeinschaft mit dem Wegfall der Grenzkontrollen im übrigen Europa

Bild gegenüberliegende Seite: Abfahrt über die Passrampe am mittlerweile gut ausgebauten Malojapass.

Bild oben: Die Engadiner Seenplatte – hier bei Silvaplana – gehört zu den schönsten Landschaftsensembles in den Alpen.

>>>

Landquart: Honda Grisson, Honda Ganda, 7302 Landquart
Kawasaki Brauchli-Motos, Waldau 3, 7302 Landquart

Karte Euro Cart Regionalkarte 1:301.000, RV-Verlag Blatt Schweiz

Der Flüelapass gehört mit seinen 2383 Metern zu den höchsten innerschweizer Passübergängen. Trotzdem ist er – allerdings nur am Tag – in den Wintermonaten offen.

wieder mehr zu schätzen und fahre durch das ursprünglich gebliebene San Giácomotal hinab nach Chiavenna.

Graubünden habe ich damit kurz verlassen, mit der Auffahrt zum Malojapass überquere ich aber bald wieder die italienisch-schweizerische Grenze und bin zurück in Graubünden, das mich mit dem landschaftlich äußerst reizvollen Bergell wieder aufnimmt.

Als ich vor einigen Jahren hier war, gestaltete sich die Auffahrt teilweise recht mühevoll, mitten durch enge Ortschaften, in denen sich der Verkehr staute und teilweise Einbahnregelung herrschte. Jetzt wurde die Straße deutlich verbessert: Ortsumgehungen umfahren die neuralgischen Punkte, und ich komme deutlich entspannter voran.

Gleich geblieben sind allerdings die beeindruckenden Granitriesen der Bergellgruppe, die sich bei Bondo auftun und dem Tal einen eher strengen Landschaftscharakter verleihen. Und gleich geblieben ist zum Glück auch die oberste Kehrengruppe, die in sechs schönen Schleifen zur Passhöhe leitet. Und auch an der Tatsache, dass eine östliche Passrampe fehlt, hat sich nichts geändert. Als landschaftliche Besonderheit besitzt der Malojapass nämlich nur eine Passrampe, während sich die Ostseite bretteben präsentiert.

Julier- und Berninapass

Dafür zählt die Engadiner Seenlandschaft, die sich zu Füßen des Piz Corvatsch am Rande der Berninagruppe mit dem Silser See, dem Silvaplaner See und dem unscheinbaren Champfer See bis nach

Sehenswürdigkeiten

- **Chur:** Kathedrale St. Mariae Himmelfahrt; Dommuseum; Bischöfliches Schloss; sehenswerte malerische Altstadt; Rhätisches Museum in der Hofstraße Nr. 1 mit wechselnden kulturgeschichtlichen und volkskundlichen Ausstellungen (offen Di. bis So. 10 – 12 und 14 – 17 Uhr); Bündner Kunstmuseum in der Villa Planta mit Werken der Brüder Segantini (offen täglich 10 – 12 und 14 – 17 Uhr, Do. bis 20.30 Uhr).
- **Thusis:** Via-Mala-Schlucht bei Parkplatz mit Kiosk (offen Ostern bis Oktober 9 – 18 Uhr, Juli und August 8 – 20 Uhr).
- **Andeer:** Roflaschlucht, Zutritt durch das Restaurant des gleichnamigen Gasthauses (offen täglich 8.30 – 23 Uhr).
- **Splügen:** Sehenswerte Patrizier- und Walserhäuser; Heimatmuseum im Schorsch-Haus (offen Weihnachten bis April und Juli bis Mitte Oktober, Di., Do., Sa. 16 – 18 Uhr).
- **Chiavenna:** Schöne Altstadt am Maira-Ufer; Stadttor Sta. Maria; Paradisopark und Parco Marmitte dei Gigante.
- **Malojapass:** Atelier Segantini; Turm Belvédère und Gletschermühlen.
- **Julierpass:** Römersäulen.
- **St. Moritz:** Segantini-Museum (offen April bis Oktober, Di. bis Sa. 9 – 12.30 und 14.30 – 17 Uhr, So. 10.30 – 12.30 und 14.30 – 17.30 Uhr); Engadiner Museum (offen Mi. bis Fr. 9.30 – 12 und 14 – 17 Uhr, So. 10 – 12 Uhr, Mai und November geschlossen).
- **Zernez:** Nationalparkhaus (offen Juni bis Oktober täglich 8.30 – 18 Uhr, Di. bis 22 Uhr).
- **Davos:** Wintersport-Museum in der Promenade 43 (offen Juni bis Mitte Oktober, Di., Do. 16.30 – 18.30 Uhr); Rathaus am Postplatz mit sehenswerter Fassade; Kirchner Museum an der Promenade 82 mit Bildern des Malers Ernst Ludwig Kirchner (offen Di. bis So. 14 – 18 Uhr, Mitte Juli bis Ende September auch 10 – 12 Uhr); Kurpark.

St. Moritz, am gleichnamigen See gelegen, erstreckt, zu den schönsten Seenlandschaften der Welt.

Darüber darf ich aber nicht vergessen, dass ich eigentlich zum Pässefahren hier bin, und so unternehme ich bei Silvaplana noch einen gut sieben Kilometer langen Abstecher hoch zum Julierpass, der zwar nur drei Kehren und kaum Kurven auf dieser Seite hat, dafür aber gut ausgebaut ist und oben zwei alte Säulen aus der Römerzeit aufweisen kann.

Zurück im Oberengadin biege ich bei Pontresina zum Berninapass ab, der im unteren Teil wunderschöne Einblicke in die Bergwelt der Berninagruppe um den 4049 Meter hohen Piz Bernina mit der messerscharfen, schneebedeckten Firnscheide des Biancogrates bietet. Und auch wenn sich der Pass in seinem weiteren Verlauf als fahrerisch nicht sehr anspruchsvoll präsentiert, möchte ich dennoch nicht versäumen, auf eine Gefahrenstelle besonderer Art hinzuweisen: Beim Parkplatz Montebello ist beim Überqueren der Schienen der Berninabahn vorsichtiges Fahren dringend angeraten, wenn man die weitere Strecke unbeschadet in Angriff nehmen will.

Inntal und Flüelapass

Vom Abstecher zum Berninapass zurück geht es dann durch das Oberengadin, wo man bei La Punt noch die knapp zehn Kilometer lange Auffahrt zum Albulapass nach Susch unternehmen kann, bevor man über den Flüelapass nach Davos überwechselt, um durch das Prättigau wieder nach Chur zurückzukehren.

Ein Abstecher von der Berninapassstraße auf einen unbefestigten Feldweg. Der landschaftliche Reiz dieser Gegend ist auf solch abgelegenen Routen noch erheblich höher.

Tessin und Lago Maggiore – Durch wilde Gebirgstäler zum langen See

Die »Sonnenstube« der Schweiz liegt ganz auf der Alpensüdseite und reicht von der lombardischen Ebene bis hinauf zum hochalpinen Gotthardpass. Tief eingeschnittene karge Gebirgstäler kontrastieren mit subtropischer Vegetation am Lago Maggiore, dem langen See, der zum größten Teil jedoch bereits auf italienischem Gebiet liegt. Der Gedanke an Kastanien, roten Merlot aus Steinkrügen, schmackhafte Würste und würzigen Käse lässt mir bereits das Wasser im Mund zusammenlaufen.

Tour 13

Streckenlänge 198,0 km

Ausgangs- und Endpunkt
Locarno (198 m)

Anfahrt München – Landsberg – Memmingen – Lindau – Landquart – Chur – Thusis – San-Bernhardino-Pass – Bellinzona – Locarno (409 km)

Anfahrtszeit 3 3/4 Stunden

Mautgebühren
Die Anfahrtsstrecke beinhaltet sowohl in Östereich als auch in der Schweiz vignetten pflichtige Straßenabschnitte. Beim Verlassen der Bodensee autobahn A 96 bei der Anschlussstelle Lindau und Benutzung der Bundesstraßen B 190 und 202 zwischen den Grenzübergängen Unterhöchsteg und Höchst auf ca. 16 km Länge entfällt die Vignettenpflicht für Österreich.

Passöffnungszeiten
Der San-Bernhardino-Pass ist von Juni bis Oktober geöffnet, der gleichnamige Straßentunnel ist ganzjährig befahrbar.

Servicestellen
Biasca: Honda Bernardini Mario, Via Varenna 96, 6710 Biasca
Bellinzona: Yamaha und BMW Carmine A + E, Via S. Gottardo 20, 6500 Bellinzona Honda Pellencini, Via S. Gottardo 104, 6510 Bellinzona-Arbedo
Giubiasco: Suzuki Moto Delco, Via al Ticino, 6512 Giubiasco >>>

Strecke: Locarno (km 0,0) – Ponte Brolla (km 4,0) – Maggia (km 13,0) – Cevio (km 25,0) – Bosco-Gurin (km 40,0) – Cevio (km 55,0) – Bignasco (km 59,0) – Fusio (km 77,0) – Lago del Sambuco (km 79,5) – Fusio (km 82,0) – Bignasco (km 100,0) – Cevio (km 104,0) – Ponte Brolla (km 125,0) – Intragna (km 133,0) – Camedo (km 145,0) – Re (km 151,0) – Malesco (km 156,0) – Lunecco (km 171,0) – Cannobio (km 181,0) – Brissago (km 189,0) – Ascona (km 195,0) – Locarno (km 198,0)

Ich bin also gespannt auf die »cucina nostrana«, die einheimische Küche des Tessins, die auf einfachen Zutaten aufgebaut ist, aber zu den wohlschmeckendsten der Schweiz zählt. Nicht umsonst genießen die rustikalen »grotti«, Wirtshäuser, im

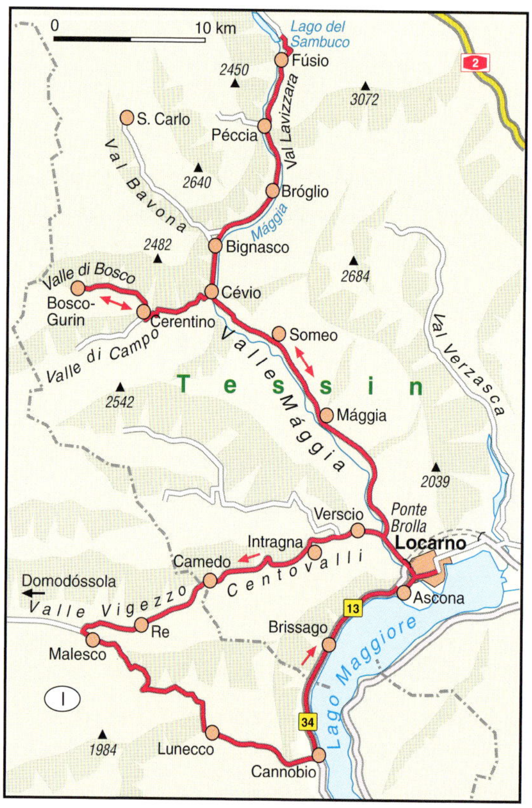

Tessin einen hervorragenden Ruf. Aber auch die kulturelle Seite dieses Kantons hat mein Interesse geweckt, denn gelten die Tessiner nicht als vorzügliche Architekten? Obwohl, ein kleines Rustico aus Granit und Gneis als Ferienhäuschen würde meine Gelüste vielleicht besser befriedigen.

Von Locarno aus werde ich mich zuerst hinauf in die hochalpine Region des Lago del Sambuco bewegen, besuche zwischendurch die einzige deutschsprachige Siedlung des Tessin und schlängele mich dann durch das kurvenreiche Centovalli und das Val Cannobina hinüber zum Lago Maggiore, bevor ich mich vom südlichen Flair Asconas betören lasse.

Ins Tal der Maggia

Von der Ortsmittte von Locarno halte ich mich an die Ausschilderung »Vallemaggia« und »Centovalli« und erreiche bald die Wegverzweigung in Ponte Brolla. Auf gut ausgebauter Straße – ein paar Tunnels würzen die Strecke etwas – fahre ich in das weite Tal der Maggia. Der gleichnamige Fluss durchbricht hier eine kleine Felsenschlucht, in der sich tiefe Gumpen, »Felsbadewannen«, gebildet haben. Ein reizvoller, aber nicht ungefährlicher Platz für ein kühles Bad. Mir ist aber mehr nach einer leiblichen Stärkung zumute, und so halte ich Ausschau nach einem der urigen Grotti, für die das Tessin so

Unterwegs auf der gut ausgebauten Uferstraße am Lago Maggiore, kurz vor dem Ort Brissago.

berühmt ist. Und ich werde nicht enttäuscht, schon bald sehe ich die ersten Hinweisschilder und stoppe beim Grotto al Bosco. Beim Nostrano, dem lokalen Wein, bin ich zurückhaltend, die deftigen kalten Gerichte lasse ich mir aber schmecken.
Die Dörfer in diesem Tal liegen überwiegend abseits der Hauptstraße. Doch nach Maggia, das nach dem gleichnamigen Fluss benannt und der bevölkerungsreichste Ort ist, mache ich einen kleinen Abstecher, bevor ich Cevio, den Hauptort des Maggiatales, ansteuere.

Abstecher nach Bosco Gurin

Von großem Dorfplatz in Cevio nehme ich dann Kurs auf die Walsersiedlung Bosco-Gurin. Auf kurvenreicher Straße erreiche ich den hoch gelegenen Ort (1504 Meter), muss dabei aber auf kurzer Strecke 1000 Höhenmeter zurücklegen. Am großen Parkplatz am Ortseingang lasse ich die Maschine stehen und gehe am klotzigen Hotel Walser vorbei in den kleinen Ort, der von einem Kranz hoher Berggipfel eingerahmt wird. Im kleinen Museum frische ich meine Kenntnissse über die Walser wieder auf. Die heutigen Bewohner sind Nachkommen der Siedler, die hier im 13. Jahrhundert aus dem Wallis eingewandert sind. Anschließend geht es auf aussichtsreicher, gut ausgebauter Straße wieder hinab nach Cevio.

Zum Lago del Sambuco

Von Cevio gelange ich schnell nach Bignasco, das mir mit seinen eleganten Häusern aus der vorletzten Jahrhundertwende gut gefällt. Hier biege ich rechts in die Val Lavizzara ein und durchstreife nun ein schönes Tal mit auf den ersten Blick intakten alten Dörfern. Am Talschluss beginnt ein aufregender Abschnitt: Mit 15 teilweise sehr engen Kurven überwinde ich eine hohe Geländestufe und erreiche ein Hochtal, an dessen Ende Fusio liegt. Nach einer Runde zu Fuß durch den reizvollen Ort, fahre ich vom Parkplatz auf der schmalen Zufahrtsstraße über einige Kehren steil hinauf zum Parkplatz kurz vor der Staumauer des Lago del Sambuco. Zwischen Juli und Oktober ist die unbefestigte Werkstraße entlang des großen Stausees bis hinauf zum Lago del Naret, der auf einer Höhe von 2420 Metern liegt, auch für Motorräder geöffnet. Ich kehre jedoch um und fahre die gut 40 Kilometer lange Strecke zurück nach Ponte Brolla in einem Zug durch. Die Straße durch die Val Lavizzara – der Name kommt übrigens vom dunkelgrünen Lavezstein, der hier gebrochen wurde und als Material für Küchenschüsseln Verwendung fand – und die Vallemaggia ist gut ausgebaut. Und nun steht das Centovalli, das Tal der Hundert Täler auf dem Programm.

>>>

Locarno: Honda Pedrazzi Fabio, Via Varenna 96, 6604 Locarno
Ascona: Suzuki Asco Moto, Via Locarno 105, 6612 Ascona
Lugano: Yamaha Rigamonti Plinio, Via Sorengo 15, Cp 23, 6900 Lugano
Manno: BMW The Pelican Driva Manno, Via Vedeggio 4, 6928 Manno
Mendrisio: BMW Cicil Moto Tettamanti, Piazza S. Giovanni 4, 6850 Mendrisio
Pregassano: Suzuki Center Pregassano, Via del Sole 22 c, 6963 Pregassano
Varese: Harley-Davidson Varese, Via Palmazia 26, 21100 Varese

Karte Euro Cart Regionalkarte 1:300 000, RV-Verlag Blatt Schweiz

Ins Centovalli

An der Ponte Brolla fahre ich rechts und folge der Ausschilderung »Centovalli« und »Onsernone«. Mit Tegna, Verscio und Cavigliano durchstreife ich besonders reizvolle, typische Tessiner Dörfer mit alten Villen. Einige Schilder wollen mich auch hier wieder zu versteckten Grotti verlocken. Am Eingang des Tales überquere ich auf einer breiten Brücke die Melezza, rechts erhasche ich einen Blick auf die elegante Stahlbrücke der Centovallibahn, die in den Jahren1913 bis 1923 erbaut wurde und die Verbindung des Centovalli mit der Stadt Domodossola in Italien herstellte. Mehr als 80 Brücken sowie 30 Tunnels mussten gebaut werden, um den Weg frei zu machen.

Jenseits der Brücke ragt der große Campanile der Pfarrkirche von Intragna empor, der als der höchste seiner Art im Tessin gilt. Ich umfahre den Ort seitlich, doch bevor ich ihn wieder verlasse, kehre ich im Restaurante de Rii mit originaler Tessiner Küche ein. Hier lasse ich mich mit »Cosce di Coniglio con Polenta«, Kaninchenschenkeln mit Polenta, verwöhnen, bevor ich gestärkt die Weiterfahrt antrete. Eine Kurve jagt nun die andere, aber die Strecke ist gut ausgebaut und bald ist auch schon die Grenzstation in Camedo erreicht.

Durch die Valle Cannobia zum Lago Maggiore

Der Eintritt auf italienisches Gebiet ist etwas ernüchternd, die Straße ist nicht mehr so gut ausgebaut und auch eng. Doch bald treffe ich auf den Wallfahrtsort Re mit seiner auffälligen, kuppelgekrönten Kirche, die mich spontan an eine Moschee

Sehenswürdigkeiten

- **Bellinzona:** Die Hauptstadt des Tessins verfügt über eine reizvolle Altstadt, die von drei Burgen überragt wird. Das Castello Grande liegt mitten in der Altstadt (Auffahrt mit Lift möglich); das Castello di Montebello ist auf einem Treppenweg von der Altstadt aus erreichbar, im Turm befindet sich das Historische Museum (Museo Civico, offen Di. bis So. 9 – 12 und 14 – 17 Uhr); das Castello di Sasso Corbaro ist über eine schmale Straße erreichbar (dort befindet sich das Museo dell'Arte e delle Tradizioni Populari del Ticino, offen Di. bis So. 9 – 12 und 14 – 17 Uhr).
- **Locarno:** Niedrigstgelegener Ort der Schweiz (198 m) mit der Piazza Grande als Herzstück (zweimal im Monat Markt); Castello Visconteo mit schönem Arkadenhof (Museo Civico, offen April bis Okt. Di. bis So. 10 – 12 und 14 – 17 Uhr); Casorella; Kirche S. Francesco; Madonna dell Sasso, hoch über der Stadt im Ortsteil Orselina gelegen, mit Standseilbahn von der Stadtmitte aus erreichbar.
- **Cévio:** Ehemaliges Verwaltungszentrum des Maggiatales; Palazzo Pretorio mit den Wappen der Landvögte auf der Außenmauer; Museo di Valmaggia (offen April bis Okt. Di. bis Sa. 10 – 12 und 14 – 18 Uhr, So. 14 – 18 Uhr).
- **Bosco-Gurin:** Die höchstgelegene Siedlung des Tessins (1504 m) ist zugleich die einzige deutschsprachige Enklave dieses Kantons. Sehenswert das kleine Heimatmuseum (Casa Walser Museo Etnostorico, offen April bis Okt. Di. bis Sa. 10 – 11.30 und 13.30 – 17 Uhr, So. 13.30 – 17 Uhr).
- **Intragna:** Barockkirche S. Gottardo mit dem höchsten Campanile (65 m) des Tessin.
- **Cannobio:** Schöne kleine Stadt am Lago Maggiore mit zum Teil mittelalterlichen Häusern; Wallfahrtskirche S. Pietà.
- **Brissago:** Pfarrkirche St. Pietro e Paolo aus dem 16. Jh.; Casa Borrani in der Altstadt mit Fresken aus dem 15. Jh.; Kirche S. Maria di Ponte aus dem 16. Jh., wichtiges Beispiel der lombardischen Renaissance in der Schweiz; Tabakfabrik Brissago (Führungen Mai bis Sept., Anmeldung im Verkehrsamt); Schiffsausflug zu den Brissago-Inseln mit dem berühmten Botanischen Garten.
- **Ascona:** Mondäner Kurort mit reizvoller verwinkelter Altstadt; die Flanierpromende Piazza Giuseppe Motta mit direktem Blick auf den Lago Maggiore; Collegio Papio aus dem 16. Jh., einer der schönsten Renaissancebauten der Schweiz; S. Maria della Misericordia (erbaut 1399 – 1442); Casa Serodine; Monte Verità, der Berg der ersten Aussteiger, mit der Casa Anatta und der Casa Selma, heute Museum und Tagungsort (Besichtigung April bis Okt. jeweils Di. bis So. 15 – 18 Uhr)

erinnert. Hier laden Straßencafés zu einem Halt ein. Dann geht es erst auf eintöniger Straße weiter. Bald jedoch biege ich links nach Malenco ab, und der anfänglich unauffällige Ort entfaltet rasch seinen etwas verwitterten italienischen Charme.

Durch den alten Ortskern erreiche ich die Auffahrt zur SP 75, die durch das enge Val Cannobia hinüber zum Lago Maggiore führt. Eine Steilpassage mit 17 Prozent Steigung bringt mich hinauf zum kleinen Ort Finero. Von da an geht es nur noch bergab. Zuerst auf gut ausgebauter breiter Straße, dann auf der immer schmäler werdenden Straße durch die enge, bewaldete Schlucht des Torre Cannobio. Bald ist Cannobio erreicht, und bei der Abfahrt zum See liegt der Ort mit seinen zahllosen roten Ziegeldächern ausgestreckt vor mir. Ich folge links der Ausschilderung Richtung Locarno und verlasse den Ort auf einer Alleenstraße. Auf der Uferstraße erreiche ich wieder die Schweizer Grenze. In Brissago überlege ich kurz, ob ich mir die Herstellung der Dannemann-Zigarren ansehen soll, entscheide mich aber, zum Abschluss der Tour in Ascona auf der Piazza Giuseppe Motta einen Cappuccino zu trinken. Zuvor muss ich noch durch den neuen, über einen Kilometer langen Tunnel, der mich fast mit einem Satz bis Locarno durchpustet, rechtzeitig sehe ich noch die Abfahrt nach Ascona und lasse das Motorrad langsam zum Parkplatz am See ausrollen.

In den Sommermonaten ist die Zufahrt zum Lago del Naret von Fusio aus auf unbefestigter Piste möglich. Ein Abenteuer in eine urtümliche Landschaft.

Für ein gutes Mittagessen muss immer Zeit sein! Die rustikalen »grotti« glänzen mit hervorragender Tessiner Küche.

Schweizer Jura – Auf den Spuren der Uhrmacher

Von allen Schweizer Gebirgszügen ist der Jura der sanfteste, doch in dem hügeligen, sich vom Genfer See bis nach Basel erstreckenden, reich gegliederten Höhenzug stecken einige Überraschungen. Erstes Ziel ist das »Amphitheater« Le Creux du Van, eine geologische Sensation, dann geht es zu den Uhrenzentren Le Locle und La Chaux-de-Fonds. Höhepunkt ist schließlich die Auffahrt zum höchsten Juragipfel, dem Chasseral, mit prächtigem Blick über das Schweizer Mittelland bis hin zu den schneebedeckten Viertausendern der Berner Alpen.

Tour 14

Streckenlänge 284,0 km

Ausgangs- und Endpunkt Neuchâtel (479 m)

Anfahrt München – Inning – Landsberg – Memmingen – Lindau – Rorschach – St. Gallen – Winterthur – Zürich – Solothurn – Grenchen – Biel – Neuchâtel (460 km)

Anfahrtszeit 5 Stunden >>>

Strecke: Neuchâtel (0,0 km) – Corcelles (3,0 km) – Couvet (28,0 km) – Le Soliat (39,5 km) – Couvet (51,0 km) – Môtier (54,5 km) – Couvet (58,0 km) – Abzweigung oberhalb Couvet (61,0 km) – La Brévine (71,0 km) – Haut du Prévoux (82,0 km) – Le Locle (96,0 km) – La Chaux-de-Fonds (106,0 km) – Seignelégier (135,0 km) – Bassecourt (154,0 km) – Delément (164,0 km) – Moutier (178,0 km) – Tavannes (203,0 km) – Col de Pierre Pertuis (205,0 km) – Sonceboz (208,0 km) – St-Imier (224,0 km) – Col de Pontins (230,0 km) – Col de Chasseral (235,0 km) – Le Chasseral (237,0 km) – Nods (247,0 km) – Lamboing (251,0 km) – Twann (257,0 km) – Neuchâtel (284,0 km)

Rolex, Omega, Tissot, Longines, Piaget – schon immer wollte ich mal wissen, wo denn die Schweizer Präzisionsuhren, die nicht nur die genaue Zeit wiedergeben, sondern auch ihren Träger schmücken, ihren Ursprung haben. Dank der gestrengen Calvinisten, die der Uhrmacherzunft in Genf arg zusetzten, wanderten im Laufe der Zeit viele Uhrmacher in den Jura ab. Und auch wenn das Uhrmacherhandwerk im Jura heute nicht mehr dieselbe Bedeutung hat wie noch vor einigen Jahrzehnten, was sich an der stark rückgängigen Zahl der Beschäftigten zeigt, so gilt die Region doch immer noch als die »Uhren-Schweiz«. Doch nicht nur teure Präzisionsuhren kommen aus dem Jura, auch die elektronische Uhr, die Quartz-Uhr und die den Markt revolutionierende Swatch haben ihren Ursprung im Jura. Den besten Überblick werde ich mir über diese faszinierende Entwicklung im Uhrenmuseum von La Chaux-de-Fonds verschaffen können.

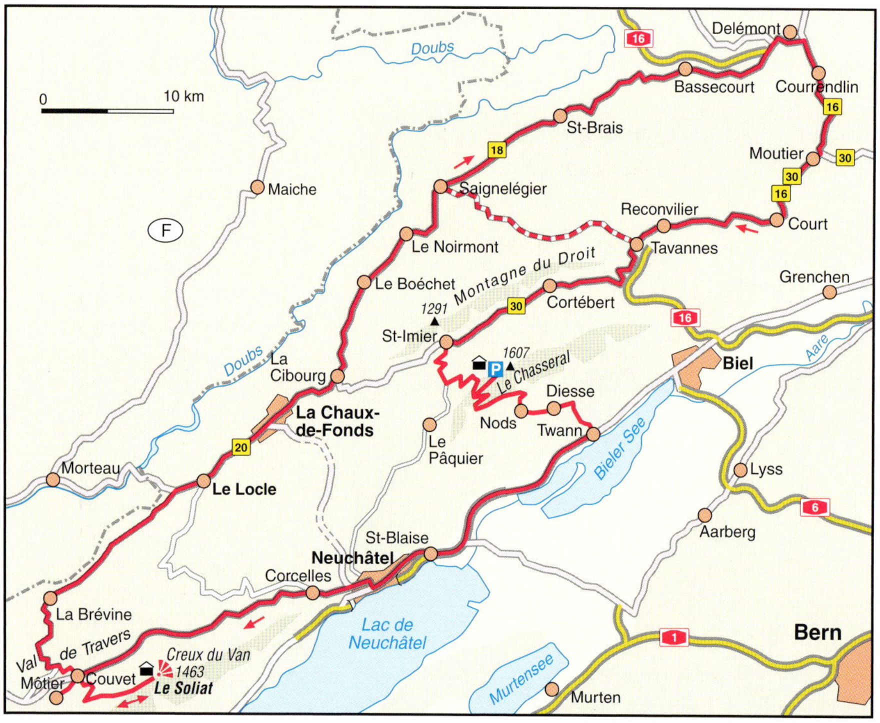

Doch vorher will ich zu einem geologischen Highlight des Jura, dem Creux du Van – einem Felskrater von 1200 Metern Durchmesser und 500 Metern Tiefe.

Von Neuchâtel ins Val de Travers

Am frühen Morgen starte ich in Neuchâtel, das am größten Binnensee der Schweiz liegt, und orientiere mich an den Wegweisern in Richtung Pontarlier und Val de Travers. Nach den ersten Verschlingungen der neuen Straßenführung bin

ich auf dem Sträßchen nach Corcelles, das mich mit seiner schönen Architektur sofort für sich einnimmt. An einem Rastplatz oberhalb mache ich einen kurzen Halt, um den Blick auf den glitzernden Neuenburger See zu genießen. Dann fahre ich auf der gut ausgebauten Straße durch Weide- und Waldgebiete hinauf ins Val de Travers. Ein Tunnel von einem Kilometer Länge nimmt mir kurz die Sicht, aber dann bin ich im stillen Hochtal von Noiraigue und erreiche bald den reizvollen Ort Couvet, wo ich der Ausschilderung zum Cirque du Creux du Van folge. Nach Überqueren der Bahnlinie halte ich mich links und folge dann der schmalen Straße zuerst durch Wiesen, dann durch Wald hinauf auf die Hochebene, die mir einen herrlichen Blick auf die Jura-Landschaft bietet. Das Sträßchen führt durch eine intensiv genutzte Weidelandschaft (Achtung: frei laufende Kühe!), zuletzt geht es auf einer Piste bis zum Ende der befahrbaren Straße am Parkplatz beim Bergrestaurant »Le Soliat« auf der Ferme du Soliat (1382 Meter).

Bevor ich jedoch einkehre und mich von lokalen Spezialitäten verwöhnen lasse, wandere ich die 15 Minuten bis zum Kraterrand des Creux du Van, an dem die Felsen mehr als 150 Meter tief senkrecht abfallen. Bei schöner Witterung reicht der Blick über den Neuenburger See hinweg bis in die vergletscherten Berner und Walliser Alpen.

Zur Uhrenstadt La Chaux-de-Fonds

Von Couvet mache ich noch einen kurzen Abstecher nach Môtier, das mich mit seinem mittelalterlichen Flair einfängt. Hier werden die berühmten Mauler-Schaumweine hergestellt; bekannt ist der Ort aber auch dem kulturell interessierten Reisenden, denn der Naturphilosoph Jean-Jacques Rousseau hat hier drei Jahre lang gelebt, worüber ein kleines Museum Auskunft gibt. Ich habe heute nicht genügend Zeit für längere Besichtigungen, doch wenn ich einmal wiederkomme, werde ich einen weiteren Abstecher nach Les Martel machen: Dort bietet sich die Gelegenheit, bei der Herstellung des berühmten Greyerzer Käses zuzuschauen (täglich 8 bis 10 Uhr), damit ich beim nächsten Fondue weiß, was ich da so zu mir nehme.

Zurück in Couvet folge ich dem Wegweiser nach La Brévine. Unter der Eisenbahnbrücke hindurch und in Kehren weiter erreiche ich durch den Bois

Bei der Auffahrt von Neuchâtel ins Val de Travers ist der Charakter der Jura-Landschaft bereits unverkennbar.

>>>

Mautgebühren
Die Anfahrtsstrecke beinhaltet in Österreich und in der Schweiz vignettenpflichtige Straßenabschnitte. Bei Verlassen der Bodenseeautobahn A 96 bei der Anschlussstelle Lindau und Benutzung der Bundesstraßen B 190 und 202 zwischen den Grenzübergängen Unterhöchsteg und Höchst auf ca. 16 km Länge entfällt die Vignettenpflicht für Österreich. Die Überfahrung des Col de Chasseral ist gebührenpflichtig (4 Franken). >>>

>>>

Passöffnungszeiten
Der Col de Chasseral ist von Mai bis Oktober befahrbar.

Servicestellen
Grenchen: Yamaha Burkhalter Motos, Bettlacherstr. 158, 2540 Grenchen
Hessigkofen: Harley-Davidson Arni F. + W., Hauptstr. 96, 4577 Hessigkofen
Biel: BMW Kark Friedli, Hauptstr. 5, 2557 Studen bei Biel
Suzuki Moto Mar, Dammweg 1, 2502 Biel;
Honda ET-Motos, Faubourg du Lac 11, 2000 Biel
Neuchâtel: Suzuki Monney Motos, Eluse 21, 2004 Neuchâtel
Honda Cordey C., Rue de l'Ecluse 47/49, 2000 Neuchâtel >>>

de l'Halle auf guter Straße die Hochebene bei La Brévine, die wegen ihres rauen Klimas auch das »Sibirien der Schweiz« genannt wird.
An einigen Einkehrstellen vorbei – zum Beispiel

am Haut du Prévoux mit der gleichnamigen Auberge – erreiche ich das erste und kleinere der beiden Uhrenzentren, den Ort Le Locle. Selbstverständlich statte ich hier dem Uhrenmuseum einen Besuch ab, das in einem alten Schloss über der Stadt untergebracht ist; den gut 3 Kilometer langen Weg dorthin finde ich Dank der guten Ausschilderung auch ohne Probleme.
Weiter geht es dann zum größeren Nachbarort La Chaux-de-Fonds, der Ende des 18. Jahrhunderts einem Brand zum Opfer fiel und dann im Geist der Zeit schachbrettartig wieder aufgebaut worden ist. Dieser Ort ist bei Kennern weit über die Grenzen der Schweiz für seine Uhrentradition bekannt, aber wer weiß schon, dass hier auch die Geburtshäuser des Autokonstrukteurs Chevrolet sowie des weltbekannten Architekten Le Corbusieur stehen? Das Zentrum der Stadt hat den modernen Zeiten einigen Tribut gezollt, aber

Sehenswürdigkeiten

- **Biel/Bienne:** Der zweisprachige, am gleichnamigen See gelegene Ort ist eine Uhrenstadt und Zentrum des Berner Juras mit schöner Altstadt; sehenswert sind die alten Zunfthäuser, die zahlreichen Brunnen und alten Befestigungstürme. Die zentralen Plätze sind der Ringplatz und der Burgplatz (Markt). Stadtkirche St. Benedikt, spätgotisches Rathaus, prähistorisches Museum Schwab (offen Di. bis Sa. 10 – 12 und 14 – 17 Uhr, So. 11 – 17 Uhr).
- **Neuchâtel:** Kleinste Universitätsstadt der Schweiz mit verwinkelter Altstadt; sehenswert die Stiftskirche La Collégiale, das in einem Barockpalais untergebrachte Rathaus. Architektonisches Juwel ist das Hôtel Du Peyrou; ebenfalls reizvoll ist die Place des Halles. Ethnographisches Museum (offen Di. bis So. 10 – 17 Uhr); herrlicher Blick auf die Stadt vom Tour des Prisons.
- **La Creux du Van:** Ein landschaftlicher Höhepunkt im Jura: Der wilde Felskessel, der durch Absenkung entstanden ist, misst 1200 Meter im Durchmesser und ist etwa zwei Kilometer lang, der tiefste Punkt liegt 500 Meter unter der Abbruchkante.
- **Le Locle:** Uhrenmuseum (Musée d'horlogerie) und Automatensammlung im Château des Monts auf einer Anhöhe über der Stadt (offen Mai bis Oktober, täglich 10 – 12 und 14 – 17 Uhr).
- **La Chaux-de-Fonds:** Uhrenmetropole mit Museumszentrum: u. a. das Uhrenmuseum (Musée international d'horlogerie) in der Nähe des Bahnhofs (offen Di. bis So. 10 – 12 und 14 – 17 Uhr, im Sommer durchgehend); Musée paysan et artisanal (offen Mai bis Okt. täglich außer freitags 14 – 17 Uhr); Hôtel de Ville und die Villa Turque de Corbusier.
- **Delémont:** Schöne Altstadt mit zahlreichen Brunnen; besonders hervorzuheben das barocke Rathaus (Hôtel de Ville) und die Kirche St-Marcel; zwei mittelalterliche Stadttore sind noch erhalten. Das Schloss (1716 – 1721) war bis 1792 bischöfliche Sommerresidenz, dort befindet sich auch das Musée Jurassien d'art et d'histoire, (offen nur So. 14 – 17 Uhr).
- **Le Chasseral:** Mit 1607 Metern der höchste Punkt des Jura, der auf einer gebührenpflichtigen Straße mit allen zur Verfügung stehenden Fahrzeugen erklommen werden kann; schon von Weitem durch seine Umsetzstation erkennbar. Auf dem Gipfelkamm befindet sich ein Hotel mit großem Parkplatz. Hier bietet sich eine grandiose Aussicht.

einen Besuch im weltberühmten Uhrenmuseum, das sich in der Nähe des Bahnhofs befindet, lasse ich mir doch nicht entgehen.
Dann starte ich aber gleich wieder durch, denn der Jura hat schönere Orte und vor allem eine schönere Landschaft zu bieten. Bereits nach sechs Kilometern bin im Berner Jura, der sowohl durch seine Architektur als auch durch seinen Landschaftscharakter absticht.

Durch die Freiberge

Nach abwechslungsreicher Fahrt erreiche ich Seignelégier; dort gibt es ebenfalls eine Uhrmacherindustrie, bekannt aber ist der Ort, der seinen Ursprung im Mittelalter hat, vor allem durch seine Pferdezucht. Auch die Schweizer Armee versorgt sich hier mit Pferden. Am zweiten Wochenende im August findet hier ein großer nationaler Pferdemarkt mit Pferderennen statt – sogar mit einem römischen Pferderennen.
Hier böte sich die Gelegenheit, die Tour idealerweise in Richtung Tavannes abzukürzen. Ich strebe jedoch weiter und fahre durch die Freiberge (Franches Montagnes), passiere dabei kleine Dörfer wie Le Bémont, das durch seine prächtigen Jura-Häuser hervorsticht. In Montfaucon lasse ich die Grotten Grand Creux links liegen und halte auf der Staatsstraße 18 zunächst auf Bassecourt, dann auf Delémont zu.
In der Hauptstadt des erst 1978 gebildeten Kantons Jura angekommen, reizt mich zwar ein Gang durch die Altstadt, ich belasse es jedoch bei der Betrachtung des eleganten, im barocken Stil erbauten Rathauses (Hôtel de Ville) und mache mich wieder auf den Weg. Auf der Staatsstraße 16/30 erreiche ich auf teilweise kurvenreicher Straße durch das Val Moutier den gleichnamigen Industrieort und durch die Vallée Tavannes mit der reizvollen Schlucht Gorges de Court den Ort Tavannes.

Zum Chasseral – dem höchsten Gipfel des Jura

In Tavannes folge ich dem Wegweiser zum Col de Pierre Pertuis (827 Meter), über den schon zu Römerzeiten eine Straße führte. In Sonceboz halte ich mich rechts und passiere dann ein paar reizvolle Einkehrstellen. Durch ein schönes freies Hochtal mit Weiden und Äckern, das auf den Höhen durch dunkle Wälder eingerahmt wird, geht es weiter. Im Vallon de St.-Imier schnuppere ich dann einen speziellen Duft, denn in Courtelary befindet sich die Schokoladenfabrik Camille Bloch (Besichtigung möglich).
In St-Imier passe ich auf, dass ich die Abzweigung in Richtung Neuchâtel und Pontin Chasseral nach links nicht verpasse. Nach einer Waldzone erreiche ich den Col Chasseral, biege dort links ab und erreiche durch ein weitläufiges Weidegebiet nach einigen Kehren auf einer engen und steilen Straße den gebührenpflichtigen Col de Chasseral. Dort erleichtere ich meinen Geldbeutel um vier Franken und halte mich sogleich links, wo ich bald schon auf das Hotel Chasseral mit dem großen Parkplatz treffe. »Tout le monde«, alle Welt, ist hier vertreten: Gleitschirmflieger, Wanderer, Biker und Radfahrer sowie ganz normale Ausflugstouristen. Der Ausblick auf den Neuenburger See und die weite hügelige Juralandschaft gehört aber für mich zu den Höhepunkten dieser Tour, so dass ich mich nicht daran störe.
Über Nods und Diesse erreiche ich dann auf gewundener Straße durch eine schöne Kulturlandschaft den Bieler See bei Twann. Dort halte ich mich rechts und folge der Uferstraße zurück nach Neuchâtel.

>>>

Cortaillod: Harley-Davidson Trimoto, Rue de Courtils 50, 2016 Cortaillod
La Chaux-de-Fonds: Suzuki und Yamaha Singele Pierre, Rue du Progrès 1, 2300 La Chaux-de-Fonds
Delémont: Kawasaki Moritz Jean-René, Route de Bâle 23, 2800 Delémont
Honda Boechat Moto, Rue Emile Boechat 116, 2800 Delémont
Moutier: Yamaha Fleury Motos, Rue Centrale 54, 2740 Moutier

Karte Euro Cart Regionalkarte 1:300 000, RV-Verlag Blatt Schweiz

Bild gegenüberliegende Seite: Biker-Treff in der Nähe von Seignelégier auf der beliebten Abkürzerstrecke hinab zum Bieler See.

Bild unten: Der Creux du Van ist eine geologische Besonderheit des Jura. 150 Meter tief fallen die Wände senkrecht vom Hochplateau ab und bilden einen riesigen Felskessel.

ITALIEN

Motorradurlauber überzeugen dieselben Vorzüge Italiens wie alle anderen, die das Land als Ferienziel so schätzen: das mediterrane Klima, die Lebensart der Einheimischen und die Vielzahl ganz unterschiedlicher Landschaften in dem sich immerhin über etwa 1000 Kilometer Länge erstreckenden Land. Daher sollen hier eine ganze Reihe an Touren durch Italien vorgestellt werden, beginnend in den Südalpen an den Grenzen zu Österreich und Frankreich sowie am Gardasee. Es geht außerdem durch die sanfthügelige Toskana, in die Abruzzen, wo sich der Appennin bis in Höhen von knapp 3000 Meter aufgefaltet hat, auf die waldige Gargano-Halbinsel, an die Amalfiküste südlich von Neapel sowie nach Sizilien. Zwei Inseltouren, auf Elba und Sardinien mit ihren kurvigen Berg- und Küstenstraßen, bilden den Abschluss.

Bild links: Das Städtchen Solana in der Toskana wirkt, als wäre es eine Verteidigungsanlage, so steil und unnahbar sind die Häuser angelegt.

Bild oben: An der Fähre nach Giglio in der Toskana. Im Hintergrund erkennt man den sanft ansteigenden Monte Argentario.

Südtirol – Motorradtour zwischen Brenner und Salurner Klause

Mit seinen vielfältigen, prächtigen Landschaftsszenerien, die von den Weinreben und Apfelblüten des Etschtales bis hinauf ins ewige Eis der Ortlergruppe reichen, mit seinem milden Klima sowie der verkehrsgünstigen Lage gehört Südtirol zu den bekanntesten und beliebtesten Feriengebieten Europas.

Tour 15

Streckenlänge 238,0 km

Ausgangs- und Endpunkt
Sterzing (948 m)

Anfahrt München – Garmisch-Partenkirchen – Mittenwald – Innsbruck – Brenner – Sterzing (203 km)

Anfahrtszeit 3 1/4 Stunden

Mautgebühren
Die Inntalautobahn A 12 zwischen der Anschlussstelle Zirl Ost und Innsbruck ist vignettenpflichtig.Bei Benutzung der Bundesstraßen B 171 und 174 zwischen Zirl Ost und Innsbruck auf ca. 11 km Länge besteht keine Vignettenpflicht.
Die Brennerautobahn ist ab der Anschlussstelle Innsbruck Süd gebührenpflichtig. Die Gebühr für eine einfache Strecke beträgt 8 €. Die Benutzung der Brennerbundesstraße und der Brennerstaatsstraße zwischen Innsbruck und Sterzing ist gebührenfrei.

Passöffnungszeiten
Das Penser Joch ist vom 1. Juni bis 31. Okt. geöffnet.
Die Jaufenpassstraße ist vom 1. Mai bis 15. Nov. geöffnet.

Servicestellen
Bozen: Suzuki und Yamaha Rinomotor's di Penitenti Rino, Viale Druso 50, 39100 Bozen
Honda Grandprix di Zoeggler H., Piazza Verdi 16, 39100 Bozen

›››

Strecke: Sterzing (km 0,0) – Penser Joch (km 17,0) – Bozen (km 70,0) – Kaltern (km 81,5) – Tramin (km 91,0) – Mezzocorona (km 110,5) – Dermulo (km 123,5) – Fondo (km 140,0) – Gampenjoch (km 154,0) – Lana (km 172,0) – Meran (km 178,5) – St. Leonhard im Passeier (km 198,5) – Jaufenpass (km 219,5) – Sterzing (km 238,0)

Geographisch ist Südtirol mit der heutigen italienischen Provinz Bozen identisch und zieht sich dabei vom Brenner am Alpenhauptkamm hinunter bis Salurn, wo die Talverengung der Salurner Klause eine natürliche Grenze zur Region Trentino bildet. Im Westen riegeln die Dreitausender der Ortlergruppe und die Münstertaler Alpen das

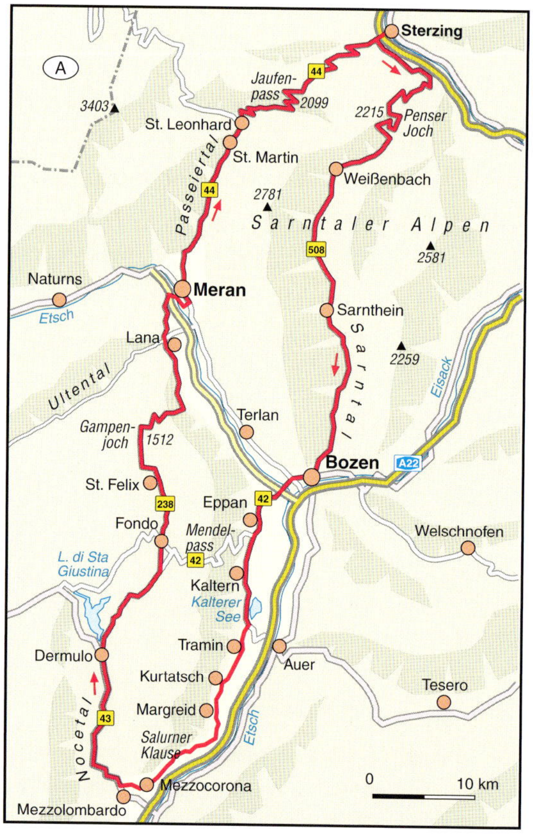

Gebiet zum schweizerischen Engadin hin ab, während im Osten solch natürliche Grenzlinien nicht unmittelbar erkennbar sind. Die Grenze verläuft hier in etwa über eine von Salurn im Etschtal bis nach Innichen im Südosten an der österreichischen Grenze gezogene Linie.
Die Dolomiten liegen noch zu ungefähr einem Drittel auf Südtiroler Gebiet, aber dorthin will ich nicht. Ich möchte auf meiner Tour ausschließlich im westlichen Teil des Eisack- und Etschtales bleiben, welches Südtirol fast in seiner Mitte als gewaltiger Graben durchzieht. Dort ist die Landschaft durch das Fehlen gewaltiger Felsszenarien insgesamt gesehen etwas lieblicher, aber die Pässe sind immer noch kurvig und hoch genug.
Mit der Südtiroler Weinstraße wartet eine der schönsten Landschaften Südtirols auf mich. In groben Zügen skizziert möchte ich von Sterzing über das Penser Joch durch die Sarntaler Alpen nach Bozen, weiter auf der Südtiroler Weinstraße bis hinunter zur Salurner Klause, durch das Nocetal, vorbei am Lago di San Giustina über das Gampenjoch nach Meran, von dort das Passeiertal hoch und über den Jaufenpass zurück nach Sterzing.

Sterzing und Umgebung

Über die alte Brennerpassstraße bin ich nach Sterzing gekommen und beginne meine Tour mit einem Bummel durch die sehenswerte Altstadt. Immer wieder bin ich von den erkerbewehrten

Fassaden und den schattigen Laubengängen der Häuser beeindruckt. Aber vor allem der Dialekt seiner Bewohner, den ich im geschäftigen, aber nicht hektischen Treiben in der Fußgängerzone vernehme, vermittelt mir das Gefühl, in Südtirol angekommen zu sein. Deutlich sieht man dem Stadtbild den Reichtum an, der schon auf das 15. Jahrhundert zurückgeht, als in den benachbarten Tälern im Bergbauverfahren Silber abgebaut wurde. Dies wurde nun vom Fremdenverkehr abgelöst.

Wieder auf meiner Maschine, finde ich ohne Probleme die Beschilderung »Penser Joch«, überquere den Ridnaunbach, fahre am LKW-Zollhof vorbei und erkenne links von mir auf einem kleinen Felshügel die sich über dem flachen Talboden erhebende Burg Reifenstein mit ihren Zinnen, Wehrgängen und Türmen, die Inkarnation einer Ritterburg, deren älteste Teile schon vor 1100 errichtet wurden, wobei sie ihr heutiges Gesicht aber erst um 1470 erhielt.

Durch die Sarntaler Alpen

Wald nimmt mich auf, steil steigt die Trasse an, kurven- und kehrenreich geht es ohne größere Aussicht nach oben, noch eine weite Schleife entlang des Bergkamms des Hühnerspiels, dann habe ich die Passhöhe beim Berggasthof Alpenrose erreicht. Die Abfahrt gestaltet sich nun schon wesentlich länger und abwechslungsreicher. Mit fast 53 Kilometern ist sie mehr als drei Mal so lang wie die Auffahrt. Vor allem der unterste Teil, wo das Sarntal durch die Engstelle der Talferschlucht mit nicht weniger als 22 Tunnels mit Längen zwischen 20 und 300 Meter überwunden werden muss, sorgt für länger anhaltende Fahrteindrücke.

Lang im Gedächtnis bleibt auch der Anblick von Burg Runkelstein, direkt am Talausgang, auf einem steilen, rötlichen Porphyrfelsen unmittelbar über der Talfer errichtet. Ihre Erbauer Friedrich und Beral von Wanga im Jahre 1237 hätten wohl kaum einen spektakuläreren und exponierteren Platz finden können.

Auf der Jaufenpassstraße in den Sarntaler Alpen. Die Auffahrt von St. Leonhard erfolgt auf teilweise engen Kehren, im Gipfelbereich sind sie jedoch großzügig angelegt. Die Strecke ist bei Rennradlern sehr beliebt – also Vorsicht!

›››

Meran: Suzuki Mik Moto di Pistone, Via Piave 49/c, 39012 Meran Yamaha Pertoll Raimund, Via IV Novembre 24 A, 39012 Meran
Trento: Harley-Davidson Trento, Via Canestrine 25, 38100 Trento

Karte Euro Cart Regionalkarte 1:300.000, RV-Verlag Italien, Blatt Südtirol/Venetien

Ein cooles Souvenir aus Sterzing. Falls die Hupe am Bike mal ausfällt …

Im Etschtal

Reich an Sehenswürdigkeiten wäre auch Bozen, Landeshauptstadt und wirtschaftlicher Mittelpunkt Südtirols, aber leider schreckt mich die fürchterlich verbaute Peripherie so ab, dass ich mich hier nicht länger aufhalte. Dabei könnte man in der Altstadt durchaus malerische Winkel, geschmackvolle Architektur und schöne Geschäfte finden oder sich von der herrlichen Aussicht vom Talferufer auf die Bergspitzen der Rosengartengruppe im Osten überraschen lassen.

Ich folge also gleich den Hinweisschildern mit der Aufschrift »Weinstraße/Strada del Vino« und verlasse die Stadt auf der von hohen Pappeln gesäumten Durchgangsstraße nach Meran. Den Hinweisschildern folgend biege ich am Stadtrand Richtung Eppan ab, überquere die Etsch und erkenne links über mir auf dem nördlichsten Felsen des Mitterberges die groß angelegte Festungsanlage Sigmundskron, die bereits im Mittelalter die Macht der Trentiner Bischöfe hier im oberen Etschtal festigte, nun aber leider verfallen ist.

Die Südtiroler Weinstraße

Ich habe den Beginn der Südtiroler Weinstraße erreicht, und langsam eröffnet sich mir der Blick auf die riesigen Weinbergflächen des Überetsch, aus denen die glatte blaue Fläche des Kalterer Sees, der als wärmster Badesee der Alpen gilt, herausleuchtet. Ich fahre durch Orte wie Kaltern, Tramin und Kurtatsch, die wohl jedem Weinkenner durch die gleichnamigen Weinsorten ein Begriff sind, die aber

Sehenswürdigkeiten

- **Sterzing:** Sehenswerte mittelalterliche Altstadt; Multscher Museum beim Zwölferturm neben dem römischen Mithras-Stein am Stadtplatz; Spitalkirche aus dem 14.Jh.; Burg Reifenstein etwas südlich von Sterzing (geöffnet Mai bis Oktober täglich außer Freitag).
- **Bozen:** Schloss Runkelstein (Führungen täglich außer an Sonn- und Feiertagen von 10 – 12 und 15 – 18 Uhr); Pfarrkirche am Walther-Platz; Bozener Lauben zwischen Rathausplatz und Obstmarkt; Pfarrkirche aus dem 13. Jh.; Franziskanerkloster aus dem 13. Jh. am oberen Ende des Obstmarktes; Städtisches Museum in der Sparkassenstraße/Ecke Museumsstraße (offen werktags 9 – 12 Uhr und 15 – 17 Uhr).
- **Kaltern:** Pfarrkirche Mariä Himmelfahrt aus dem 18. Jh.; Weinmuseum im Ansitz Ringberg (offen April bis Oktober wochentags 14 – 17 Uhr).
- **Tramin:** Pfarrkirche mit Chorgestühl aus dem 15. Jh.; Kirche St. Jakob in Kastellaz, etwas oberhalb gelegen, mit Freskenzyklus aus dem 13. Jh.
- **Lana:** Alte Pfarrkirche im Ortsteil Niederlana mit Schnatterpeck-Altar (Besichtigung nur im Rahmen einer an Werktagen täglich mehrmals stattfindenden Führung möglich).
- **Meran:** Pfarrkirche St. Nikolaus; Spitalkirche aus dem 15. Jahrhundert; Kurpromenade am Talferufer; Landesfürstliche Burg (offen Mo. bis Fr. 9 – 12 und 14 – 16.30 Uhr, Sa. 9.30 – 14 Uhr, an Sonn- und Feiertagen geschlossen); Städtisches Museum in der Galileistraße 55 mit bedeutender prähistorischer Abteilung (offen täglich 10 – 12 und 15 – 18 Uhr, Samstagnachmittag, sonn- und feiertags geschlossen); Zenoburg; Stadtmuseum und Laubengasse.
- **St. Leonhard:** Gasthof Sandwirt am Ortseingang mit Ausstellungsräumen zum Andenken an Andreas Hofer.

ebenso durch ihr Ortsbild beeindrucken, oft geprägt von einem alten Dorfkern mit einem weiträumigen schattigen Hauptplatz, auf dem auch die Pfarrkirche mit dem meist spitzen gotischen Turm steht.

Nur schwer gelingt es mir, an den zahlreichen Gastwirtschaften vorbeizufahren, da ich nicht weiß, ob ich der Verlockung, den vorzüglichen Rebensaft dort zu kosten, auch widerstehen kann. Ich bin deshalb ganz froh, als hinter Margreid die Talwände enger zusammenrücken und ich bei Roverè della Luna mit der Südtiroler Klause nicht nur die Grenze Südtirols erreiche, sondern auch das Ende des deutschen Sprachraums.

Über Gampen- und Jaufenpass

Bei Mezzocorona biege ich in das anfangs enge Nocetal ein, um bei Dermulo Richtung Fondo zum Gampenjoch abzubiegen. Dieses stellt am Beginn keine allzu großen Anforderungen an meine Fahrkünste. Die Südseite präsentiert sich recht arm an Kurven, Steigungen und Aussicht, während die Nordseite mit all dem schon eher aufwarten kann und so deutlich mehr Fahrspaß vermittelt.

Durch die weit verstreute Großgemeinde Lana komme ich nach Meran, vom Verkehr einmal abgesehen eine der schönsten Städte Südtirols, wo man es auf keinen Fall versäumen sollte, seine Maschine vor einem der Cafés an der Kurpromenade oder einer der alten Gaststätten in der Laubengasse abzustellen. Wer dies nicht will, für den habe ich noch einen anderen Tipp: Am Ortsanfang von St. Leonhard, das Passeiertal aufwärts, liegt der Gasthof Sandwirt, Geburtshaus des legendären Südtiroler Freiheitskämpfers Andreas Hofer. Diesem kann man hier bei einem guten Essen seine Referenz erweisen, bevor man sich über den kurvenreichen Jaufenpass auf den Rückweg nach Sterzing macht.

Südtirol ist – als historisches Durchgangsgebiet – ein Burgenland. Hier die Johanneskofelburg bei Bozen, die allerdings nicht zu besichtigen ist.

Dolomiten – Über bekannte und weniger bekannte Pässe

Die Dolomiten sind ein zu Stein gewordener Traum für jeden Liebhaber grandioser Natur- und Felsszenarien. Bergwanderer können über sanft geneigte Wiesenhänge in kargere Hochweideregionen wandern, Kletterern bieten sich leichte Unternehmungen bis hin zu schwierigsten Touren in senkrechten bis überhängenden Felswänden und Motorradfahrer werden die Pässe bevorzugen, welche die Dolomiten in schier unüberblickbarer Zahl durchziehen.

Tour 16

Streckenlänge 266,0 km

Ausgangs- und Endpunkt Wolkenstein im Grödnertal (1563 m)

Anfahrt München – Garmisch-Partenkirchen – Mittenwald – Innsbruck – Brenner – Sterzing – Brixen – Ausfahrt Anschlussstelle Klausen – Wolkenstein (271 km)

Anfahrtszeit 3 1/4 Stunden

Mautgebühren Die Inntalautobahn A 12 zwischen der Anschlussstelle Zirl Ost und Innsbruck ist vignettenpflichtig.
Bei Benutzung der Bundesstraßen B 171 und 174 zwischen Zirl Ost und Innsbruck auf ca. 11 km Länge besteht keine Vignettenpflicht.
Die Brennerautobahn ist ab der Anschlussstelle Innsbruck Süd gebührenpflichtig. Die Gebühr für eine einfache Strecke beträgt 8 €. Die Benutzung der Brennerbundesstraße und der Brennerstaatsstraße zwischen Innsbruck und Sterzing ist gebührenfrei.
Die Mautgebühr auf den italienischen Autobahnen zwischen der Anschlussstelle Sterzing und der Anschlussstelle Klausen beträgt für die einfache Strecke ca. 2,90 €.

Passöffnungszeiten
Die Giaupassstraße ist vom 1. Mai bis 30. Nov. geöffnet.
Die Duranpassstraße und Ceredapassstraße ist vom 1. Mai bis 30. Nov. geöffnet.
Die Fedáiapassstraße ist vom 15. April bis 15. Okt. geöffnet.

›››

Strecke: Wolkenstein (km 0,0) – Casa Cantoniera (km 3,5) – Grödner Joch (km 9,5) – Corvara (km 19,5) – Stern/La Villa (km 24,0) – Valparolapass (km 38,0) – Falzáregopass (km 40,0) – Pocòl (km 50,0) – Giaupass (km 62,0) – Selva di Cadore (km 70,0) – Staulanzapass (km 79,0) – Dont (km 89,0) – Duranpass (km 97,0) – Ágordo (km 110,0) – Forcella Aurine (km 123,0) – Ceredapass (km 132,5) – Tonadìco (km 141,0) – Rollepass (km 163,5) – Abzweigung Vallespass (km 170,0) – Vallespass (km 176,0) – Abzweigung Falcade am San Pellegrinopass (km 185,5) – Falcade Alto (km 187,5) – Cencenighe (km 198,5) – Caprile (km 215,5) – Fedáiapass (km 231,0) – Canazei (km 244,0) – Sellajoch (km 255,5) – Wolkenstein (km 266,0)

Namen wie Sellajoch, Grödner Joch oder Pordoijoch sind jedem Motorradfahrer sicherlich ein Begriff. In mir erweckt alleine schon deren Namensnennung das schier unwiderstehliche

Bedürfnis, diese aufzusuchen und die Kurven und Kehren in Schräglage zu genießen. Allerdings standen diesem Wunsch nicht selten die verschiedensten Hinderungsgründe im Wege, aber dieses Mal sollte es klappen. Ich habe mir eine Route ausgesucht, die vom zentralen Teil der Dolomiten mit den berühmten Pässen um den Sellastock weit hinunter in den südlichen Teil des Gebirges reicht, wo die Berge nicht mehr ganz so hoch und die Pässe nicht mehr ganz so bekannt, aber nicht minder reizvoll sind. Zwölf Pässe will ich auf dieser Tour überqueren und dabei 266 Streckenkilometer mit ungezählten Kurven und Kehren zurücklegen.

Zu Füßen von Langkofel und Sella

Dazu habe ich mich in Wolkenstein, dem obersten Ort des Grödnertales eingefunden und lasse meinen Blick über die Wiesenhänge oberhalb der Ortschaft gleiten, wo ich die Burgruine Wolkenstein vermute, die dem Ort ihren Namen gegeben hat. Wie immer finde ich sie unter den weit verstreuten Häusern und Gehöften nicht und folge der über eine Kehre aus dem Ort herausführenden Straße, wo zurückgehender Wald bald den Blick auf eine prächtige Hochgebirgsszenerie freigibt.

Eine karge und mächtig wirkende felsige Gebirgswelt erwartet uns am Passo di Valparola.

Schon nach kurzer Fahrzeit halte ich an der Abzweigung bei der Casa Cantoniera an. Zum einen, um die Ostwand des Langkofels zu bestaunen, mehr als zwei Kilometer lang und beinahe 1000 Meter hoch, eine der gewaltigsten Dolomitenwände, zum anderen, um mich zwischen einer Auffahrt zum Sellajoch oder zum Grödner Joch zu entscheiden. Ich wähle die links zum Grödner Joch abzweigende Straße und kann auf einem langen Flachstück unterhalb der zerklüfteten Sella-Nordseite Geschwindigkeit machen, bevor mich eine Kehrengruppe zum Grödner-Joch-Hospiz wieder etwas einbremst.

Am Grödner Joch

Ich genieße die prächtige Aussicht, die vom Langkofel und Schlern im Westen über die Tschierspitzen im Norden und zu Teilen des Sellastockes im Süden reicht. Nun folge ich den Kehren über die Ostseite hinunter in den etwa 600 Meter tiefer gelegenen Wintersportort Corvara, über den sich der mächtige Turm des Saß Songher erhebt. Dort folge ich nicht etwa der Beschilderung zum Campolongopass, sondern fahre das Abteital etwas auswärts bis zur kleinen Ortschaft Stern/La Villa, wo der zwar weniger bekannte, aber landschaftlich reizvolle, gut ausgebaute und schön zu befahrende Valparolapass seinen Ausgang hat.

Valparola-, Falzárego- und Giaupass

Anfangs begleiten mich noch grüne Wiesen, dann tauche ich in hochstämmigen Lärchen- und Kiefernwald ein, über den sich mit dem Höherkommen die wie von Axthieben gespaltenen rötlichen Felsabbrüche der Cunturinesspitze, des höchsten Bergs der Kreuzkofelgruppe erheben. Oben fesselt dann die nähere Umgebung meine Aufmerksamkeit. Eine gewaltige Trümmerlandschaft aus riesigen Felsbrocken tut sich auf, die von einem Bergsturz am Kleinen Lagazuoi stammen. Direkt neben der Straße erkenne ich die Ruine eines

>>>

Servicestellen

Bozen: Suzuki und Yamaha Rinomotor's di Penitenti Rino, Viale Druso 50, 39100 Bozen
Honda Grandprix di Zoeggler H., Piazza Verdi 16, 39100 Bozen
Trento: Harley-Davidson Trento, Via Censtrini 25, 38100 Trento

Karte Euro Cart Regionalkarte 1:300.000, RV-Verlag, Italien, Blatt Südtirol/Venetien

Bild rechts: Zeit für eine Pause: Was für ein Blick auf die zauberhaften Kehren der Falzáregopassstraße. Ursprünglich wurde sie im 1. Weltkrieg als Nachschubweg für die italienischen Truppen angelegt. Heute ist sie als touristisches Highlight nicht mehr wegzudenken.

Bild gegenüberliegende Seite: Zyklopenartig steigen die Felsen in die Höhe. Die Passhöhe am Passo di Giau ist wirklich beeindruckend.

ehemaligen österreichischen Sperrforts, das in Führern mit dem sinnigen Namen »Tra i Sassi«, zwischen den Felsen, bezeichnet ist.

Vom Rifugio Valparola einmal abgesehen, ist die Umgebung nicht allzu einladend, und so gebe ich auf der Abfahrt Gas, muss dann jedoch sofort wieder in die Bremsen steigen: Nur zwei Kilometer weiter und nicht einmal 80 Höhenmeter tiefer stehe ich schon auf dem nächsten Pass, dem Falzáregopass, in den der Valparolapass – etwas ungewöhnlich, aber nicht einzigartig im Alpenraum – von oben einmündet. Ich fahre über die Ostseite abwärts, erkenne rechter Hand den sonderbar geformten Felsstock der Cinque Torri, während links über lichten Wäldern die Bergstöcke der Tofanen pfeilergleich in den Himmel ragen. Auch der Vorblick auf die Berge über dem Ampezzaner Tal mit der Cristallo-Gruppe ist sehenswert, aber allzu sehr darf ich mich nicht ablenken lassen – nicht wegen der Straße, die ist gut ausgebaut und die Kehren sind schön geschwungen, sondern weil in Pocòl mein Weiterweg abzweigt. Von dort geht es über den Giaupass, für mich einer der schönsten Dolomitenpässe überhaupt, hinüber nach Selva di Cadore im Fiorentinatal.

Über Staulanzapass, Forcella Aurine und Ceredapass

Zwischen dem Monte Pelmo im Osten, dem ersten Hochgipfel der Dolomiten, der von Menschen

Sehenswürdigkeiten

- **Wolkenstein:** Ruine Burg Wolkenstein.
- **Valparolapass:** Bergsturzgebiet und altes Sperrfort »Tra i Sassi« auf der Passhöhe.
- **Giaupass:** »Murogna di Giau« – sagenhafte Steinmauer auf der nördlichen Auffahrtsstrecke.
- **Fedáiapass:** Sottogudaschlucht; die Seilbahn von Malga Ciapela führt in drei Abschnitten auf den Gipfelgrat der Marmolada bis in atemberaubende 3250 Meter Höhe.
- **Sellajoch:** Bergsturzgebiet »Steinerne Stadt« auf der Nordseite.

betreten wurde, und der gewaltigen Civetta im Westen geht es durch vom Fremdenverkehr kaum berührte Talschaften zum Staulanzapass hoch, von dem die Straße ins Hochzoldano abfällt und dabei so viel Fahrspaß vermittelt, dass ich fast die unmittelbar nach dem Ortsschild von Dont zum Duranpass abzweigende Straße übersehe. Das schmale Sträßchen durch wild wuchernden Wald erscheint mir anfangs wenig vertrauenerweckend, aber ich bin richtig, und die Passhöhe präsentiert sich als freundlicher Wald- und Wiesensattel. Sogar ein Rifugio lädt zur Einkehr ein, und gestärkt bremse ich das teilweise stärkere Gefälle bis Ágordo im Cordévoletal hinab. Auch die Forcella Aurine und der Ceredapass, über den ich nun lange nach Tonadìco ins Cismòntal überwechsle, sind Wiesensättel, aber dann wird es wieder alpin.

Zur Marmolada

Zu immer größerer Wucht steigern sich die Bergriesen der Palagruppe und gipfeln oben in der gewaltigen Cima di Vezzana. Meine Abfahrt Richtung Predazzo stoppe ich am Hinweisschild zum Vallespass kurz vor Panevéggio, welches ich nach einer Fahrt durch einen der schönsten Wälder in den Dolomiten erreiche. Dort genieße ich eine weite Aussicht auf die Südwand der Marmolada, meinem nächsten Ziel.

Über die Ostseite des San Pellegrinopasses gelange ich nach Cencenighe im Cordévoletal, dem ich nun aufwärts bis Caprile folge, wo die Straße zum Fedáiapass abzweigt. Bereits die Auffahrt über die Ostseite mit der Schwindel erregend tiefen Sottogudaschlucht ist ein Erlebnis, das von der gewaltigen vergletscherten Marmolada-Nordwand auf der Passhöhe aber in den Schatten gestellt wird. Von Canazei geht es über mehrere nummerierte Kehren aufwärts Richtung Pordoipass, und anhand des Fahrspaßes, den sie bieten, muss man aufpassen, die Abzweigung zum Sellajoch nicht zu übersehen. Dort oben bietet sich eine der eindrucksvollsten Aussichten in den gesamten Dolomiten. Dann trennt mich nur noch die Abfahrt über die Nordseite vorbei am Felsabsturz der Steinernen Stadt von meinem Ausgangspunkt.

Tour 17

Streckenlänge 202,5 km

Ausgangs- und Endpunkt
Mori (204 m), Ausfahrt der Brennerautobahn A 22, Ausfahrt Anschlussstelle Rovereto Nord

Anfahrt München – Garmisch-Partenkirchen – Mittenwald – Innsbruck – Brenner – Sterzing – Brixen – Bozen – Trient – Ausfahrt Anschlussstelle Rovereto Nord – Rovereto (355 km)

Anfahrtszeit 3 3/4 Stunden

Mautgebühren
Die Inntalautobahn A 12 zwischen der Anschlussstelle Zirl Ost und Innsbruck ist vignettenpflichtig.
Bei Benutzung der Bundesstraßen B 171 und 174 zwischen Zirl Ost und Innsbruck auf ca. 11 km Länge besteht keine Vignettenpflicht. Die Brennerautobahn ist ab der Anschlussstelle Innsbruck Süd gebührenpflichtig. Die Gebühr für eine einfache Strecke beträgt 8 €.
Die Benutzung der Brennerbundesstraße und der Brennerstaatsstraße zwischen Innsbruck und Sterzing ist gebührenfrei.
Die Mautgebühr auf den italienischen Autobahnen zwischen der Anschlussstelle Sterzing und der Anschlussstelle Rovereto beträgt für die einfache Strecke ca. 8,90 €.

Passöffnungszeiten
Die Monte-Baldo-Bergstraße ist vom 15. Mai bis 31. Okt. geöffnet.
Die Tremalzopassstraße ist vom 15. Mai bis 31. Okt. geöffnet.

Servicestellen
Trento: Suzuki Niko Mot SRL, Via Brennero 127, 38100 Trento
Harley-Davidson Trento, Via Censtrini 25, 38100 Trento
Riva del Garda: Honda Sembenini Gino & Figli,
Via S. Francesco 35,
38066 Riva del Garda

>>>

Gardasee – Über den Monte Baldo und auf den Monte Tremalzo

Der Gardasee ist nicht nur der größte, sondern wohl auch der schönste und bekannteste See Italiens. Diese Attribute verdankt er in erster Linie seiner einmaligen Lage, eingekesselt zwischen gewaltigen Bergmassiven mit steil abfallenden Flanken im Norden, während er sich nach Süden hin in die Poebene fast zu einem kleinen Meer ausweitet.

Strecke: Mori (km 0,0) – Brentónico (km 7,5) – Passo Canaletta (km 23,0) – Bocca di Navene (km 26,0) – Ferrara di Monte Baldo (km 45,5) – Garda (km 67,0) – Bardolino (km 71,0) – Lazise (km 76,0) – Peschiera (km 85,0) – Desenzano (km 100,0) – Salò (km 123,5) – Gargnano (km 136,0) – Riva (km 164,0) – Biacesa (km 170,0) – Molina di Ledro (km 173,0) – Tiarno di Sotto (km 184,0) – Ampolapass (km 185,5) – Ristorante Garda am Tremalzopass (km 202,5)

Beliebt ist der Gardasee zudem seines milden Klimas wegen, begünstigt durch seine Lage am Rande der Alpen, welche die kalten Nordwinde weitgehend abhalten.
Während also bei uns im Frühjahr das Wetter oft noch kühl und regnerisch ist, blühen am Gardasee bereits subtropische Pflanzen von Oleander über Mimosen, Akazien, Hibiskus und Bougainvilleen bis hin zu Palmen und lassen die Landschaft in verschwenderischer Blütenpracht erscheinen. Auch die Temperaturen sind dann bereits so weit nach oben geklettert, dass man sich beim Fahren keine großen Sorgen um kalte Füße oder Finger machen muss.
Wer sich, angeregt durch diese verlockenden Aussichten, auf den Weg über den Brenner machen will, sollte allerdings eines bedenken: Nicht der See selbst ist diesmal unser Ziel, sondern die Berge links und rechts der Seeufer. Dies wären zum einen der Monte Baldo im Osten, ein gewaltiges Bergmassiv, das in der 2218 Meter hohen Cima Valdritta gipfelt und von einer wunderschönen Panoramastraße von Mori im Norden bis Garda im Süden auf 67 Kilometer Länge durchquert wird,

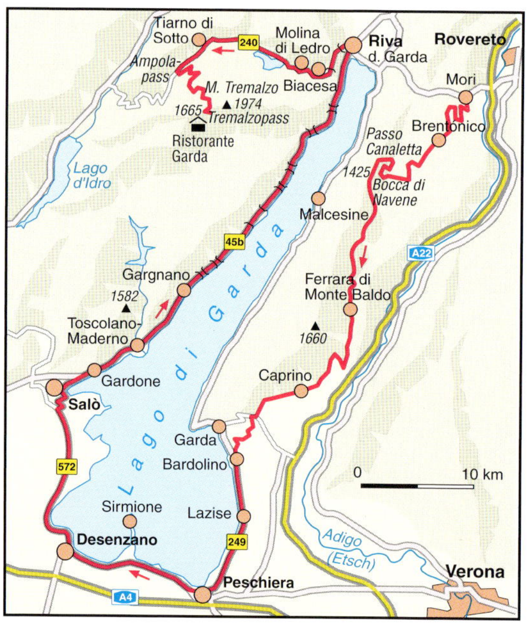

die immerhin bis in eine Höhe von 1617 Meter am Passo Canaletta führt, während es im Westen auf den Monte Tremalzo, mit 1974 Metern höchster Berg der Brescianer Alpen, bis auf 1694 Metern noch höher hinaus geht. Bis Mai sollte man sich schon gedulden, doch dann müssten die Bergstraßen schneefrei sein. Die Ausrüstung aber sollte dennoch solchen Höhenlagen mit ihren plötzlich einsetzenden Wetterumschwüngen angepasst sein. Denn auch dafür ist der Gardasee leider bekannt: Vor allem im Hochsommer kann es hier zu urplötzlich einsetzenden Gewittern von solchem Ausmaß kommen, dass an den Ufern Zelte oder Wohnwagen weggeschwemmt werden. Nicht selten scheint aber manchmal nur wenige Stunden später die Sonne wieder mit solcher Heftigkeit, dass man den Wetterwechsel kaum fassen kann.

Am Monte Baldo

Nun aber zur Monte-Baldo-Höhenstraße, die ihren nördlichen Ausgangspunkt in der kleinen Ortschaft Mori nimmt, unmittelbar an der Autobahnausfahrt Rovereto Süd gelegen. Problemlos finde ich die Beschilderung »Brentonico/Monte Baldo« und folge der über mehrere Kehren anfangs breit ausgebauten Straße durch die Ortschaft Besagno zu einer Straßenkreuzung beim Hotel Miramonti. Ein Blick auf den Tacho zeigt: Exakt sechs Kilometer habe ich bis hierher zurückgelegt. Dann prägen grüne Wiesen, terrassenförmig angelegte Felder mit Steinböschungen, Nadelwaldgruppen und die vereinzelten hoch aufragenden Zypressen das Landschaftsbild. Immer wieder durchfahre ich kleine Ortschaften, vor mir ragt der kleine Felskamm der Corna Piana aus dem Waldgürtel, bis sich hinter San Valentino eine wellige Hochfläche ausbreitet. Zwei kurze, enge Felstunnels erfordern Vorsicht, dazwischen erkenne ich etwas unterhalb der Straße den kleinen Lago di Pra de la Stua, dann fahre ich über freie, aussichtsreiche Almwiesen zum Ristorante Graziani am Fuße des Monte Altissimo di Nago. Ich habe den höchsten Punkt der Auffahrt erreicht und folge nun der Hochfläche, die sich unterhalb des Bergkamms entlangzieht.

Zahllose Windsurfer bevölkern den See. Links im Bild Riva, dahinter Torbole.

Bild gegenüberliegende Seite: Auf der Westseite der Gardesana – die erst in 30er Jahren des letzten Jahrhunderts angelegt wurde – fahren wir durch zahlreiche, teilweise schlecht beleuchtete Tunnel.

>>>

Verona: Yamaha Motoyama SRL, Via Col. Fincato 31/C, 37310 Verona

Karte Euro Cart Regionalkarte 1:300.000, RV-Verlag, Italien, Blatt Lombardei

Die Monte-Baldo-Höhenstraße windet sich auf der Ostseite von Mori hinauf bis zur Bocca di Navene, dem höchsten Punkt, bevor sie sich wieder absenkt und in der Nähe von Garda den See erreicht. Dabei passieren wir einige bewirtschaftete Almen und Gasthäuser.

Ich bin, unbewusst freilich und wie erst meine späteren Recherchen ergeben, im »Garten Italiens« angelangt, wie der Monte Baldo auch bezeichnet wird. Während die Gletscher der letzten Eiszeit den See aushobelten und die Flanken der anliegenden Berge ringsum glatt schliffen, gelang es ihnen nicht, auch die Hochfläche zu bedecken. Dies führte dazu, dass am Monte Baldo eine fast einzigartige voreiszeitliche Flora erhalten geblieben ist, die zusammen mit anderen seltenen Alpengewächsen einmalig für Italien ist.

Vor allem im Frühjahr, wenn die Blütenpracht aus seltenen Orchideen, Alpenrosen, Enzianen, Feuerlilien und der nach diesem Berg benannten Baldo-Anemone voll entfaltet ist, bieten die Bergwiesen der Hochweiden ein schon fast verschwenderisch schönes Bild. Ich habe Glück, bin genau im Blütezeitraum hier oben, und wenn ich auch die Namen der Blumen und Pflanzen im Einzelnen nicht kenne, bin ich von deren Pracht doch beeindruckt. Am Gasthaus Bocca di Navene befindet sich die einzige Stelle, an der ein Grateinschnitt den Blick

Sehenswürdigkeiten

- **Garda:** mittelalterlicher Ortskern mit Palazzo dei Capitani aus dem 13./14. Jh.; Pfarrkirche Santa Maria Maggiore aus dem 16. Jh.
- **Bardolino:** Basilika S. Severo aus dem 12. Jh.; Kirche San Zeno aus dem 9. Jh.; Museo dell'Olio in Cisano ca. 3 km außerhalb des Ortes.
- **Lazise:** Zwischen Lazise und Peschiera liegt der Vergnügungspark Gardaland mit Delphinarium, artistischen Vorführungen und Abenteuerwelten.
- **Desenzano:** Kastell aus dem 14./15. Jh. oberhalb des Alten Hafens; Pfarrkirche St. Maria Maddalena mit Bildnis des Malers Tiepoli; Villa Romana in der Via degli Scari aus dem 1. bis 4. Jh.
- **Salò:** Dom Maria Annunziata aus dem 16. Jh.
- **Riva:** Mittelalterlicher Stadtkern um die Piazza III. Novembre mit dem Torre Apponale (13. Jh.) im Osten und dem Palazzo Pretorio aus dem 14. Jh.; schöne Wasserburg aus dem 12. Jh. mit dem Stadtmuseum.
- **Molina di Ledro:** »Museo delle Palafitte« mit Überresten einer 3700 Jahre alten bronzezeitlichen Pfahlbausiedlung.

auf den Gardasee tief unten zulässt, aber leider verwehren mir die von dort unten heraufsteigenden Hochnebelfetzen die Sicht.

Lange folge ich nun der meist leicht abfallenden Straße, die immer wieder von kleinen Gegenanstiegen unterbrochen wird, über Almflächen unterhalb des Monte Altissimo di Nago bis Caprino Veronese, dann geht es auf gut ausgebauter Trasse rasant nach unten.

Zum Gardasee-Westufer

Vor mir breitet sich eine riesige, sanft gewellte Ebene mit vielen Dörfchen aus, mediterrane Vegetation empfängt mich und damit auch die Hitze des Talbodens. Mit dem Verkehr, der die Autobahn bei der Ausfahrt Affi verlassen hat, erreiche ich die ersten Häuser von Garda, das sich hier weit ins Hinterland hinein ausgebreitet hat.

Lang fahre ich am See entlang, der hier den Charakter eines Bergsees schon verloren hat, durchquere so bekannte Fremdenverkehrsorte wie Bardolino, Lazise und Peschiera und erreiche mit Desenzano nicht nur die größte Stadt am See, sondern langsam auch das Westufer. Hinter Salò treffe ich auf die so genannte Brescianer Riviera, wie der Abschnitt hier am Seeufer bis hinauf nach Gargnano genannt wird, dann ändert sich das Landschaftsbild: Die Berge rücken wieder näher ans Wasser, und entlang der Gardasena Occidentale, wie die zum größten Teil in den Fels gesprengte Westuferstraße genannt wird, folgt Tunnel um Tunnel. Die winzigen Parkbuchten zwischen den Tunnels sind sämtlich von den Wohnmobilen der Windsurfer in Beschlag genommen, deren Hochburgen eigentlich noch weiter im Norden, in Riva und Tórbole liegen. Heute scheint Flaute am See zu herrschen, nur hin und wieder schwimmt ein Segel träge auf den Fluten, aber auch ich komme auf dieser Tunnelstrecke nicht allzu schnell voran.

Über den Passo Tremalzo

Auch von Riva hinauf nach Biacesa, die alte Ponalestraße wurde leider gesperrt, behindert mich der lange, neu erbaute Tunnel, dann aber stehe ich am Ufer des Ledrosees, wo Reste eines Pfahlbautendorfs belegen, dass dieses Gebiet bereits um 1700 vor Christus besiedelt war. Im aussichtslosen Hochtal erreiche ich fast unbemerkt am Beginn einer Talverengung den höchsten Punkt der Straße am Ampolapass, wo der kleine Lago d'Ampola seiner Versumpfung entgegensieht. Ein Schild mit der Aufschrift »Pso. Tremalzo« weist mir den Weg, dann beginnt ein langer Fahrspaß über Kurve um Kurve, Kehre um Kehre, der erst beim Ristorante Garda endet. Die hier weiterführende Trasse, die nach Limone sul Garda abfallen würde, ist zum einen größtenteils unbefestigt, zum anderen für Motorradfahrer gesperrt, so dass ich die Abfahrt wieder über die Auffahrtsstrecke antreten muss.

Salò – auf der Westseite des Gardasees – ist ein beliebter Stop, um zu flanieren und südliches Ambiente zu genießen. Größere Bekanntheit erlangte der Ort mit Gründung der Republik von Salò, der nur eine kurze Lebensdauer beschieden war.

Tour 18

Streckenlänge 230,0 km

Ausgangs- und Endpunkt
Susa (501 m)

Anfahrt München – Inning – Landsberg – Memmingen – Lindau – Landquart – Chur – Thusis – Bellinzona – Varese – Turin – Ausfahrt Anschlussstelle Susa – Susa (639 km)

Anfahrtszeit 7 1/4 Stunden

Mautgebühren
Die Anfahrt beinhaltet in Österreich und der Schweiz vignettenpflichtige Abschnitte. Bei Verlassen der A 96 bei der Anschlussstelle Lindau und Benutzung der B 190 und 202 zwischen den Grenzübergängen Unterhöchsteg und Höchst auf ca. 16 km Länge entfällt die Vignettenpflicht für Österreich. Die Mautgebühr auf den italienischen Autobahnen zwischen den Anschlussstellen Bellinzona und Susa beträgt für die einfache Strecke ca. 12,30 €.

›››

Piemont – Bergtouren mit dem Motorrad

Piemont bedeutet aus dem Italienischen übersetzt so viel wie »am Fuße der Berge«. Geographisch ist damit die gleichnamige italienische Region gemeint, die sich zwischen Alpen und Apennin entlang der Poebene erstreckt.

Strecke: Susa (km 0,0) – Chiomonte (km 7,0) – Exilles (km12,0) – Abzweigung an der S.S. 24 hinter Exilles (km 14,5) – Mont Jafferau (km 38,0) – Abzweigung an der S.S. 24 hinter Exilles (km 61,5) – Bardonecchia (km 83,0) – Colle Sommeiller (km 109,5) – Bardonecchia (km 136,0) – Oulx (km 150,0) – Cesana-Torinese (km 161,0) – Sestrière (km 172,5) – Einmündung in die Südseite der Assietta-Kammstraße (km 208,5) – Finestrepass (km 211,0) – Susa (km 230,0)

Mehr als die Hälfte der gesamten Reisproduktion Italiens wird in dieser fruchtbaren Schwemmlandebene angebaut, in der Hügellandschaft des Monferrato reifen die berühmten Weine von Asti, der Gorgonzola kommt aus dieser Gegend, bei Alba werden die besten weißen Trüffeln gefunden, und Turin, die Hauptstadt des Piemont, ist eine Hochburg der Autoindustrie sowie das Zentrum der italienischen Mode.

Aber all dies ist für mich nicht der Grund, ins Piemont zu fahren. Was mich in diese Region lockt ist die Tatsache, dass der westliche Teil des Piemont aus den Westalpen besteht, die sich hier an der Grenze zu Frankreich etwa mit der Aiguille de Scolette bis in die imposante Höhe von 3508 Meter aufschwingen. Und dort hinauf führen Bergstraßen, die somit zu den höchsten anfahrbaren Punkten des Alpenraumes zählen.

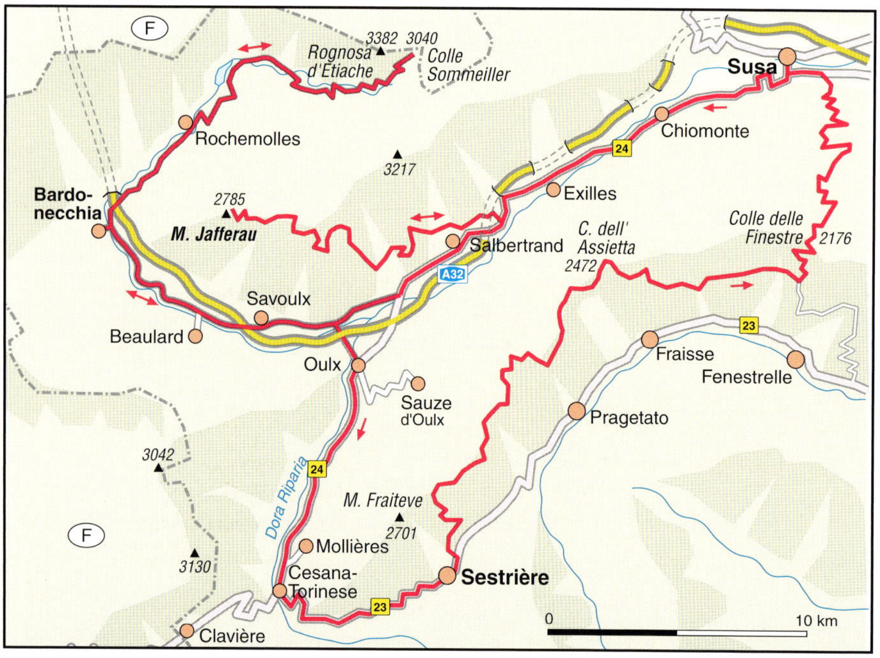

Einer kleinen Einschränkung sollte sich derjenige, der nun seine Supersportmaschine zum Gipfelsturm rüsten will, allerdings bewusst sein: Die Straßen in diese Gipfelregionen sind teilweise unbefestigt. Zwar ist der Straßenzustand, günstige Witterungsverhältnisse vorausgesetzt, in aller Regel so gut, dass man rein theoretisch auch mit einer Sportmaschine hochkommen könnte, empfehlenswert ist dies allerdings nicht. Zu mühsam und anstrengend ist das Fahren in gekrümmter Sitzposition und mit stark drezahlabhängiger Leistungscharakteristik. Wer dagegen einen bequemen Tourer und keine Angst vor Lackschäden durch möglicherweise aufgewirbelte Steine hat, der ist hier richtig.

Zum Mont Jafferau

Ich besitze beides und mache mich von Susa, etwa 50 Kilometer westlich von Turin gelegen, auf den Weg. Auf der Staatsstraße 24 fahre ich das Tal der Dora Riparia über die Ortschaften Mollare, Chiomonte und Exilles einwärts und sehe etwa 25 Kilometer später auf der rechten Straßenseite eine unscheinbare Abzweigung mit den Hinweisschildern »Eclause«, »Frénée«, »Pramand«. Hier beginnt die Straße hinauf zum Mont Jafferau, die auf 23,5 Streckenkilometern nicht weniger als 1700 Höhenmeter überwindet und oben an einem alten Fort in genau 2801 Metern Höhe endet.

Nur die ersten 2,5 Kilometer davon sind befestigt, dann handelt es sich um Erdstraße mit wechselweise sandigem, kiesigem oder grobschottrigem Untergrund, der auf den letzten beiden Kilometern immer steiniger wird. Was die ganze Sache aber wirklich unangenehm macht, ist ein Tunnel, der etwa nach der Hälfte der Auffahrtstrecke auf mich wartet. Es ist kein Tunnel, wie man ihn von einer Alpenstraße her gewohnt wäre, sondern eine 850 Meter lange enge Röhre, in die absolut kein Lichtstrahl vordringt und die zudem nicht selten von Wasserbächen durchzogen ist. Ein absolutes Gruselstück trotz Beleuchtung und für empfindlichere, leicht klaustrophobisch veranlagte Naturen nicht zu empfehlen.

Abgesehen davon ist die Strecke landschaftlich durchaus reizvoll und weist, vom Untergrund einmal abgesehen, keine besonderen Gefahrenmomente auf.

Die Sommeiller-Bergstraße

Oben beim Fort angekommen nehme ich mir deshalb vor, heute noch höher hinaufzugelangen und die Dreitausendermarke mit meiner Maschine zu überschreiten. Möglich macht dies die Sommeiller-Bergstraße, ganz in der Nähe gelegen, die bis in eine Höhe von 3040 Metern führt und somit den höchsten öffentlich anfahrbaren Punkt in den Alpen darstellt. Ich fahre in den Talboden zurück, erreiche nach kurzer Fahrzeit weiter taleinwärts den Ausgangsort Bardonecchia und folge im Ort der Beschilderung »Rochemolles«.

Die ersten sechs Kilometer bis Rochemolles sind befestigt und somit problemlos zu bewältigen, aber auch beim Übergang in eine Erdstraße warten keine größeren Schwierigkeiten. Der Untergrund ist fest, meist nur mit einer leichten Kiesauflage bedeckt. Nur in den Kehren sollte man des losen Schotters wegen etwas vorsichtiger sein.

Bis in das weite Hochtal um das Rifugio Scarfiotti wird die Straße gerne von Ausflüglern benutzt, dann wird es einsamer und auch die Umgebung zunehmend öder und steiniger. Nach 26,5 Strecken- und 1728 Höhenmetern endet meine Auffahrt an Betonfundamenten und Blechbaracken,

Endurospaß: Leider sind die meisten Pisten heute gesperrt. Links im Bild der Chaberton.

›››

Passöffnungszeiten

Die Jafferau-Bergstraße ist offiziell vom 1. Aug. bis 30. Sept. geöffnet, in der Regel aber ab Ende Juni schneefrei. Die Sommeiller-Bergstraße ist in der Regel ab Ende Juni schneefrei. Die Assietta-Kammstraße ist offiziell vom 15. Juni bis 13. Sept. geöffnet, in der Regel aber ab Anfang Juni schneefrei. Die Finestrepassstraße ist offiziell vom 1. Mai bis 30. Sept. geöffnet, in der Regel aber ab Ende Mai schneefrei.Die Tour sollte wegen der beschriebenen Schneeverhältnisse (siehe S. 99, Randspalte) nicht vor Mitte Juli bis Mitte Okt. unternommen werden. ›››

›››

Straßenverhältnisse
Die Jafferau-Bergstraße ist nur die ersten 2,5 km asphaltiert, dann Erdstraße mit teilweise sandigem, kiesigem und grobschottrigem Untergrund, auf den letzten 2,5 km sehr steinig. Die Sommeiller-Bergstraße ist auf den ersten 6 km asphaltiert, dann steinige Erdstraße, teilweise mit losem Schotter. Die Assietta-Kammstraße ist anfangs feste, dann steiniger werdende Erdstraße. Die Finestrepassstraße ist überwiegend feste Erdstraße, auf den letzten 9 km der Abfahrt asphaltiert.

Hinweise zum Auffinden der Passstraßen
Die Jafferau-Bergstraße zweigt an der S.S. 24 hinter Exilles, ca. 14,5 km von Susa entfernt ab. Die Sommeiller-Bergstraße nimmt ihren Ausgangspunkt in Bardonecchia: der Beschilderung »Rochemolles« folgen. Die Assietta-Kammstraße zweigt am östlichen Ortsende von Sestrière ab: der Beschilderung zum Colle Basset folgen. Die Finestrepassstraße zweigt an einer Pian dell'-Alpe genannten Kreuzung von der Assietta-Kammstraße ab.

Servicestellen
Turin: Suzuki G.P. Moto, Via Renier 41, 10141 Turin Honda Dolza SRL, Via Gottardo 283, 10155 Turin Yamaha Tre Diapason, Corso Casale 479, 10100 Turin
Biella: Honda Tricomi Moto di Tricomi F., Via per Candelo 125/127, 13051 Biella
Asti: Yamaha Vigna Moto, Corso Alessandria 89, 14100 Asti

Karte Carte Touristique ign 1:250.000 Blatt 112 Savoie, Dauphiné oder Istituto Geografico Centrale Torino 1:50.000 Blatt 1 Valle di Susa, Chisone e Germanasca oder Euro Cart Regionalkarte 1:300.000, RV-Verlag, Italien, Blatt Piemont/Aostatal

die von einem ehemaligen Sommerskigebiet übrig geblieben sind, in unmittelbarer Nähe eines kleinen Gletschers, wo noch die Reste eines Schleppliftes zu erkennen sind. Es ist schon ein sonderbares Gefühl, mit dem Motorrad in Regionen vorzustoßen, die eigentlich nur geübten Alpinisten oder Skifahrern vorbehalten sind.

Assietta-Kammstraße und Finestrepass

Aber noch sind meine Touren in die Gipfelregionen der Alpen nicht beendet. Auf mich wartet noch die Assietta-Kammstraße, die im ebenfalls nicht weit entfernten bekannten Wintersportort Sestrière ihren Ausgangspunkt nimmt. Auf der Fahrt von Oulx über Cesana-Torinese dort hinüber komme ich bei Fenils an der Abzweigung der alten Militärstraße zum Mont Chaberton vorbei. Sie endet am Gipfelfort in 3130 Meter Höhe und wäre damit eigentlich der höchste anfahrbare Punkt in den Alpen. Aber zum einen ist sie im Verfall und könnte im oberen Bereich nur noch ausschließlich von leichteren Enduromaschinen unter Aufbietung aller Fahrkünste bezwungen werden. Entscheidender ist allerdings, dass die Auffahrt für den öffentlichen Verkehr vollständig gesperrt wurde und für uns somit leider tabu ist.
Aber die Assietta-Kammstraße, die von Sestrière ausgehend bis 2566 Meter hoch über den Tälern der Dora Riparia bei Susa im Norden und der Chisone im Süden verläuft, um erst 36 Kilometer später in die ebenfalls von Susa herüberführende

Sehenswürdigkeiten

- **Susa:** Malerische Altstadt mit romanischem Stadttor; Kathedrale S. Giusto aus dem Jahre 1020; Burg mit Stadtmuseum; Augustus-Ehrenbogen aus dem Jahr 8 v. Chr. am Westrand der Altstadt von Susa.
- **Exilles:** Festung aus dem 17. bis 19. Jh.; Pfarrkirche S. Pietro Apostolo aus dem 12. Jh.
- **Oulx:** Kirche Assunta mit Altar aus dem Jahre 1670.

Finestrepassstraße einzumünden, ist ein lohnender Ersatz. Es ist eine der schönsten unbefestigten ehemaligen Militärstraßen der Alpen, die nun zu einer Aussichtsstraße umfunktioniert wurde. Sie bietet eine Vielzahl lohnender Aussichtspunkte, die immer wieder zur Rast einladen und vor allem Mitte Juni bis Mitte Juli, wenn die ungemein reiche Alpenflora in voller Blüte steht, ein wahrer Augenschmaus ist. Die Streckenführung ist zudem nirgends wirklich schwierig und der meist feste, nur hin und wieder etwas steiniger werdende Untergrund gut zu befahren. Dasselbe trifft auch für den 2176 Meter hohen Finestrepass zu, über den ich nach Susa zurückkehre. Dort wird die Maschine dann sofort einer ersten Sichtkontrolle unterzogen: Es sind keine Schäden zu sehen, bis auf eini-ge kleine Lackkratzer am Rahmen – aber die waren vielleicht auch vorher schon da.

Bild gegenüberliegende Seite: Schampus auf den kleinen Sieg – zum Erreichen der Chaberton-Festungsanlagen.

Bild links: Die Festungsanlagen prägen das Fahrerlebnis auf dieser Strecke.

Bild unten: Am Ende der Sommeiller-Piste erfordert das ewige Eis eine gefühlvolle Fahrweise.

Ligurische Alpen – Über die längste Grenzkamm-Höhenstraße der Alpen

Nachdem sowohl ich als auch meine Maschine die Ausflüge über die unbefestigten Bergstraßen in die höchsten Gipfelregionen des Piemont (siehe Tour 18) unbeschadet überstanden haben, habe ich Lust auf mehr bekommen …

Tour 19

Streckenlänge 156,5 km

Ausgangs- und Endpunkt Ventimiglia (16 m)

Anfahrt München – Inning – Landsberg – Memmingen – Lindau – Landquart – Chur – Thusis – Bellinzona – Como – Richtung Genova/Bologna – Mailand – Wegweisung Richtung Genova – Tortona – Ovada – Savona – Ausfahrt Anschlussstelle Ventimiglia – Ventimiglia (762 km)

Anfahrtszeit 8 1/2 Stunden

Mautgebühren
Die Anfahrtsstrecke in Österreich und in der Schweiz beinhaltet vignettenpflichtige Streckenabschnitte.
Bei Verlassen der Bodenseeautobahn A 96 bei der Anschlussstelle Lindau und Benutzung der Bundesstraßen B 190 und 202 zwischen den Grenzübergängen Unterhöchsteg und Höchst auf ca. 16 km Länge entfällt die Vignettenpflicht für Österreich. Die Mautgebühr auf den italienischen Autobahnen zwischen der Anschlussstelle Bellinzona und der Anschlussstelle Susa beträgt für die einfache Strecke ca. 22,10 €.

Passöffnungszeiten
Die Ligurische-Alpen-Grenzkamm-Höhenstraße ist in der Regel ab Mitte Mai bis Mitte Okt. schneefrei. Die alte Tenda-Passstraße ist offiziell vom 15. Mai bis 31. Okt. geöffnet, in der Regel aber ab Ende Mai schneefrei.

›››

Strecke: Ventimiglia (km 0,0) – Pigna (km 18,5) – Colla Langan (km 31,0) – Rifugio Monte Grai (km 43,0) – Passo di Collardente (km 53,5) – Passo Tanarello (km 59,0) – Colle delle Vecchie (km 74,5) – Colle del Lago dei Signori (km 80,5) – Tendapass (km 98,0) – Einmündung N 204 auf der südlichen Tendapassseite (km 106,0) – Tende (km 115,5) – Breil sur Roya (km 130,5) – Ventimiglia (km 156,5)

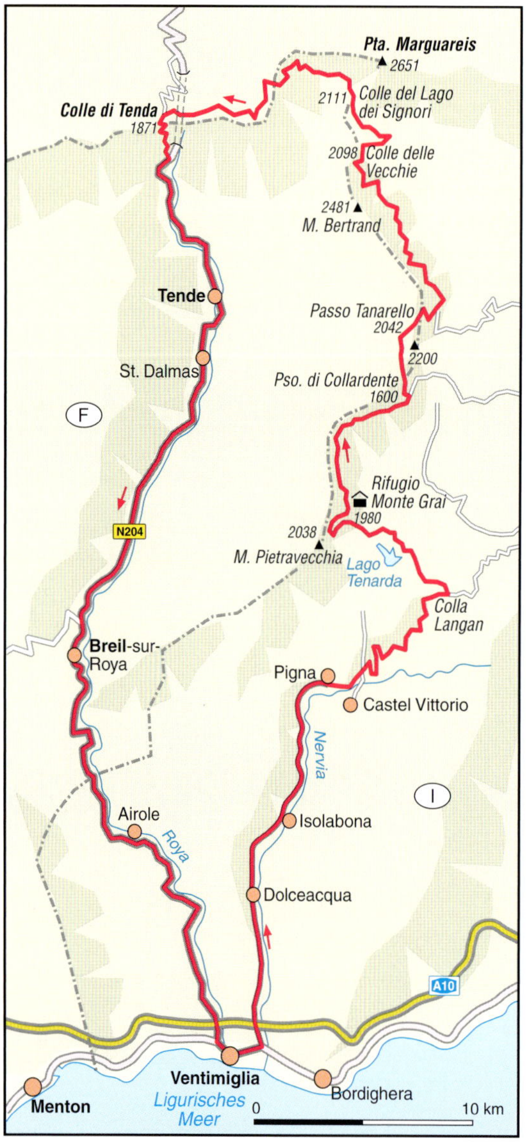

Diesmal ist die Grenzkamm-Höhenstraße in den Ligurischen Alpen mein Ziel, die als längste und abgelegenste Kammstraße des gesamten Alpenraums gilt. Ganz klar, dass man ein solches Unternehmen nicht unvorbereitet angeht, und so habe ich ausführlich Erkundigungen eingezogen. Ich erfahre dabei, dass die Straße in Pigna ihren Ausgangspunkt nimmt, einer kleinen Ortschaft im Hinterland der Riviera dei Fiori, der Blumenriviera, und von Ventimiglia an der Küste etwa 19 Kilometer entfernt liegt. Die Grenzkamm-Höhenstraße endet ziemlich genau 80 Kilometer weiter am Tendapass, der vom italienischen Cúneo in die französische Provence hinüberführt.

Ich kenne den Tendapass bereits: Auf seiner Südseite gilt die alte Passstrecke, unter der der Tunnel der Schnellstraße verläuft, als eine absolute Besonderheit unter den Passstraßen des Alpenraums. Die 48 Kehren, mit denen sie auf nur 8 Kilometern Länge einen Höhenunterschied von etwa 650 Metern überwindet, sind so kunstvoll übereinander gelegt, dass nicht nur ihre Befahrung, sondern auch ihre Betrachtung ein absoluter Genuss ist.

Ich freue mich bereits darauf, diese ebenfalls unbefestigte Kehrenstrecke wieder einmal unter meine Reifen zu bekommen, muss dazu aber erst einmal dort hinüber gelangen. Davon trennen mich noch 20 Kilometer Asphalt am Beginn der Strecke und weitere 60 Kilometer Erdstraße, deren Zustand verschiedenen Berichten zufolge von sehr gut bis sehr schlecht reicht.

Klarer sind dagegen die Erkenntnisse über die topographischen Verhältnisse: Die zweite Hälfte der Strecke verläuft fast nur in Höhen um 2000 Meter, der höchste erreichte Punkt liegt auf 2111 Meter Höhe am Colle del Lago dei Signori. Insgesamt sind etwa 2500 Höhenmeter zu überwinden, wobei die Höchststeigung von 15 Prozent nur auf einer kurzen Strecke erreicht wird. Auch ausgesetzte oder unwegsame Abschnitte gibt es nicht, womit die Wegführung eher als ungefährlich anzusehen ist. Der Haken an der Sache ist allerdings, dass man auf dieser Tour über lange Strecken auf sich alleine gestellt ist und Punkte, an denen man in geschützte Talschaften abfahren könnte, selten sind. Im Falle einer Panne oder eines Unfalles könnte es somit einige Zeit dauern, bis Hilfe kommt.

Von der Küste ins gebirgige Hinterland

Mit etwas gemischten Gefühlen stehe ich also in Ventimiglia an der Tankstelle, wo ich den Tank randvoll mache, denn es wäre wirklich zu dumm, gerade auf dieser Strecke wegen Spritmangel liegen zu bleiben. Ganz oben im Tankrucksack liegen zudem zwei Karten des Istituto Geografico Centrale, auf denen die Strecke im Maßstab 1:50.000 verzeichnet ist und die ich mir sicherheitshalber geleistet habe, um mich nur ja nicht zu verfahren. Aber noch ist die Streckenführung kein Problem. Im Ort halte ich mich erst an die Beschilderung »San Remo« und folge dann nach der Eisenbahnbrücke der ersten Abzweigung links nach Pigna. Mit Dolceaqua und Isolabona durchfahre ich hübsche Fremdenverkehrsorte, und auch Pigna präsentiert sich recht pittoresk und besuchenswert.

Nachdem Hinweise auf mein eigentliches Ziel hier nicht zu finden sind, fahre ich das Nérviatal noch etwas einwärts, treffe bald auf den Abzweiger »Molini di Triora/Buggio/Colla Langan« und wenig später auf die nach Colla Melosa und Molini di Triora abzweigende Straße. Über vier Kehren gilt es aufzupassen und der links zum Colla Melosa abzweigenden Straße zu folgen, wo etwa 7 Kilometer später eine kleine Bar am Straßenrand auftaucht und das Abenteuer erst richtig beginnt. Da man ein Abenteuer allerdings nicht mit einem

Der Tendapass mit seinen zahllosen Kehren und den unbefestigten Straßenpassagen ist auch heute noch eine Herausforderung.

>>>

Straßenverhältnisse

Die Ligurische-Alpen-Grenzkamm-Höhenstraße zwischen Colla Melosa und dem Tendapass ist auf ca. 55 km Länge eine sehr steinige, teilweise mit grobem losem Schotter bedeckte Erdstraße.

Die Tenda-Passstraße ist feste Erdstraße, nur in den Kehren etwas ausgewaschen, mit kleineren Schlaglöchern. >>>

Hinweise zum Auffinden der Passstraßen
Von Pigna durch den Ort taleinwärts fahren, dann der Abzweigung »Molini di Triora/Buggio/Colla Langan« und wenig später der nach Colla Melosa/Molini di Trioria führenden Straße folgen. Die Ligurische-Alpen-Grenzkamm-Höhenstraße mündet auf der Passhöhe der Tenda-Passstraße ein.

Servicestellen
Ventimiglia: Honda und Yamaha Filli Labriola, Corso Genova 13, 18039 Ventimiglia
Imperia: Honda M. & A., Via Tommaso Schiva 52-54-57, 18100 Imperia

Karte
Ligurische-Alpen-Grenzkamm-Höhenstraße: Istituto Geografico Centrale, Torino, 1:50.000, Blatt 14 und 8
Tenda-Passstraße: Carte Topografique 1:100.000, Blatt 61; Euro Cart Regionalkarte 1:300.000, RV-Verlag, Italien, Blatt Piemont/Aostatal

hungrigen Magen beginnen soll, beschließe ich mich in der Bar noch zu stärken und entdecke auf der kleinen, aber feinen Speisekarte die Spezialität der Region, die Barbagiunai. Es ist eine Mischung aus Kürbis, Frischkäse, Pecorino und Eiern, die in Teigtaschen gefüllt großen Ravioli ähnelt und frittiert serviert wird. Normalerweise wird dazu ein Vermentino getrunken, ein einfacher aber lebhafter Wein, der ebenfalls in dieser Region angebaut wird und von Kennern als erfrischend, spritzig und heiter beschrieben, vor allem seiner Vielseitigkeit wegen geschätzt wird. Ich begnüge mich aber lieber mit einem Aqua minerale naturale und gehe so mit klarem Kopf das vor mir liegende Unbekannte an.

Über Passo di Collardente und Passo Tanarello

Etwa 200 Meter weiter geht das bisher gute Asphaltband in eine steinige Erdstraße über und windet sich am Rifugio Monte Grai hinein in die Berglandschaft. Prompt verfahre ich mich, halte mich an einer Abzweigung an die Ausschilderung »Triora/Monesi«, erkenne beim Rifugio Generale Domingo Fornara meinen Irrtum und muss etwa 1,5 Kilometer zurück. Jetzt sehe ich auch das unscheinbare Hinweisschild zum Passo di Collardente und habe diesen nach kurzer Fahrzeit erreicht.

Sehenswürdigkeiten

- **Ventimiglia:** Kathedrale S. Maria Assunta aus dem 11. Jh.; Via Garibaldi mit alten Palazzi; Kastell d'Apio; Ruinen der römischen Stadt Albintimilium am östlichen Stadtrand.
- **Dolceaqua:** Museo del Tradizioni Locali mit Audivisionsshow zur Geschichte des Ortes in der Via Doria.
- **Pigna:** Kirche S. Michele aus dem 13./14. Jh.

Es ist eine steinige, grobschottrige Trasse, die eher einem Fahrweg gleicht und einmal, zum Glück nur kurz, bei 15 Prozent Steigung meinen Hinterreifen zum Durchdrehen bringt. Ich mühe mich über diese Stelle hoch zum Passo Tanarello, von dem es nun wieder etwas besser zu einer Straßenteilung abwärts rollt.

Zum Colle del Lago dei Signori

Ich wähle den links verlaufenden Weg, und nicht nur der Untergrund wird besser, auch die Streckenführung wird einfacher. Steinig genug ist die Trasse aber immer noch, um keine größeren Geschwindigkeiten zuzulassen. Aber nun folgt zwischen Lärchenwald und Almmatten der landschaftlich vielleicht reizvollste Streckenteil, der erst am Fuße der Cima di Pertega endet. In einer wieder felsiger und eintöniger werdenden Umgebung erreiche ich mit dem Colle del Lago dei Signori den höchsten Punkt und habe ziemlich genau drei Viertel der Strecke zurückgelegt.

Den Tendapass hinab

Grober loser Schotter behindert meinen Vorwärtsdrang wieder, aber dann liegen die Skihänge über dem Tendapass vor mir. Die Trasse fällt, an der Bergstation eines Schlepp- und Sesselliftes und einem verfallenen Fort vorbei, zu einem großen Parkplatz etwa 1 km unterhalb des Tendapasses ab. Das Abenteuer ist glücklich überstanden, und gelöst gehe ich die Kehrenstrecke hinunter über die Südseite des Tendapasses an. Sie endet etwa 200 Meter von der südlichen Tunneleinfahrt entfernt mit der Einmündung in die Nationalstraße 204 im Royatal, welcher ich nun taleinwärts folge. Nach knapp 50 Kilometern Fahrt komme ich wohlbehalten wieder in Ventimiglia an.

Bild gegenüberliegende Seite: Die Ligurische-Alpen-Grenzkamm-Höhenstraße stellt hohe Anforderungen an Mann und Maschine.

Bild oben: Exaktes Kartenwerk ist eine Grundvoraussetzung für die Befahrung der Höhenstraße mit ihren zahllosen Abzweigungen.

Der Ort Montalto an der Ligurischen Grenzkammhöhenstraße wirkt wie eine trutzige Burganlage.

Toskana – Von der florentinischen Kunst zum Carrara-Marmor

Von der Poebene durch die Bergkette des Tosco-Emilianischen Apennin getrennt, breitet sich entlang des Tyrrhenischen Meeres eine der schönsten und bekanntesten Landschaften Italiens aus, die Toskana. Alleine schon der Name weckt Urlaubsstimmung und lässt an sanfte Hügellandschaften und breite Sandstrände denken, die sich entlang der Küste mit steilen Felsabschnitten, winzigen Badebuchten und ausgedehnten Pinienwäldern abwechseln.

Tour 20

Streckenlänge 346,5 km

Ausgangs- und Endpunkt Florenz (178 m)

Anfahrt München – Garmisch-Partenkirchen – Mittenwald – Innsbruck – Brenner – Sterzing – Brixen – Bozen – Trient – Verona – Mantua – Modena – Autobahnausfahrt Anschlussstelle Bologna B. Panginal – Bologna – Pianoro – Pso. di Raticosa – San Piero a. Sieve – Florenz (652 km)

Anfahrtszeit 7 3/4 Stunden >>>

Strecke: Florenz (km 0,0) – Grássina (km 2,0) – Strada in Chianti (km 10,0) – Castellina in Chianti (km 41,0) – Radda in Chianti (km 53,0) – Castelnuovo Berardenga (km 81,0) – Siena (km 90,5) – Colle di Val d'Elsa (km 114,0) – Le Grazie (km 117,5) – San Gimignano (km 132,5) – Volterra (km 148,5) – Orciano Pisano (km 216,0) – Valtriano (km 232,5) – Pisa (km 247,0) – Lucca (km 269,0) – Viaréggio (km 293,0) – Forte dei Marmi (km 307,0) – Marina di Massa (km 313,5) – Carrara (km 326,5) – Rifugio Carrara (km 346,5)

Im Landesinneren breiten sich dagegen weite, wellige, bis an den Horizont reichende Hügelketten aus, die von Weinbergen überzogen sind. Dazwischen liegen verstreut malerische kleine Ortschaften, Villen und Bauernhäuser, die mit Straßen verbunden sind, welche von langen Zeilen hochstämmiger Zypressen gesäumt werden.

Ich möchte den zentralen Teil der Toskana kennen lernen, mit ihren schönsten Landschaftsbildern und den bekanntesten Städten von Florenz über Siena, San Gimignano, Volterra und Pisa bis hinauf nach Carrara zu Füßen der Apuanischen Berge mit ihren weltberühmten Marmorbrüchen, an der Ligurischen Küste.

Als Ausgangspunkt für diese Tour wähle ich, wie könnte es auch anders sein, die Kulturmetropole Florenz, am Ufer des Arno gelegen, die 59 vor Christus von Caesar als Veteranenkolonie gegründet wurde, aber schon damals bald den Namen Fiorentina, die Blühende, bekam. Auf meiner Anfahrtsstrecke habe ich übrigens die Autostrada del Sole bei Bologna verlassen und dort die etwas östlich der Autobahn verlaufende alte Straße über den Raticosa- und Futapass gewählt, die auf den Karten mit der Nummer 65 eingezeichnet ist. Sie stellt einen der schönsten Durchstiche von der Emiglia Romagna in die Toskana dar, der den zeitlichen Mehraufwand bei Weitem wieder wett macht.

In die Chianti-Berge

Florenz verlasse ich früh am Morgen, was sich als Fehler herausstellt, die Ein- und Ausfallstraßen sind durch den morgendlichen Berufsverkehr total überlastet. Hätte ich besser noch eine Stunde geschlafen, denke ich mir, als ich im Stop-and-Go-Verkehr den Arno so lange flussaufwärts

ruckle, bis ich auf die blauen Hinweisschilder mit der Aufschrift »Greve-Siena« stoße, von den Hinweisschildern mit der Aufschrift »Siena« alleine weiß ich, dass sie auf die Via Cassia führen, eine Superstrada, über die der ganze Schwerlastverkehr donnert. Als ich die Autobahn bei der Anschlussstelle Firenze Süd unterfahre, stelle ich fest, dass ich die Anfahrt einfacher hätte haben können, bin aber über die Hinweisschilder der A 222 froh.

Ich habe die Chiantigiana und damit die schönste der hier nach Süden in die Chianti-Berge verlaufenden Straßen gefunden. Schon bald lässt der Verkehr nach, kultiviertes Bauernland breitet sich aus, breitkrempige Pinien säumen den Straßenrand, und die Ortsnamen tragen zumeist ein Chianti als Zusatz. Es ist das Anbaugebiet des wohl bekanntesten toskanischen Weines, der als Markenzeichen einen »gallo nero«, einen schwarzen Hahn trägt, worauf zahlreiche Schilder am Straßenrand immer wieder hindeuten.

In Castellina in Chianti biege ich ab auf die N 429 nach Radda in Chianti, um noch etwas länger in dieser hügeligen Landschaft bleiben zu können, verzichte aber darauf, eine der zahlreichen Trattorien aufzusuchen und den fruchtigen, als »rasso« angebotenen Wein zu probieren, denn die Straßen sind auch nüchtern schon kurvig genug.

Siena und Umgebung

Siena, dem »Traum der Gotik«, wie die Dreihügelstadt zwischen dem Arbia- und Elsatal im Herzen der Toskana auch genannt wird, nähere ich mich von Osten. Was ist hervorzuheben an Sehenswürdigkeiten in einer Stadt, die in ihrer Gesamtheit schon einem Kunstwerk gleicht? Nun, der Palazzo Pubblico mit seiner lilienförmigen Spitze des Torre del Mangia, des im 14. Jahrhundert erbauten Rathausturms, und dem zebragestreiften Dom, dessen Marmorfassade über dem Häusermeer zu schweben scheint, vielleicht. Und die Piazza del Campo natürlich, einer der schönsten mittelalterlichen Plätze der Welt, wo man sich auch von den Preisen in den Cafés nicht abschrecken lassen sollte.

Ich fahre weiter Richtung Westen und glau-be hinter Colle di Val d'Elsa eine Luftspiegelung vor mir zu erkennen. Wie die Skyline von Manhattan hebt sich eine Reihe von Türmen aus den grünen

Schlanke Zypressensäulen säumen den Weg nach Pienza in der Toskana.

>>>

Mautgebühren

Die Inntalautobahn A 12 zwischen der Anschlussstelle Zirl Ost und Innsbruck ist vignettenpflichtig. Bei Benutzung der Bundesstraßen B 171 und 174 zwischen Zirl Ost und Innsbruck auf ca. 11 km Länge besteht keine Vignettenpflicht. Die Brennerautobahn ist gebührenpflichtig. Die Gebühr für die einfache Strecke beträgt 8 €. Die Benutzung der Brennerbundesstraße und der Brennerstaatsstraße zwischen Innsbruck und Sterzing ist gebührenfrei.

>>>

>>>

Fortsetzung Mautgebühren
Die Mautgebühr auf den italienischen Autobahnen zwischen der Anschlussstelle Sterzing und der Anschlussstelle Bologna B. Panigal beträgt für die einfache Strecke ca. 18,30 €.

Servicestellen
Bologna: Suzuki M.V.M. Holdings, Via Filippo Antolini 11 /D, 40138 Bologna
Florenz: Suzuki Moto Speed SAS di Faraci A.M. & L., Via Francesco Baracca 148/L, 50127 Firenze
Honda Velomotor 2000, Via Senese 203/R, 50124 Firenze
Harley-Davidson Firenze, Via Baccio de Montelupo 28 – 30, 50142 Firenze >>>

Wiesen der Umgebung hervor. Es sind die so genannten Geschlechtertürme von San Gimignano, klotzige, rechteckige Steinkuben, die von einst verfeindeten Adelsfamilien als Wehr- oder Wohntürme errichtet wurden. »Manhattan« der Toskana wird der Ort deshalb auch scherzhaft genannt, wenngleich er sich mit seinem amerikanischen Pendant freilich nicht messen kann. Von den ehemals über 70 Türmen stehen nur noch 13, und keiner ist höher als der 54 Meter aufragende Torre del Comune, der Gemeindeturm. Ich lasse mir den Umweg in die Stadt mit ihren malerischen Gassen nicht entgehen und fahre dann in einer sich langsam wandelnden Landschaft weiter nach Volterra.

Durch Volterra, Pisa und Lucca

Ebenso wie die Umgebung, ein karges und zerfurchtes Hügelgebiet, vermittelt auch die Stadt Volterra nicht mehr das Bild einer lieblich milden Toskana, und auch die engen, eher schmucklosen Gassen mit den aus dunklen Steinen errichteten Häusern mögen zu diesem Gesamteindruck beitragen. Auffallend sind vor allem die zahlreichen Geschäfte, in denen Schmuck aus Alabaster angeboten wird, einem weißgelblichen bis rötlichen mineralischen Gips, der hier in unterirdischen Gruben abgebaut wird und, obwohl weicher und feinkörniger, doch dem Marmor ähnelt, den ich bei Carrara anzusehen gedenke. Vorher komme ich aber nach längerer Fahrt durch eine eher reizlose Landschaft in Küstennähe, wo das grobkörnige Asphaltband der gewundenen Straße noch das Aufregendste ist, nach Pisa. Unvermeidlich ist dann der Gang zum Schiefen Turm an der nordwestlichen Ecke des alten Stadtkerns, der Piazza dei Miracoli, dem Platz der Wunder, gelegen. Der praktische Nutzen, den ein

Sehenswürdigkeiten

- **Florenz:** Dom S. Maria del Fiore (offen Mo. bis Fr. 9.30 – 17.30 Uhr, Sa. 8.30 – 17 Uhr, So. 13 – 17 Uhr); Museo dell'Opera del Duomo (offen täglich 13.30 – 18 Uhr, So. 9 – 13 Uhr); Piazza della Signoria mit Palazzo Vecchio und Neptunbrunnen, Uffizien (offen Di. bis Fr. 8.30 – 21 Uhr, Sa. 8.30 – 24 Uhr; So. 8.30 – 20 Uhr); Ponte Vecchio, Palazzo Pitti (offen Di. bis So. 9 – 14 Uhr); Boboli-Garten mit Porzellanmuseum in der Palazzina del Cavaliere.
- **Siena:** Piazza del Campo, wo am 2. Juli und vor allem am 16. Aug. das wohl berühmteste Pferderennen der Welt stattfindet, das »Palio«; Palazzo Pubblico mit Museum zur Stadtgeschichte; Dom an der Piazza del Duomo mit Museo dell'Opera Metropolitana und Pinacoteca Nazionale.
- **San Gimignano:** Piazza della Cisterna mit großem Brunnen aus dem Jahre 1273, Piazza del Duomo mit der Kirche S. Maria Assunta; Museum für religiöse Kunst mit kleinem Etruskermuseum am Domplatz; der höchste Turm von San Gimignano »Torre Grossa« in der Via S. Matteo.
- **Pisa:** »Campo dei Miracoli« – »Feld der Wunder« mit Dom; Schiefer Turm; Baptisterium und Camposanto; Via S. Maria mit Wohnhaus von Galileo Galilei; Piazza dei Cavalieri mit Kirche S. Stefano dei Cavalieri und Palazzo dei Cavalieri in der Altstadt; Einkaufsstraße Borgo Stretto an der Piazza Garibaldi; Nationalmuseum im Benediktinerkloster S. Matteo.
- **Lucca:** Mittelalterliche Stadtmauer; Piazza Napoleone; Dom S. Martina mit Domschatz im Museo della Cattedrale; Puccini-Haus nahe der Kirche S. Michele in Foro.
- **Carrara:** Romanisch-gotischer Dom aus dem 11. bis 14. Jh.; Palazzo Cybo Malaspina aus dem 16. bis 18. Jh. in der Stadtmitte; Museo Civico del Marmo, »Marmormuseum« etwas südwestlich außerhalb der Stadt mit Information zur Marmorgewinnung von der Antike bis zur Gegenwart.

solches Gebäude haben kann, zeigte Galileo Galilei, der hier seine Fallgesetze erprobte.
Etwas landeinwärts besuche ich noch Lucca, das sich mit starken Mauern vom Besucherstrom abzuschirmen versucht. Doch vergeblich, auch wenn das Wahrzeichen der Stadt, der inzwischen verfallene gotische Turm des Palazzo Guingi, nicht mit dem von Pisa mithalten kann. Puccini und Boccherini sind die bekanntesten Söhne dieser Stadt, aber aus den Musikanlagen an den Cafés der Piazza Napoleone dringt kein Geigenspiel mehr, sondern Popmusik modernster Prägung.

Zu den Marmorbrüchen von Carrara

Der entkomme ich auch auf meiner Weiterfahrt durch die lebendigen Badeorte entlang der Küste nicht, und erst in Carrara, etwas abseits der Küste, wird es ruhiger.
Dort ist meine Tour aber noch nicht ganz zu Ende: Zum Abschluss fahre ich noch die gut 20 Kilometer lange Bergstraße zum Rifugio Carrara hinauf, mitten hinein in die weltbekannten Marmorsteinbrüche, um so den ganzen Kontrastreichtum der Toskana ausgekostet zu haben.

>>>

Pisa: Suzuki Bracaoni Carlo, Via Lucchese 81 S.S. del Brennero, 56126 Pisa
Honda Motomania di P. Campani, Via Vecchia Lucchese 62/A, 56100 Pisa
Lucca: Expo Moto di Giovacchini Mario Luigi, Via Buonamici 174, 55100 S. Anna-Lucca
Siena: Suzuki Pazzi Giancarlo, Strada della Tressa 9, 53100 Siena
Honda Morbidelli Maurizio, Via Toselli 110, 53100 Siena
Livorno: Honda Balzarini Mauro, Via Ginori 27, 57100 Livorno
Harley-Davidson Livorno, Viale Petrarca 26, 57124 Livorno

Karte Euro Cart Regionalkarte 1:300.000, RV-Verlag, Italien, Blatt Toskana

Bild gegenüberliegende Seite: Kapelle mitten in der Landschaft bei Pienza.

Bild links: Hier wurden die Rohlinge für so manche Statue geschnitten: Marmorbruch in der Garfagnana.

Gargano – Durch die »Foresta Umbra«

Es gibt sie noch, diese Kleinode an der italienischen Adriaküste, wo dichte Pinienwälder, kristallklares Meer, aus dem bizarre Felsgebilde ragen, intime, malerische Buchten, eine unverbrauchte Natur und eine erholsame Atmosphäre nicht nur eine vollmundige Ankündigung in Prospekten der Fremdenverkehrsämter sind.

Tour 21

Streckenlänge 160,5 km

Ausgangs- und Endpunkt Manfredónia (5 m)

Anfahrt München – Garmisch-Partenkirchen – Mittenwald – Innsbruck – Brenner – Sterzing – Brixen – Bozen – Trient – Verona – Mantua – Modena – Bologna – Rimini – S. Benedetto – Pescara – Termoli – Autobahnausfahrt Anschlussstelle Foggia – Foggia – Manfredónia (1149 km)

Anfahrtszeit 12 Stunden

Mautgebühren
Die Inntalautobahn A 12 zwischen der Anschlussstelle Zirl Ost und Innsbruck ist vignettenpflichtig. Bei Benutzung der Bundesstraßen B 171 und 174 zwischen Zirl Ost und Innsbruck auf ca. 11 km Länge besteht keine Vignettenpflicht. Die Brennerautobahn ist gebührenpflichtig. Die Gebühr für die einfache Strecke beträgt 8 €. Die Benutzung der Brennerbundesstraße und der Brennerstaatsstraße zwischen Innsbruck und Sterzing ist gebührenfrei.
Die Mautgebühr auf den italienischen Autobahnen zwischen der Anschlussstelle Sterzing und der Anschlussstelle Foggia beträgt für die einfache Strecke ca. 44,40 €.

Servicestellen
Bari: Suzuki Auto San Marco, Via Giovanni Gentile 54/6, 70126 Bari Yamaha Bari Motors, Via Quarto 28–29, 70125 Bari >>>

Strecke: Manfredónia (km 0,0) – Mattinata (km 22,0) – Pugnochiuso (km 34,5) – Testa del Gargano (km 48,5) – Vieste (km 59,5) – Spiagga Scialmarino (km 67,0) – Torre Usmai (km 75,0) – Pèschici (km 84,0) – Valazzo (km 92,0) – Vico del Gargano (km 101,0) – Campo Forestale (km 114,5) – Monte San Ángelo (km 144,5) – Manfredónia (km 160,5)

Dazu kommen eine bewegte Geschichte, eine interessante Kultur, verträumte Fischerdörfchen, eine kräftige Küche, guter Wein und über allem ein unvergleichliches Licht, das Meer und Küste überstrahlt.
Die Rede ist vom Gargano, einem mehr als 1000 Meter hohen Kalksteinmassiv, das sich als Halbinsel ins Adriatische Meer vorschiebt und deshalb auch »Sporn des italienischen Stiefels« genannt wird. Nüchtern veranlagte Zeitgenossen sehen das Ganze als einen kompakten Bergrücken mit kargen, felsigen Kuppen, zwischen denen sich rötliche Verwitterungsböden angesammelt haben, die diese Landschaft auch noch in großen Höhen recht fruchtbar machen.

Bekannt ist der Gargano vor allem auch durch die »Foresta Umbra«, den Umbrischen Wald, einem ausgedehnten Mischwald aus Buchen, Eichen, Ahorn, Eschen, Tannen und Pinien, in dem unter anderem auch seltene Pilze wachsen. Er gehört zum letzten Rest jener Wälder, die einst weite Teile Apuliens bedeckten, und stellt alleine schon deshalb im seit der Antike weitgehend abgeholzten Italien eine landschaftliche Besonderheit dar.
Bleibt nun noch, die Halbinsel auf ihre Motorradtauglichkeit zu testen. Dazu eines vorweg: Die kurvenreichen Straßen stellen auch die Anspruchsvollsten mehr als zufrieden, zumal da man, von den Küstenstraßen zur Hauptreisezeit einmal abgesehen, hier fast ungestört unterwegs ist.

Die Küste entlang

In Manfredónia, meinem Ausgangspunkt, ist freilich von den kommenden landschaftlichen Sehenswürdigkeiten noch nichts zu sehen. Über ein ödes Stück Küste bin ich von der Autobahnausfahrt bei Foggia hierher abgebogen und blicke vom Hafen erst einmal hinauf zum Kastell, das von König Manfred, dem illegitimen Sohn des Stauferkaisers Friedrich II. im 13. Jahrhundert errichtet wurde.
Dann verlasse ich die Stadt auf der anfangs recht geradlinig im Landesinneren verlaufenden Straße,

die aber mit dem Näherrücken vom Mattinata immer kurviger wird. Ich folge der Küstenstraße, die plötzlich steil abwärts zu den kleinen Dörfern direkt am Meer führt und dazwischen immer wieder den Blick auf die von türkis bis dunkelblau gefärbte Meeresoberfläche freigibt. Vieste, die Touristenhochburg des Gargano, kündigt sich mit langen Sandstränden und einer gut 3 Kilometer langen, schnurgeraden Uferpromenade an, die nach dem bisherigen Kurvengeschlängel eine willkommene Abwechslung darstellt.

In Vieste halte ich mich nicht lange auf, denn große Sehenswürdigkeiten sind mit Ausnahme der Kathedrale aus dem 14. Jahrhundert und der von Friedrich II. 1240 erbauten Burg, die allerdings nicht zugänglich ist, nicht zu vermelden. So fahre ich an der Küste weiter in Richtung Péschici. Durch Oliven- und Pinienhaine, vorbei an kleinen Feriendörfern und Campingplätzen, erkenne ich einige alte Wehrtürme, aber mehr noch beeindruckt mich ein sonderbares Holzgestell mit weit hinausragenden angelrutenähnlichen Stangen auf einem kleinen Felssporn. Es ist ein »trabucco«, über welches mit Seilwinden ein Netz aus dem Meer aufgezogen wird. Malerisch auf einer Felsklippe gelegen erinnert die Lage der Ortschaft Pèschici fast ein bisschen an Bonifacio auf Korsika (siehe Tour 34). Fast hätte ich darüber die Hinweisschilder mit der Aufschrift »Foresta Umbra« übersehen, die mir bisher auf der ganzen Halbinsel begegnet sind. Auf der Richtung Rodi Gargánico führenden Küstenstraße treffe ich sie aber bald wieder an und biege ins Landesinnere ab.

Abendstimmung im Hafen von Rodi Gargano.

>>>

Brindisi: Yamaha Zuccaro Rosanna, Via Appia 95/97, 72100 Brindisi

Foggia: Yamaha Store, Viale Ofanto 345, 71100 Foggia

Lecce: Yamaha Eredi di Tondo, Via Taranto 37/56 D, 73100 Lecce Harley-Davidson Lecce, Viale Lo Re 19-21-23, 73100 Lecce

Karte Euro Cart Regionalkarte 1:300.000, RV-Verlag, Italien, Blatt Apulien/Bari

Nach den vielen Kurven ist endlich Zeit für eine Pause – hier an einem Wehrturm nahe Vieste.

Vom Meer ins bewaldete Landesinnere

Nun geht es zwischen Olivenhainen, Weinbergen und Kakteen über weit auseinandergezogene Kurven und Kehren höher. Hin und wieder gibt die Straße den Blick zurück auf Pèschici oder das Meer frei, das sich nun schon weit unter mir ausbreitet.

Die Altstadtkulisse von Vico del Gargano taucht auf, an einem Kreisverkehr bringe ich auf der scharf links in Richtung Foresta Umbra und Monte San Angelo abzweigenden Straße fast meine Fußrasten zum Aufsetzen und folge dann der recht sanft aus dem Ort hinaus ansteigenden Straße.

Noch zeigt sich der berühmte Umbrische Wald nur als lang gestreckte grüne Hügelkuppen vor mir, denen ich mich auf der weiterhin nur mäßig ansteigenden Straße, die hin und wieder sogar in ein leichtes Auf und Ab übergeht, aber rasch nähere. Schon sind die ersten Picknick-Arenen neben der Straße sichtbar, und dann tauche ich ein in einen immer dichter und schattiger werdenden Wald.

Sehenswürdigkeiten

- **Manfredónia:** Kastell aus dem 13. Jh. mit archäologischem Museum (offen Di. bis So. 9 – 13 und 15 – 17 Uhr).
- **Vieste:** Kathedrale aus dem 11. Jh.
- **Pèschici:** Malerische Alstadt auf einem kleinen Felssporn über dem Meer.
- **Vico del Gargano:** Historisches Stadtviertel »Terra« mit altem Stadtmuseum; Palazzo Bella; Burg aus dem 14. Jh.
- **Monte San Ángelo:** Grotte des Erzengels Michael (offen Ostern bis September täglich 7.30 – 19 Uhr, Oktober bis Ostern täglich 7.30 – 12.30 und 14.30 bis 17 Uhr); weiterhin sehenswert: die Kirchenruine San Pietro mit ihrem achteckigen Glockenturm aus dem 12. Jh.

Durch den Umbrischen Wald

Es ist ein ruhiges, entspanntes Fahren auf guter Straße in dieser unberührten Naturlandschaft, fast schon ein Dahingleiten, trotz der vielen Kurven, die sich in gemächlicher Steigung von etwa sieben Prozent nach oben schlängeln. Und erstaunlich wenig Verkehr herrscht hier, selbst in der Hochsaison – in der Nebensaison kann es sogar vorkommen, dass man fast alleine unterwegs ist.

Dann geht es plötzlich wieder abwärts: Fast unbemerkt habe ich den höchsten Punkt der Straße erreicht. Ich wende kurz und erkenne im etwas lichteren Wald eine kleine Holzhütte mit einem Imbissstand. Ich nehme das Angebot zu einer kleinen Stärkung gerne an und setze mich zur Rast auf eine Holzbank unter hochstämmigem Nadelwald. Es ist ein ruhiger, fast idyllischer Picknickplatz, wie ich ihn schon lange nicht mehr gefunden habe, was man von meinem nächsten Haltepunkt nicht unbedingt behaupten kann.

Monte San Ángelo ist ein bekanntes Pilgerzentrum, das seine Entstehung dem Erzengel Michael verdankt, der hier in einer Grotte erschienen sein soll, in der bereits die Kreuzritter um Beistand auf ihrem Weg ins Heilige Land gebetet haben. Kurvenreich senkt sich die Straße im weiteren Verlauf vom Hügel hinab, und wenig später bin ich wieder an meinem Ausgangspunkt Manfredónia angelangt.

Beschaulich unterwegs auf dem kurvenreichen Weg nach Monte San Ángelo.

Abruzzen – Durch den Abruzzen-Nationalpark

Tour 22

Streckenlänge 475,0 km

Ausgangs- und Endpunkt
L'Aquila (728 m) Pescara (10 m)

Anfahrt München – Garmisch-Partenkirchen – Mittenwald – Innsbruck – Brenner – Sterzing – Brixen – Bozen – Trient – Verona – Mantua – Modena – Bologna – Rimini – S. Benedetto – Autobahnausfahrt Anschlussstelle L'Aquila Est – L'Aquila (960 km) ›››

Die Abruzzen sind der wildeste und raueste Teil des Apennins, der Italien von der Poebene bis hinunter an die Spitze des Stiefels gleichsam wie ein felsiges Rückgrat durchzieht. Wölfe und Bären soll es dort noch geben und einsame, kurvenreiche Straßen, die zu alten Bergdörfern führen, in die sich nur hin und wieder ein Reisender verirrt und wo sich das alte Brauchtum noch erhalten haben soll.

Strecke: L'Aquila (km 0,0) – San Vittorino (km 5,5) – Arischia (km 8,5) – Capanellepass (km 21,0) – Campotosto (km 43,0) – Póggio Cancelli (km 49,0) – Capanellepass (km 69,0) – Fonte Cerreto (km 89,5) – Albergo Imperatore (km 134,0) – San Stéfano di Sessanio (km 170,5) – Pópoli (km 184,5) – Confinio (km 192,5) – Raiano (km 197,0) – Collarmele (km 229,0) – Pescina (km 236,0) – Gióia Vécchio (km 258,5) – Pescasséroli (km 261,5) – Villetta Barrea (km 286,5) – Scanno (km 316,0) – Anversa degli Abruzzi (km 329,5) – Sulmano (km 345,0) – Pópoli (km 365,5) – Scafa (km 385,0) – Abstecher Maielletta (km 413,0) – Scafa (km 441,0) – Pescara (km 475,0)

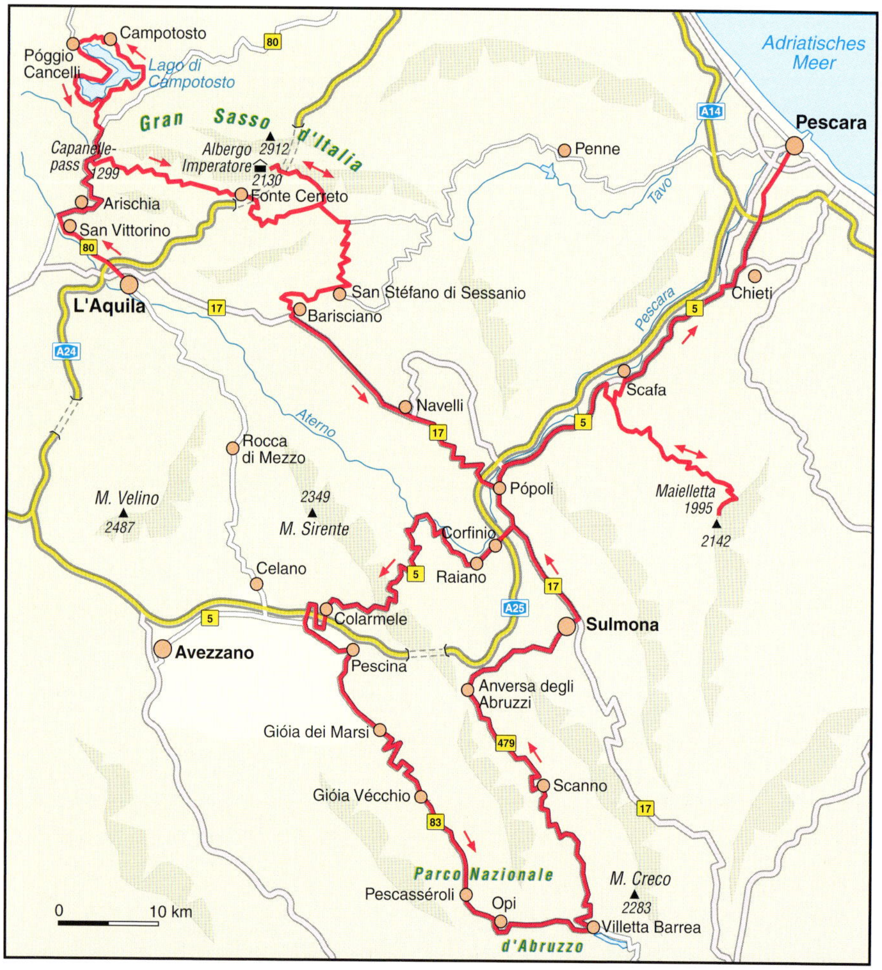

Als ich auf der Karte sehe, dass sich dies alles noch dazu in unmittelbarer Adrianähe befindet, steht mein Entschluss fest, das Gebirge mit dem Motorrad aufzusuchen. Allerdings wird mein Tatendrang etwas eingebremst, als ich feststellen muss, dass der höchste Berg der Abruzzen, der Corno Grande im Gran-Sasso-Massiv immerhin 2912 Meter hoch ist und die Straße dort hinauf zum Albergo Imperatore erst in respektablen 2130 Metern Höhe endet. Schließlich habe ich keine Lust, im italienischen Süden eingeschneit zu werden, und so warte ich sicherheitshalber doch bis Mitte Mai ab, denn dann sollte auch der letzte Schnee dort oben in jedem Fall geschmolzen sein.

Von L'Aquila zum Lago di Campotosto

Ich wähle die Provinzhauptstadt L'Aquila, verkehrsgünstig am Südfuß des Gran Sasso gelegen, zum Ausgangspunkt meiner Exkursion. Kaiser Friedrich II. gründete den Ort schon im 13. Jahrhundert und gab ihm den Königsadler zum Wappen. Der Städtename selbst geht allerdings nicht auf das Wappentier (ital. »aquila«) zurück, sondern leitet sich von Accula oder Aquile ab, womit man in Italien eine wasserreiche Gegend bezeichnet. Wasser scheint es hier wirklich genug zu geben, denke ich beim Betrachten der »Fontana

delle 99 Cannelle«, dem »Brunnen der 99 Röhren«, wo aus 99 Masken unaufhörlich das ansonsten in Italien durchaus kostbare Nass sprudelt – eine Anspielung auf die Gründungslegende der Stadt, welche aus 99 Stadtvierteln, 99 Burgen sowie ebenso vielen Kirchen und Brunnen entstanden sein soll.

Ich verlasse L'Aquila in nordwestlicher Richtung auf der Staatsstraße 80, der Beschilderung »Teramo« folgend. Ich möchte zwar schnellstmöglich zum Gran Sasso, vorher aber noch einen Abstecher zum Lago di Campotosto unternehmen, einem fast 15 Quadratkilometer großen Stausee nördlich der Stadt, der eingebettet in eine natürliche Berglandschaft noch weitgehend unberührt geblieben sein soll, um mir einen ersten Eindruck von der Region zu verschaffen. Und der ist auch gleich positiv: Schon bei der Anfahrt zum See bin ich von den guten Straßen überrascht, die ich hier eigentlich nicht erwartet hätte. Guter Belag, viele und schön geschwungene Kehren, die nirgends unangenehme Überraschungen bieten, und relativ wenig Verkehr.

Der See selbst liegt außerhalb der Hauptreisezeit fast völlig einsam in einer ländlichen Umgebung, die hauptsächlich von Viehbauern und Schäfern genutzt wird. Es fällt schwer, sich dem kargen Charme der Landschaft zu entziehen, und das Fahren auf den kleinen, kurvigen, aber guten Straße macht einfach Spaß. Einzig in der Ortschaft Campotosto hat der Fremdenverkehr etwas Einzug gehalten, ansonsten treffe ich nur hin und wieder auf einen Kiosk an einem Aussichtspunkt oder kleine Stände am Straßenrand, wo frischer Käse verkauft wird. Viel zu schnell habe ich den See umrundet, fahre zum Capanellepass zurück und biege dort ins Tal der Acqua di San Franco Richtung Fonte Cerreto ins Gran-Sasso-Massiv ab. Der Corno Grande, mit 2912 Metern der höchste Berg der Abruzzen, ist mein nächstes Ziel.

Ins Gran-Sasso-Massiv

Langsam gibt die Straße den Blick auf die weiträumige Abruzzenlandschaft frei. Zahllose Hügel dehnen sich vor mir aus, und ebenso zahllos sind die Kurven, die diese Hügellandschaft in weiten

Fernab aller Touristenströme durchzieht ein Netz einsamer Straßen das Herz der Abruzzen.

›››

Anfahrtszeit 10 Stunden

Mautgebühren
Die Inntalautobahn A 12 zwischen der Anschlussstelle Zirl Ost und Innsbruck ist vignettenpflichtig. Bei Benutzung der Bundesstraßen B 171 und 174 zwischen Zirl Ost und Innsbruck auf ca. 11 km Länge besteht keine Vignettenpflicht.
Die Brennerautobahn ist gebührenpflichtig. Die Gebühr für die einfache Strecke beträgt 8 €.
Die Benutzung der Brennerbundesstraße und der Brennerstaatsstraße zwischen Innsbruck und Sterzing ist gebührenfrei.

›››

>>>

Fortsetzung Mautgebühren
Die Mautgebühr auf den italienischen Autobahnen zwischen der Anschlussstelle Sterzing und der Anschlussstelle L'Aquila beträgt für die einfache Strecke ca. 35,80 €.

Passöffnungszeiten
Die Passstraßen sind ganzjährig befahrbar. Im Winter ist jedoch auch mit tagelangen Schneesperren zu rechnen.

Servicestellen
L'Aquila: Suzuki Valdo Moto, Via Patini 5, 67039 Sulmona
Honda Rossi Antonio, Corso Fredrico II. 48/50, 67100 L'Aquila
Pescara: Suzuki Valdo Moto, Via Milite Ignoto 8/10, 65100 Pescara
Honda G.P. Motors SRL, Viale Bovio 41, 65124 Pescara

Karte Euro Cart Regionalkarte 1:300.000, RV-Verlag, Italien, Blatt Apulien/Molise

Schleifen durchziehen. Campo Imperatore wird diese eher karge Gegend genannt, zu Ehren des Stauferkaisers Friedrich II., der hier im 12. Jahrhundert regierte.
Der Ausschilderung »Albergo Campo Imperatore« folgend fahre ich durch ein Hochtal, dessen jetzt im Frühjahr grüne Wiesen mit unzähligen Krokussen und Enzianen bedeckt sind. Dann zieht die Straße etwas steiler an, und bald stelle ich meine Maschine am Parkplatz vor dem Albergo ab, der von den letzten dahinschmelzenden Schneeresten noch nass ist. Ein geschichtsträchtiger Ort übrigens hier oben, wurde doch hinter den altertümlichen Betonmauern mit der Seilbahnstation Mussolini gefangen gehalten, bis ihn am 12. September 1943 deutsche Fallschirmjäger in einer kühnen Kommandoaktion befreiten. Über die weiten Hänge der südlichen Berge fahre ich über eine kleine Straße zur Nationalstraße 17 ins Aternotal zurück und wechsle hinüber nach Pescina, dem Eingangstor in den Abruzzen-Nationalpark.

Sehenswürdigkeiten

- **L'Aquila:** Basilica di San Bernardino; Castello aus dem 16. Jh.; Basilici di Santa Maria di Collemaggio aus dem 13. Jh.; Fontana delle 99 Cannelle in der Via San Jacobo an der westl. Stadtmauer nähe des Bahnhofs.
- **Pescina:** Stadtfestung; Kirche San Francesco mit romanischer Fassade; Geburtshaus Giulio Mazzarinos (1602 bis 1671, Nachfolger des Kardinals Richelieu).
- **Scanno:** Sehenswertes Stadtbild mit steilen, engen Gassen; Brunnen in der Hauptstraße aus dem 14. Jh. mit byzantinischen Ornamenten.
- **Pescasséroli:** Sitz der Nationalparkverwaltung; kleiner Zoo; naturkundliches Museum.
- **Pópoli:** Kirche San Francesco an der Piazza Grande mit gotisch, barocker Fassade; »Taverna ducale«, gotisches Bauwerk, mit Wappen und Reliefs verziert.
- **Pescara:** Geburtshaus des Dichters Gabriele d'Annunzio (geb. 1863) in der Via Manthoné; Museum für Fischkunde. Sehenswert ist auch der Bahnhof von Pescara, der wegen seiner Fassade und Ausmaße als »pharaonisches« Werk und architektonische Sensation gilt.

Im Abruzzen-Nationalpark

Ein wenig mulmig ist mir ja schon zu Mute, als ich die Tafel mit der Aufschrift »Benvenuti nel Parco Nazionale d'Abruzzo« bei Gióia Vécchio passiere und hinauf zum Diavolopass fahre. Um die 50 Wölfe sowie ungefähr 100 Braunbären soll es hier schließlich geben, und in einem Führer habe ich gelesen, dass die Schäfer ihre Hunde durch mit Eisendornen besetzte Halsbänder, »vreccali« genannt, vor den Genickbissen dieser Räuber schützen.

Aber alles entpuppt sich dann als halb so schlimm. Ich sehe rings um mich herum nur alte Buchenwälder, die in beruhigendem satten Grün erstrahlen und wenige 100 Meter unterhalb der kahlen, runden Bergkuppen enden.

Im Herbst und im Frühjahr geben verschiedene Ahornarten den Wäldern einen rötlichen Schimmer, und in höheren Lagen sind Schwarzkiefern, Erlen und Bergkiefern zu erkennen. In der näheren Umgebung überziehen Heidelbeersträucher, Bärentraube und Wacholderbüsche die Bergmatten, und auch der Diavolopass hat nichts Diabolisches an sich. Ganz im Gegenteil, die schön geschwungene Straße hinunter nach Pescasséroli, dem Fremdenverkehrszentrum des Parks bietet eine genussvolle Abfahrt.

Zur Maiella

In Villetta Barrea, am Lago di Barrea gelegen, biege ich nach Norden Richtung Scanno ab und verabschiede mich langsam vom Nationalpark über eine schier endlos ansteigende Straße entlang karger Hänge. Durch eine schmale, tief eingeschnittene Schlucht fahre ich abwärts nach Anversa degli Abruzzi, dessen Ortsdurchfahrt aber nochmals enger als die Schlucht ist. Eigentlich möchte ich nun ja schnellstmöglich hinüber nach Pescara an die Adriaküste, aber ich habe noch einen heißen Tipp bekommen: Bei Scafa im Pescaratal führt eine Straße in die Maiellaberge hinauf, ins Skigebiet um die Maiella. Sie endet in 2142 Meter Höhe, nochmas 12 Meter höher als ich am Corno Grande war, und ist somit der höchste anfahrbare Punkt in den Abruzzen.

Bild gegenüberliegende Seite: Eines der Wahrzeichen der Abbruzzen – der Gran Sasso mit dem zugehörigen Nationalpark.

Bild unten: Von wegen schroffe Bergwelt – Ginsterblüte bei Popoli.

Vesuv und Amalfiküste – Vom Vulkan zur schönsten Küstenstraße Italiens

Südlich von Neapel zwischen Sorrento und Salerno erstreckt sich auf etwa 70 Kilometer Länge die zweifellos schönste und spektakulärste Küstenstraße Italiens, eingezwängt zwischen den schroffen Felsen des Lattarigebirges und dem weiten, lichtüberfluteten Tyrrhenischen Meer.

Tour 23

Streckenlänge 142,0 km

Ausgangs- und Endpunkt
Neapel (156 m) Salerno (16 m)

Anfahrt München – Garmisch-Partenkirchen – Mittenwald – Innsbruck – Brenner – Sterzing – Brixen – Bozen – Trient – Verona – Mantua – Modena – Bologna – Florenz – Val di Chiana – Orvieto – Frosinone – Cassino – Neapel (1118 km)

Anfahrtszeit 11 3/4 Stunden

Mautgebühren
Die Inntalautobahn A 12 zwischen der Anschlussstelle Zirl Ost und Innsbruck ist vignettenpflichtig. Bei Benutzung der Bundesstraßen B 171 und 174 zwischen Zirl Ost und Innsbruck besteht keine Vignettenpflicht. Die Brennerautobahn ist gebührenpflichtig. Die Gebühr für die einfache Strecke beträgt 8 €. ›››

Strecke: Neapel (km 0,0) – Ercolano (km 10,0) – Abstecher Vesuv, Parkplatz beim Observatorium (km 24,0) – Ercolano (km 38,0) – Pompeji (km 49,0) – Castellamare (km 55,0) – Sorrento (km 75,0) – S. Agata s. Due Golfi (km 84,0) – Positano (km 100,0) – Amalfi (km 116,0) – Maiori (km 121,5) – Vietri sul Mare (km 137,0) – Salerno (km 142,0)

Eigentlich war ich ja hauptsächlich des Motorradfahrens wegen hier weit hinunter in den »Mezzogiorno« gekommen, wie der Süden Italiens auch genannt wird. Und den Vesuv wollte ich besteigen, mit dem Motorrad natürlich, da ich von der Ausflugsstraße gehört hatte, die von Ercolano/Herculaneum am Fuße des wohl bekanntesten Vulkans der Erde auf etwa 11 Kilometer Länge zum Observatorium etwa 260 Höhenmeter unterhalb des Kraterrandes hochführt. Dass das Motorradfahren dann aufgrund der zu erwartenden Sehenswürdigkeiten in den Hintergrund rücken würde, war allerdings schon vorher klar.

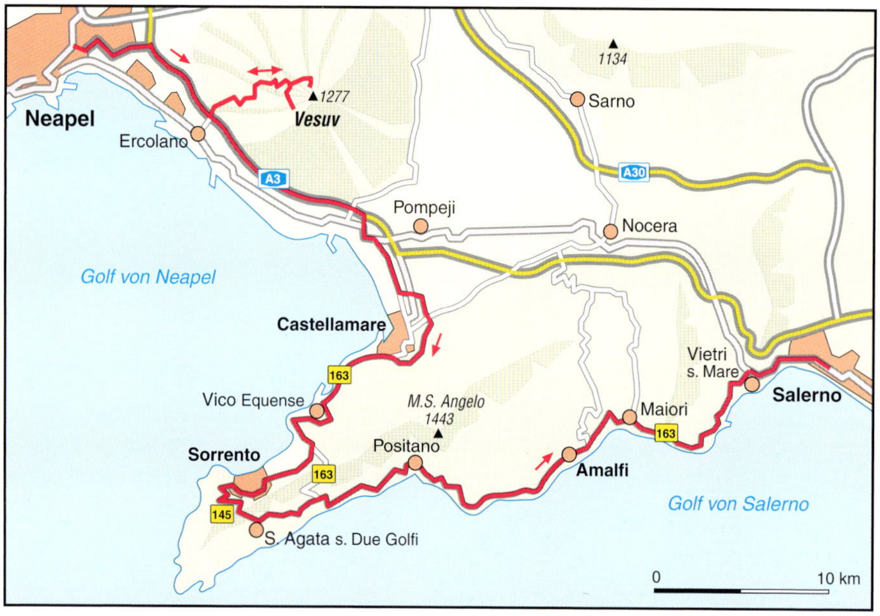

Neapel

Dies begann schon in Neapel, das mit dem Temperament und der Lebensfreude seiner Einwohner süditalienisches Lebensgefühl pur verströmt, was allerdings auch eine liebevolle Umschreibung für das dort teilweise vorherrschende Verkehrschaos sein kann. Irgendwie war es mir dennoch gelungen, mich mitten in der Stoßzeit mit den nur im Stop-and-Go-Verkehr vorankommenden Autos, zwischen denen Motorroller in aberwitzigem Tempo und mit akrobatischem Fahrstil hindurchflitzen, bis zur Piazza Garibaldi am Hauptbahnhof durchzuarbeiten.

Dort bin ich erst einmal froh, meine Maschine parken zu dürfen, atme einige Male tief durch und stürze mich dann zu Fuß ins Markttreiben entlang des Corso Umberto I., wo von geschmuggelten Zigaretten über gefälschte Markenkleidung und Sonnenbrillen bis hin zu wertlosen »Rolex«-Uhren alles angeboten wird. Den Versuchungen tapfer widerstehend gelange ich zur Via Roma, besser bekannt unter ihrem alten Namen Via Toleda. Sie ist Neapels größte Durchgangsstraße und ein einziger bunter Boulevard. Auf dem Rückweg erstehe ich noch ein Trikot des Fußballclubs SSC Neapel, der seine größten Zeiten Mitte bis Ende der 80er Jahre hatte, als Diego Maradona hier spielte, dessen Konterfei in der Stadt aber noch fast so oft anzutreffen ist wie das der Heiligen Mutter Gottes.

Die Strecke entlang der Amalfitana ist gut ausgebaut und führt entlang steiler Felsen. Meist ist sie aber stärker befahren als das Bild vermuten lässt.

Auf den Vesuv

Meine Maschine treffe ich wohlbehalten und vollständig wieder an und mache mich auf den Weg zum Vesuv, der unübersehbar den Hintergrund der Stadt beherrscht. Seine sanft geschwungene Silhouette vermag so gar nicht zu der Gewalt und Zerstörung zu passen, zu der er fähig ist. Ich ziehe die Autobahn der Uferstraße vor, verlasse sie nach 10 Kilometern Fahrt bei der Ausfahrt Ercolano und folge den Hinweisschildern »Osservatorio Vesuviano«. Dann geht es zwischen Olivenhainen und Ansiedlungen teilweise recht steil ansteigend und kurvenreich nach oben, wobei der schlechte Fahrbahnbelag und der vor allem an Wochenenden starke Ausflugsverkehr den Fahrspaß deutlich mindert.

Vom Parkplatz könnte ich in 30 Minuten Fußmarsch zum Kraterrand hochsteigen, aber ich verzichte darauf. Zu unheimlich ist es mir dort oben, auch wenn die Gefahr gering sein dürfte, dass der Vulkan gerade bei meinem Besuch ausbricht. Dass er es allerdings wieder tut, gilt unter Experten als sicher. Immerhin tat er es seit seinem verheerendem Ausbruch im Jahre 79 nach Christus, als er die Städte Pompeji, Herculaneum und Stabiae in Schutt und Asche legte, wobei mehr als 4000 Menschen ihr Leben verloren, noch 18 Mal, zuletzt im Jahre 1944, wo zum Glück nur Sachschäden zu vermelden waren.

Ich erfreue mich auf der Abfahrt lieber an der wunderschönen Aussicht über den Golf von Neapel, aus dem sich bei klarem Wetter deutlich die Inseln Ischia, Prócida und Capri hervorheben. Während sich Ischia mit seinen Thermalquellen vor allem als »Gesundheits-insel« einen Namen gemacht hat, ist es bei Capri die Blaue Grotte, die Grotta Azzurra, die 1826 vom deutschen Dichter August Kopisch und dessen Freund, dem Maler Ernst Fries entdeckt wurde. 22 Meter breit ist die Haupthöhle, der »Duomo Azzurro«, die nur bei ruhiger See mit dem Boot angefahren werden kann und ihre außergewöhnlich schöne Atmosphäre nur bei strahlendem Sonnenschein entfaltet.

›››

Die Benutzung der Brennerbundesstraße und der Brennerstaatsstraße zwischen Innsbruck und Sterzing ist gebührenfrei. Die Mautgebühr auf den italienischen Autobahnen zwischen der Anschlussstelle Sterzing und der Anschlussstelle Neapel beträgt für die einfache Strecke ca. 46 €. ›››

>>>

Straßenverhältnisse
Die Auffahrt zum Vesuv ist teilweise schmal, kurvenreich und vor allem im unteren Teil in schlechtem Zustand, mit Schlaglöchern und Fahrbahnausbesserungen. Um diesen Abschnitt zu umgehen, kann man die etwas längere, aber bessere Straße benutzen, die von der Autobahnausfahrt »Torre d. Grande« nach wenigen Kilometern in die Auffahrtsstrecke einmündet. >>>

Sehenswürdigkeiten

- **Neapel:** Altstadt um die Piazza Garibaldi; Dom mit Basilika Santa Restituta; Kirche San Lorenzo Maggiore; Archäologisches Nationalmuseum (Di. geschlossen); spanisches Viertel mit Viktualienmarkt (Mo. bis Sa. nur vormittags); Fahrt mit der Zugseilbahn von der »Stazione Funiculare Centrale« auf den Vomerohügel in der Via Toledo; Fußgängerzone um die Piazza Plebiscito; Fischerviertel Borgo Marinari am Hafen.
- **Ercolano:** Antike Ausgrabungsstätten Herculaneum (offen Oktober bis Februar täglich 8.30 – 17 Uhr, März bis September täglich 8.30 – 19.30 Uhr, letzter Einlass 90 Min. vor Schließung).
- **Pompeji:** Antike Ausgrabungsstätten (offen Oktober bis Februar täglich 8.30 – 17 Uhr, März bis September täglich 8.30 – 19.30 Uhr, letzter Einlass 1 Std. vor Schließung).
- **Sorrento:** Museo di Terranova (offen Mi. bis Mo. 9 – 14 Uhr mit archäologischen Funden sowie griechischen und römischen Skulpturen); Franziskanerkonvent San Franceso auf der Piazza Gargiula; Piazza Tasso mit Denkmal des Dichters Torquato Tasso (1544 – 95); Dom; Überfahrt nach Capri mit Besuch der Blauen Grotte.
- **Positano:** Markt rund um den Palazzo Murat; alter Fischereihafen; Pfarrkirche Santa Maria Assunta; Strand von Fornillo nahe der Anlegestelle der Tragflügelboote.
- **Praiano:** Etwa 4 Kilometer nach dem Ort die Grotta di Smeralda (täglich 9 – 16 Uhr), vom Parkplatz an der Straße über Treppen und Lift zu erreichen.
- **Amalfi:** Duomo di Sant'Andrea; Museo della Carta (Di. bis Do., Sa., So. 9 – 13 Uhr).
- **Maiori:** Römische Villa (offen täglich ab 9 Uhr bis abends); Basilika Santa Trofimena.
- **Vietri sul Mare:** Keramikwerkstätten und Töpfermuseum.
- **Salerno:** Dom San Matteo; Archäologisches Museum in der Via S. Benedetto (offen Mo. bis Sa. 8.30 bis 19.30 Uhr, So. 9 – 13 Uhr); Minervagarten in der Vicolo Ferrante San Severino (offen So. und Mo. 10 – 13 Uhr, Di., Mi. und Do. 9 – 12 Uhr, Fr. und Sa. 15.30 – 17.30 Uhr); Castello Arechi in der Via Croce (offen Di. bis Sa. ab 9 Uhr bis abends).

In Pompeji und Herculaneum

Auf mich wartet nun die Besichtigung von Herculaneum und Pompeji. Im Gegensatz zu Pompeji, das in Aschenregen und Bimssteinhagel unterging, wurde Herculaneum durch eine Lawine aus Lava und Schlamm zerstört und verschüttet. Es sind hauptsächlich Häuser von Angehörigen der Mittel- und Arbeiterschicht, meist Handwerker und Fischer, die hier wieder freigelegt wurden. Einen halben Tag sollte man schon veranschlagen, wenn man zumindest die schönsten der mit Stuck, Mosaikböden, Wandmalereien, Marmor- und Freskenschmuck verzierten Villen besichtigen möchte.

Etwa vier Stunden nehme ich mir anderentags Zeit für eine Besichtigung Pompejis, das knappe 20 Kilometer Autobahnfahrt von Herculaneum entfernt ist – gerade ausreichend für die Hauptsehenswürdigkeiten: von Apollotempel, Basilica, Jupitertempel und den Terme del Foro über Casa del Fauno, Casa dei Vetti, Villa dei Misteri und das Amphitheater bis zum Orto dei Fuggiaschi, dem »Garten der Fliehenden«, mit den 13 Gipsabdrücken verkohlter Frauen, Männer und Kinder. Leider sieht man es, dass es der Verwaltung von Pompeji finanziell an alle Ecken und Ende fehlt und Teile der antiken Stätte in sehr schlechtem Zustand sind. Etwas bedrückt verlasse ich den Ort und fahre weiter zu meinem Hauptziel, der Amalfitana, auf die ich hinter Sorrento bei Sant'Agata sui Due Golfi treffe.

Die Amalfitana entlang

Rund 70 Kilometer Strecke erwarten mich nun auf einer Straße, die den Felsen und Klippen über dem gleißenden Meer abgerungen wurde. So gewagt und atemberaubend schön wurde die Küstenstraße Positano und Salerno am Tyrrhenischen Meer angelegt, dass sie zu den schönsten Küstenstraßen der Welt zählt. Steilküsten, eindrucksvolle Schluchten, Grotten, Buchten und Nischen mit von den Wellen zu Sand zermahlenem Verwitterungsschutt sowie Städte mit ruhmreicher Vergangenheit begegnen mir auf diesem Weg eingezwängt zwischen Berghängen und Meer.

Aber Vorsicht: Der Fahrspaß ist stark vom Verkehr abhängig, der hier vor allem an schönen Sommerwochenenden teilweise katastrophale Ausmaße annehmen kann. Versuchen Sie auf keinen Fall, mit den einheimischen Bikern zu konkurrieren, die sich mit eingeklappten Rückspiegeln durch die Autokolonnen schmuggeln.

>>>

Die Amalfitana ist knapp zweispurig mit vielen unübersichtlichen Kurven. Wegen des starken Verkehrsaufkommens wird empfohlen, die Fahrt in der Hauptreisezeit nicht an Wochenenden zu unternehmen.

Servicestellen

Rom: Suzuki Celani Team, Via Casilina 1746 M/N, 00133 Roma
Harley-Davidson Roma, Via Silvia Parenta 15/17, 00187 Roma
Harley-Davidson Store, Via Pinciana 57, 00187 Roma

Neapel: Yamaha Prima, Via Orazio 73, 80122 Napoli
Yamaha Rima, Via Arenaccia 73, 80143 Napoli
Harley-Davidson on the Road, Viale U. Maddalena 380, 80144 Napoli

Karte Euro Cart Regionalkarte 1:300.000, RV-Verlag, Italien, Blätter Latium, Rom, Neapel und Apulien, Bari

Bild gegenüberliegende Seite: Wie Adlerhorste kleben die Orte an der Amalfitana im steilen Gestein.

Bild links: Von der Küstenstraße bieten sich immer wieder schöne Ausblicke auf die herrliche Küstenlandschaft, die einen Stop rechtfertigen.

Sizilien – Kunst und Kultur im Schatten des Ätna

Ganz weit unten im Süden, durch eine kleine Meerenge vom Festland getrennt, liegt der vielleicht noch am ursprünglichsten gebliebene Teil Italiens, die von der Sonne verwöhnte Region Sizilien, zu deren Erreichen ich leider einige Unannehmlichkeiten in Kauf nehmen musste.

Tour 24

Streckenlänge 535,0 km

Ausgangs- und Endpunkt
Palermo (16 m)
Messina (15 m)

Anfahrt München – Inning – Landsberg – Memmingen – Lindau – Landquart – Chur – Thusis – Bellinzona – Como – Richtung Genova/Bologna – Mailand – Wegweisung Richtung Genova – Tortona – Genua (647 km)

Anfahrtszeit 6 3/4 Stunden

Mautgebühren
Die Anfahrtsstrecke beinhaltet in Österreich und der Schweiz vignettenpflichtige Streckenabschnitte.
Bei Verlassen der Bodenseeautobahn A 96 bei der Anschlussstelle Lindau und Benutzung der Bundesstraßen B 190 und 202 zwischen den Grenzübergängen Unterhöchsteg und Höchst auf ca. 16 km Länge entfällt die Vignettenpflicht für Österreich.
Die Mautgebühr auf den italienischen Autobahnen zwischen den Anschlussstellen Bellinzona und Genova Ovest beträgt für die einfache Strecke ca. 10,30 €.

Fähre Die Fähren zwischen Genua und Palermo (Sizilien) verkehren ganzjährig, tgl. je nach Saison zwischen 6 und 7 Abfahrten in beide Richtungen. Der Preis für eine Überfahrt beträgt für eine Person und Motorrad ca. 292 €. Überfahrtsdauer ca. 20 Std. >>>

Strecke: Palermo (km 0,0) – Monreale (km 8,0) – Damiani (km 17,0) – San Cipirello (km 32,0) – Camporeale (km 40,5) – Madonna di Grázie (km 65,0) – Partanna (km 81,0) – Selinunte (km 101,0) – Sciacca (km 136,0) – Abzweigung Eraclea Minoa (km 169,0) – Eraclea Minoa (hin und zurück 7,5 km) – Agrigento (km 198,5) – Caltanissetta (km 252,0) – Enna (km 283,0) – Leonforte (km 302,0) – Agira (km 316,0) – Regalbuto (km 330,5) – Paternò (km 362,5) – Misterbianco (km 374,5) – Catánia (km 382,0) – San Agata i Battiati (km 392,0) – Viagrande (km 398,0) – Fleri (km 403,0) – Sarro (km 405,0) – Zufferana Etnea (km 407,5) – Auffahrt zum Ätna bis Parkplatz beim Rifugio Sapienza (km 426,5) – Zafferana Etnea (km 445,5) – Fornazzo (km 451,5) – Linguaglossa (km 467,0) – Taormina (km 486,0) – Messina (km 535,0)

Nach einem Blick auf die Landkarte sowie einigen Berechnungen, die mir die Länge der Strecke von München aus hinunter an die Südspitze des italienischen Festlandes vor Augen führten, hatte ich mich entschlossen, bequem mit der Nachtfähre von Genua aus nach Palermo überzusetzen und mir die lange Motorradfahrt durch den ganzen italienischen Stiefel für den Rückweg aufzusparen. Ich ging davon aus, am Morgen ausgeruht in Palermo anzukommen und so meine Tour über die Insel frisch und unternehmungslustig zu beginnen. Leider leistete ich mir aus Kostengründen aber nur eine preisgünstige Kabine im Unterdeck des Schiffes, was sich als großer Fehler herausstellte. Denn diese lag direkt über dem mehr als 35.000 PS starken Schiffsdiesel, dessen Gedröhne und

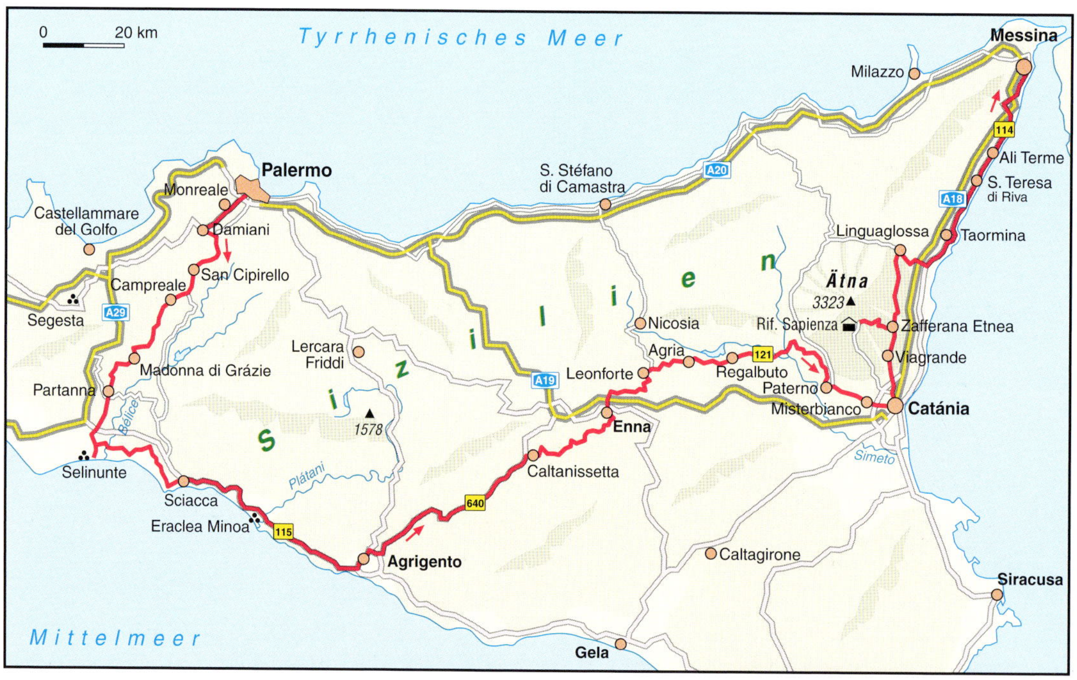

Gerüttel ich also unvermindert mitbekam. In Palermo kam ich deshalb etwa so entspannt an, als wenn ich die Fahrt auf einem langhubigen Zweizylinder mit V-Motor amerikanischer Bauart unternommen hätte, der – die Besitzer solcher Maschinen mögen es mir verzeihen – nicht gerade für seinen vibrationsfreien Lauf bekannt ist. Aber als ich nach dem Ausschiffen in einer kleinen Bar an der Via Cala einen Cappuccino zu mir nehme und das zunehmende Treiben im Hafenviertel dieser mir noch fremden Stadt registriere, sind die Unannehmlichkeiten der Überfahrt wie weggewischt. Eine große Besichtigungstour habe ich für Palermo nicht geplant, zu verwirrend erscheint mir das Straßenlabyrinth mit seinen verwinkelten Gassen, den Sackstraßen und Einbahnstraßen, die dem Ortsunkundigen die Orientierung nicht gerade erleichtern.

Von Palermo nach Monreale

Also fahre ich über den Corso Vittorio Emanuele, die Flaniermeile der Stadt, die bereits zur Zeit der Phönizier angelegt worden sein soll, zum Quattro Canti (»vier Ecken«), der zentralen Kreuzung Palermos, auch als Piazza Vigliena bekannt, und folge der Beschilderung aus der Stadt hinaus nach Monreale. Lange begleiten mich noch die tristen und grauen Betonblöcke der Außenbezirke. Ich verlasse die Schnellstraße, biege nach Monreale ab und stehe vor einem der imposantesten Bauwerke Siziliens, dem in arabisch-normannischem Baustil errichteten Dom von Monreale. Mindestens genauso schön wie der von mächtigen Wehrtürmen flankierte Dom ist der Blick von hier über den »Conca d'Oro«, »Goldene Muschel« genannten Landstrich zwischen Bergland und Küste.

Zu den antiken Ausgrabungsstätten

Mit der Einfahrt ins Bergland beginnt der Fahrspaß. Eigentlich ist es eher eine zerfurchte Hügellandschaft mit weiten Hochebenen, durch die sich die ausreichend gute Straße kurvenreich hügelauf und hügelab zieht. Hin und wieder trifft man auf kleine Dörfer, die zwar ein gewisses Flair verströmen, allerdings keine größeren Sehenswürdigkeiten aufzuweisen haben. Ich befinde mich hier im Kernland der Mafia, deren berüchtigte Hochburg Corleone ich aber weiträumig umfahre.
Gerade als ich das Gefühl habe, dass das Fahren in der eher gleichförmigen Landschaft eintönig zu

Der Ätna ist der höchste noch tätige Vulkan in Europa und zieht ständig die Aufmerksamkeit auf sich. Bis zu einer Höhe von 1800 Meter führt eine öffentliche Straße, dann wird in die Seilbahn umgestiegen.

>>>

Anreise-Alternative
Alternativ zur Fähre besteht die Möglichkeit der Anreise auf dem Landweg bis Reggio di Calabria und Überfahrt nach Messina.

Anfahrt München – Garmisch-Partenkirchen – Mittenwald – Innsbruck – Brenner – Sterzing – Brixen – Bozen – Trient – Verona – Mantua – Modena – Bologna – Florenz – Val di Chiana – Orvieto – Frosinone – Cassino – Battipaglia – Lagonegro – Reggio di Cala-bria – Autobahnausfahrt Anschlussstelle Villa S. Giovanni – Villa Messina (1610 km)

Anfahrtszeit
16 1/2 Stunden

>>>

>>>

Mautgebühren
Die Inntalautobahn A 12 zwischen der Anschlussstelle Zirl Ost und Innsbruck ist vignettenpflichtig. Bei Benutzung der Bundesstraßen B 171 und 174 zwischen Zirl Ost und Innsbruck auf ca. 11 km Länge besteht keine Vignettenpflicht.
Die Brennerautobahn ist gebührenpflichtig. Die Gebühr für die einfache Strecke beträgt 8 €. Die Benutzung der Brennerbundesstraße und der Brennerstaatsstraße zwischen Innsbruck und Sterzing ist gebührenfrei. Die Mautgebühr auf den italienischen Autobahnen zwischen den Anschlussstellen Sterzing und Villa S. Giovanni beträgt für die einfache Strecke ca. 47,60 €.>>>

Fähre Die Fähren zwischen Villa San Giovanni (ca. 8 km vor Reggio di Calabria) und Messina (Sizilien) verkehren ganzjährig rund um die Uhr, Abfahrten alle

werden beginnt, sehe ich vor mir das Meer, und wenig später parke ich meine Maschine vor den antiken Ausgrabungsstätten von Selinunte.
In der Antike bildete der Ort eine griechische Enklave im damals afrikanischen Sizilien, und Ausgrabungen förderten faszinierende Tempel und Befestigungsanlagen aus der Zeit um 600 vor Christus zu Tage. Auch wenn sich mit zunehmender Tageshitze die Besichtigung immer schweißtreibender gestaltet, ist dies doch ein Erlebnis, das sich kein Sizilienreisender entgehen lassen sollte.

Die Küste entlang nach Agrigento

Ich folge der Küstenstraße nach Sciacca, das für seine schönen Sandstrände und Heilwasser bekannt ist, und beschließe, den Tag auf der lebendigen Piazza Scandaliato zwischen Straßenhändlern, die vorwiegend exotische Gewänder und Keramikvasen feilbieten, ausklingen zu lassen.
Auf halbem Weg zwischen Sciacca und Agrigento folge ich anderntags dem Abzweig zu den Ausgrabungsstätten von Eraclea Minoa, verzichte aber auf die Besichtigung der freigelegten alten Villen, der Teile antiker Stadtmauern und einem hellenistischen Theater aus der gleichen Zeit wie in Selinunte und begnüge mich mit dem wunderschönen Blick über das Meer, das hier von hellen Klippen mit knorrigen Kiefernwäldern und feinsandigen Stränden begrenzt wird.
Die Kulturbesichtigung wird dafür in Agrigento nachgeholt, wo das »Valle dei Tempi«, das »Tal der Tempel«, mit seinen imposanten dorischen Tempeln ein natürliches Amphitheater bildet. Vor allem im Frühjahr, wenn die hellen Steinsäulen in

Sehenswürdigkeiten

- **Palermo:** Piazza Quattro Canti; Piazza Bellini; Kirche Martorana; Cattedrale mit Kirchenschatz und Kaiserkrone der Konstanze von Aragon; Palazzo dei Normanni; Kapuzinergruft an der Piazza Cappuccini; Archäologisches Museum.
- **Monreale:** Kathedrale aus dem 12. Jh. (offen täglich 8 – 20 Uhr).
- **Selinunte:** Ausgrabungsstätten mit Tempeln, Befestigungsanlagen, Schutzwällen und Akropolis aus dem 5. und 6. Jh. v. Chr. (offen täglich 9 – 19 Uhr).
- **Eraclea Minoa:** Ausgrabungsstätte mit Stadtmauer, hellenistischem Theater; Nekropole und Villen aus dem 5. und 6. Jh. v. Chr. (offen täglich ab 9 Uhr bis zur Abenddämmerung).
- **Agrigento:** »Valle dei Tempi« – »Tal der Tempel« aus dem 5. und 6. Jh. v. Chr. (offen täglich 8.30 bis 19 Uhr); Archäologisches Museum (offen So. bis Di. 9 – 13 Uhr, Mi. bis Sa. 9 – 13 und 14 – 17.30 Uhr).
- **Enna:** Kathedrale (offen täglich 9 – 13 und 16 – 19 Uhr); Torre di Federico II.; Castello di Lombardia (offen täglich 9 – 13 und 15 – 17 Uhr).
- **Catania:** Piazza del Duomo; Fontana dell'Elefante; Kathedrale; Kirche San Giuliano; Stauferfestung Castello Ursino (offen Di. bis So. 9 – 18 Uhr); Teatro Greco Romano in der Via Vittoro Emanuele 266 (offen täglich ab 8 Uhr bis abends).
- **Taormina:** Ruinen des Teatro Greco aus dem 2. und 3. Jh. v. Chr. (offen täglich 9 – 17.30 Uhr); Piazza Vittorio Emanuele; Standseilbahn in der Via Pirandello zum Strand von Mazzarò.
- **Messina:** Normannischer Dom; Regionalmuseum in der Via della Libertà (offen täglich 9 – 14 Uhr).

Kontrast zu den roten Mohnfeldern, den silbergrau belaubten Olivenbäumen und den rosa blühenden Mandelbäumen stehen und der Duft von wild wucherndem Thymian und Fenchel in der Luft liegt, ist dies ein einmaliges Erlebnis.

Zum »Balkon über Sizilien«

Doch genug der Kultur, ich will wieder Motorrad fahren und folge der Schnellstraße nach Enna, das wegen seiner Lage auf einem fast 1000 Meter hohen Bergkegel im Landesinneren auch »Balkon über Sizilien« genannt wird. Am unteren Ende der Via Roma habe ich einen schönen Ausblick über die weite, karge und sonnenverbrannte Landschaft, durch die ich bald darauf, Nebenstraßen der Autobahn vorziehend, wieder zur Küste fahre, die ich bei Catánia erreiche. Die Stadt wird vom 3323 Meter hohen Ätna beherrscht, dessen zum Glück kleinere Ausbrüche man fast jedes Jahr auch im deutschen Fernsehen verfolgen kann. Bis auf 1800 Meter Höhe folge ich der immer besser ausgebauten Straße durch schwarze Lavafelder zur Ansiedlung Sapienza, verzichte dort aber des strömenden Regens wegen auf die Weiterfahrt mit der Seilbahn. Dafür entschädigt mich am nächsten Morgen ein wunderschöner Blick von den Ruinen des griechisch-römischen Theaters in Taormina, hoch über dem Ionischen Meer, auf die bis ins Frühjahr hinein schneebedeckte Kuppe des höchsten noch tätigen Vulkans Europas.
Nicht nur dieser Blick macht es schwer, mich von Sizilien zu trennen, aber es nützt nichts. Über die Straße von Messina setze ich nach Reggio di Calabria auf das Festland über und beginne die lange Heimfahrt.

>>>

15 Min. in beide Richtungen. Der Preis für eine Überfahrt beträgt pro Person und Motorrad ca. 5 €.

Fahrtdauer ca. 30 Min.

Servicestellen
Palermo: Suzuki Evolamotori, Via L. da Vinci Nr. 246-248-250, 90135 Palermo
Palermo In Honda, Via Ammiraglio Gravina 19, 21, 25, 90139 Palermo
Yamaha Moles, Via Impera-tore Federico 62/66, 90143 Palermo
Harley-Davidson Palermo, Via C. Scobar 71, 90145 Palermo
Agrigento: Suzuki Centro G. di Geraci Peppino, Via Bruccoleri 31/37, 92100 Agrigento
Yamaha In Moto, Via Salvatore Scifo 152/156, 92100 Agrigento
Messina: Suzuki H.D. Motor, Piazza Duomo 7/8/9, 98122 Messina
Honda Cintioli, Via dei Verdi 30, 98100 Messina
Honda Team Motors, Via Nino Bixio 89, 98100 Messina

Karte Euro Cart Regionalkarte 1:300.000, RV-Verlag, Italien, Blatt Sizilien

Bild gegenüberliegende Seite: Schweiß treibend: mit dem großen Bike in den engen Straßen der Altstadt von Palermo unterwegs.

Bild unten: Immer wieder laden auf Sizilien atemberaubende Aussichten zu einer kleinen Pause ein.

Elba – Zu Napoleons Verbannungsort

Immergrüne, undurchdringliche Macchia an sanft gerundeten Bergformen, die sich bis in Höhen von 1000 Metern aufschwingen, einsame Bergdörfer in schattigen Kastanienwäldern, weite Buchten mit flachen, feinsandigen Stränden, die sich mit abweisenden, unzugänglichen Küsten und Berghängen abwechseln, aus denen rostrote Erzgruben hervorstechen, an der Küste ein schmaler Saum fruchtbarer Ebene, der terrassenförmig ins Landesinnere ansteigt, dazwischen kleine Ortschaften und vereinzelte Landgüter, und alles überdeckt von herbem Ginsterduft und den intensiv leuchtenden Farben des Meeres und des Himmels.

Tour 25

Streckenlänge 118,0 km

Ausgangs- und Endpunkt
Portoferráio (3 m)

Anfahrt München – Garmisch-Partenkirchen – Mittenwald – Innsbruck – Brenner – Sterzing – Brixen – Bozen – Trient – Verona – Mantua – Modena – Bologna – Florenz – Empoli – Autobahnende Rosignano Marittima – Rosignano – Cecina – Campiglio Marittima – Piombino (787 km)

Anfahrtszeit 8 1/2 Stunden

Mautgebühren
Die Inntalautobahn A 12 zwischen der Anschlussstelle Zirl Ost und Innsbruck ist vignetpflichtig. ›››

Strecke: Portoferráio (km 0,0) – Prócchio (km 7,5) – Marciana Marina (km 13,5) – Póggio (km 19,0) – Abstecher Monte Perone (km 23,5) – Póggio (km 28,0) – Marciana (km 30,5) – Pomonte (km 45,5) – Marina di Campo (km 59,0) – Porto Azzurro (km 77,0) – Rio nell'Elba (km 86,5) – Rio Marina (km 88,5) – Cavo (km 96,5) – Rio Marina (km 104,5) – Portoferráio (km 118,0)

So etwa wird Elba, die drittgrößte Insel Italiens, die zusammen mit mehreren kleineren Nachbarinseln den toskanischen Archipel bildet, in den Reiseführern beschrieben. Und wer schon einmal auf Elba war, wird bestätigen, dass diese Attribute alle zutreffen.

Wollte man unbedingt einen Wermutstropfen finden, wäre es eigentlich nur derjenige, dass die Insel mit ihrer Flächenausdehnung von lediglich 223 Quadratkilometern, einer Ost-West-Länge von 27,5 Kilometern sowie einer Nord-Süd-Länge von nur 18,5 Kilometern recht klein ist. Wer allerdings glaubt, für eine Motorradtour sei dies nicht groß genug, irrt. Immerhin ergibt sich ein für uns nutzbarer Küstenumfang von etwa 120 Kilometern, zudem sind die verschiedenen Landschaftsformen so abwechslungsreich, dass man Elba ruhig auch für einen mehrtägigen Erholungsurlaub empfehlen kann.

Die Anreise nach Elba gestaltet sich für mich ausgesprochen problemlos: In Piombino bin ich einfach auf gut Glück in den Hafen eingefahren und werde sofort von einem Mitarbeiter auf eine schon bereitstehende Fähre nach Elba durchgewunken. Die Ladeluke schließt sich hinter mir, das Ticket für die Passage löse ich auf dem Schiff, und nur eine Stunde später lege ich auch schon in Portoferráio, dem größten Hafen der Insel an. Glück gehabt! In der Hauptreisezeit sollte man seine Fähre allerdings sicherheitshalber schon im Voraus buchen.

Irgendetwas war doch noch mit Elba, denke ich, als ich von den Hafenanlagen aus die alten Mauerruinen und Befestigungsanlagen der Stadt betrachte. Dann fällt es mir wieder ein: Napoleon wurde nach seiner Abdankung in Fontainebleau auf diese Insel verbannt. Ein Sträflingsleben im herkömmlichen Sinn musste er hier zunächst aber nicht führen: Er herrschte vielmehr vom 3. Mai 1814 bis zum 26. Februar 1815 als eigenständiger Regent über das Inselreich und verfügte dabei über einen kleinen Hofstaat und etwa 1000 Soldaten.

Trotzdem verließ er die Insel wieder, um nochmals nach der Weltmacht zu greifen, bis er 100 Tage später bei Waterloo vernichtend geschlagen und endgültig auf St. Helena verbannt wurde.

Auf den höchsten Berg Elbas

Jetzt bin ich auf die Insel gespannt und orientiere mich im Kreisverkehr am Ortsende von Portoferráio, den man zwangsläufig erreicht, wenn man den Hinweisschildern »tutte le direzioni« folgt, an den Wegweisern Richtung Prócchio, Marina di Campo, Marciana. Ich möchte gleich den Höhepunkt der Insel kennen lernen, und dies in zweifacher Hinsicht – der Monte Perone ist der höchste Berg der Insel und stellt auch landschaftlich gesehen einen Höhepunkt dar. Zwar werde ich mit dem Motorrad auf der Straße nur bis in eine Höhe von 630 Metern kommen, aber dies reicht vollständig aus.

In Marciana Marina wendet sich die Straße von der Küste weg ins Landesinnere nach Poggio. In dem terrassenförmig angelegten Ort, dessen Häuser sich meist zwischen jahrhundertealten Kastanien- und Steineichenwäldern verstecken, folge ich beim Restaurant Monte Perone der Beschilderung »Monte Perone/Marina di Campo«. Eine schmale, aber gute Straße führt mich kräftig ansteigend nach oben. Zwischen Kastanien- und Kiefernwäldern hat man immer wieder freie Aussicht nach Norden auf die Bucht von Procchio, und bald erreiche ich zwischen windgebeugten Pinien und Schwarzkiefern den höchsten Punkt. Es eröffnet sich ein Panoramablick, der von hier oben über die von dichter Vegetation bedeckten Berghänge langsam ins Meer hinabgleitet. Im Frühjahr zeigt die Macchia mit rosaroten Zierrosen, Orchideen, goldgelbem Ginster und den hohen

Rio nell'Elba ist einer der Hauptorte im Innern der Insel Elba.

›››

Bei Benutzung der Bundesstraßen B 171 und 174 zwischen Zirl Ost und Innsbruck auf ca. 11 km Länge besteht keine Vignettenpflicht.
Die Brennerautobahn ist ab der Anschlussstelle Innsbruck Süd gebührenpflichtig. Die Gebühr für eine einfache Strecke beträgt 8 €. Die Benutzung der Brennerbundesstraße und der Brennerstaatsstraße zwischen Innsbruck und Sterzing ist gebührenfrei.
›››

Endstation Küste. Die kleine Insel lädt immer wieder zu einem Bad zwischendurch ein.

>>>

Die Mautgebühr auf den italienischen Autobahnen zwischen den Anschlussstellen Sterzing und Collesalvetti beträgt für die einfache Strecke 26,40 €.

Fähre Die Fähren zwischen Piombino und Portoferráio (Elba) verkehren ganzjährig, tgl. je nach Saison zwischen 11 und 17 Abfahrten in beide Richtungen. Der Preis für eine Überfahrt beträgt für eine Person und Motorrad ca. 28 €. Überfahrtsdauer ca. 1 Std.

Servicestellen
Portoferráio: Suzuki BW's Planet, Via Manganaro 17, 57037 Portoferráio
Yamaha Tecno Motor, Localita Carpani 149, 57037 Portoferráio
Piombino: Honda Motolead di Cerofolini, Via Tellini 14, 57025 Piombino

Karte Euro Cart Regionalkarte 1:300.000, RV-Verlag, Italien, Blatt Toskana

Sträuchern der Baumheide ihre schönste Farbenpracht. Ich parke meine Maschine unter einer Schatten spendenden alten Pinie und überlege, ob ich noch die wenigen Höhenmeter bis zum höchsten Punkt der Bergkuppe hoch wandern soll. Ich entschließe mich dann aber doch dagegen, zum einen meiner bei der vorherrschenden Hitze unzweckmäßigen Kleidung wegen, zum andern scheue ich einfach davor zurück, die prachtvolle Natur hier oben mit meinen Motorradstiefeln unnötig zu belasten. Stattdessen fahre ich die Auffahrtsstrecke wieder zurück zurück nach Poggio, um nun den Westteil der Insel zu erkunden.

An der westlichen Steilküste

Über Marciana, einem Bergnest, das als ältester Ort der Insel gilt, fällt die Trasse zum Meer ab, das hier gegen felsige Klippen anbrandet. Entlang dieser Steilküste hält sich die gute Straße wechselweise ansteigend und abfallend entlang der von spärlichen Hartgräsern und Zwergsträuchern bedeckten Westhänge des Monte Capanne.
Bei Punta Nera überfahre ich fast unbemerkt den westlichsten Punkt der Insel. Und dann tauchen erstmals lange Sandstrände auf. Am Horizont erkenne ich die Inseln Pianosa und Montecristo und fahre in eine weite fruchtbare Ebene hinab, wo das Touristenzentrum Marina di Campo auf mich wartet.

Sehenswürdigkeiten

- **Portoferráio:** Napoleon-Museum – »Residenza Napoleon Villa dei Mulini« in der Scaligata Napoleonica (offen Mo. bis Sa. 9 – 13 Uhr, So. 9 – 13 Uhr) in der Oberstadt von Portoferráio.
- **Marciana:** Archäologisches Museum mit vorgeschichtlichen Gegenständen und griechischen Tonwaren.
- **Porto Azzurro:** Minenmuseum La Piccola Miniera (geöffnet April bis Oktober täglich 9 – 13 Uhr und 14.30 – 19 Uhr, Juli und August zusätzlich täglich 21 – 23 Uhr).
- **Rio Marina:** Mineralienmuseum im Palazzo Comunale (offen Mo. bis Sa. 9 – 12 Uhr und 15 – 18 Uhr; So. 9 – 12 Uhr).

Über den Monte Tambone zu den Sandstränden

Da ich jedoch außerhalb der Hauptsaison unterwegs bin, kann ich hier meinen Cappuccino in einem Café in Ruhe genießen und gehe daraufhin entspannt die kurvenreiche Auffahrt zum Monte Tambone an, einem mit dichtem Macchiakleid bedeckten Bergrücken, der sich stolze 261 Meter über das Meer erhebt. Deutlich sind von dort oben die schönen Badebuchten von Lacona und Stella zu erkennen, zu denen ich nun abfahre.

Allerdings ist mir Ende Mai das Wasser zum Baden noch zu kühl, und so quere ich rasch die schmale Landsenke zwischen dem Golf von Portoferráio im Norden und dem Golf von Stella im Süden, um nach Porto Azzurro in den Ostteil der Insel zu gelangen.

Im Osten Elbas

Die hier nach Süden ziehende Halbinsel Calamita meide ich. Denn eine Legende erzählt, dass Schiffe, die in ihre Nähe gerieten, an den Felsen zerschellten, nachdem das dort liegende Magneteisenerz die Eisennägel aus den Schiffsplanken gezogen hatte. Um Ähnliches mit den Schraubverbindungen an meinem Motorrad zu verhindern, fahre ich daher lieber gleich Richtung Rio nell'Elba/Rio Marina auf die Gipfel des Monte Castello und der Cima del Monte zu. Mit Oleander, Zypressen und Palmen scheint die Natur hier anfangs noch üppiger zu wuchern als auf den anderen Inselteilen, aber bald schon erkenne ich die rostroten Felsabschürfungen der Erzgruben, die erst 1982 aufgrund der weltweiten Stahlkrise aufgelassen und stillgelegt wurden.

In Caro, beim Hotel »La Pineta«, hübsch in einem kleinen Pinienhain gelegen, ist für mich die Weiterfahrt zu Ende. Ein Schild mit der Aufschrift »Strada senza uscita« deutet an, dass das links in die Hügel abzweigende Sträßchen nicht zu benutzen ist. Also fahre ich bis Rio nell'Elba zurück und biege dort auf die Straße nach Volterraio mit seiner schönen Pisanischen Fluchtburg ab, die ebenfalls nach Portoferráio zurückführt.

Auf Schleichwegen unterwegs, abseits des Üblichen. Im Hintergrund erkennt man Porto Azurro.

Sardinien – Über die Insel des Windes

Wenn ich Sardinien nur anhand meiner eigenen Erfahrungen beschreiben sollte, würde ich sie spontan als die kleinere Schwester von Korsika bezeichnen. Nicht vom Umfang her, da ist Sardinien etwas größer, ansonsten aber ist alles irgendwie eine Nummer kleiner: Die Berge sind nicht so hoch, die Täler nicht so tief, der Gegensatz zwischen Meer und Gebirge nicht so schroff, das Landschaftsbild insgesamt gesehen nicht so spektakulär.

Tour 26

Streckenlänge 551,0 km

Ausgangs- und Endpunkt
Olbia (15 m)

Anfahrt München – Garmisch-Partenkirchen – Mittenwald – Innsbruck – Brenner – Sterzing – Brixen – Bozen – Trient – Verona – Mantua – Modena – Bologna – Florenz – Autobahnausfahrt Anschlussstelle Firenze Signa – Empoli – Livorno (712 km)

Anfahrtszeit 7 1/2 Stunden

Mautgebühren
Die Inntalautobahn A 12 zwischen der Anschlussstelle Zirl Ost und Innsbruck ist vignettenpflichtig. Bei Benutzung der Bundesstraßen B 171 und 174 zwischen Zirl Ost und Innsbruck auf ca. 11 km Länge besteht keine Vignettenpflicht.
Die Brennerautobahn ist ab der Anschlussstelle Innsbruck Süd gebührenpflichtig. Die Gebühr für eine einfache Strecke beträgt 8 €. Die Benutzung der Brennerbundesstraße und der Brennerstaatsstraße zwischen Innsbruck und Sterzing ist gebührenfrei. Die Mautgebühr auf den italienischen Autobahnen zwischen der Anschlussstelle Sterzing und der Anschlussstelle Firenze Signa beträgt für die einfache Strecke 23,80 €.

Fähre Die Fähren zwischen Livorno und Olbia (Sardinien) verkehren ganzjährig, tgl. je nach Saison zwischen 1 und 3 Abfahrten in beide Richtungen. Der Preis für eine Überfahrt beträgt für eine Person und Motorrad ca. 98 €. Überfahrtsdauer ca. 10 Std. >>>

Strecke: Olbia (km 0,0) – Abbiadori (km 23,0) – Arzachena (km 36,0) – Palau (km 47,5) – Santa Teresa (km 69,5) – Abstecher Capo Testa (hin und zurück 8 km) – Castelsardo (km 100,5) – Porto Tórres (km 135,0) – Alghero (km 171,09 – Bosa (km 210,0) – Suni (km 218,0) – Sindia (km 227,0) – Macomér (km 243,0) – Abbasanta (km 267,0) – Núoro (km 294,5) – Mamoiada (km 308,5) – Fonni (km 321,5) – Passo di Caravai (km 331,5) – Lanusei (km 367,5) – Tortoli (km 394,0) – Urzulai (km 413,5) – Genna-Silana-Pass (km 421,5) – Dorgali (km 441,5) – Orosei (km 460,5) – Siniscóla (km 498,5) – Olbia (551,0)

Auch die Kurven sind nicht ganz so zahlreich und eng wie auf Korsika, dafür sind die Straßen in erheblich besserem Zustand und immer noch kurvig genug. Dagegen soll es auf Sardinien windiger sein als auf Korsika, aber während ich auf Korsika im Gebirge öfters von einem Regenschauer kalt erwischt wurde, ist mir das auf Sardinien noch nie passiert. Aber das ist sicherlich nur Glück und sollte einen keineswegs davon abhalten, auch die Regenkombi einzupacken, denn nicht ganz zu Unrecht wird Sardinien ja manchmal als »Insel des Windes« bezeichnet.
Nicht der Wind, sondern das von Schienensträngen durchzogene Kopfsteinpflaster veranlasst mich, die Hafenanlagen von Olbia vorsichtig zu verlassen. Sie rufen in mir Erinnerungen an das legendäre Fischereihafenrennen in Bremerhaven wach, das in den 70er Jahren vor allem der zahlreichen Stürze wegen Kultstatus hatte und manch älterem Motorradfahrer, für den eine Honda CB 750 oder Kawasaki Mach III noch kein Oldtimer, sondern eine Neuanschaffung war, im Gedächtnis geblieben ist.

An der Smaragdküste

Unbeschadet verlasse ich den Hafen und fahre durch die verbaute Peripherie der Stadt Richtung Norden der Costa Smeralda, der Smaragdküste entgegen.
Mit Erreichen der Küstenstraße wird das Fahren ruhiger und angenehmer. Selbst von der Straße aus erschließt sich die Schönheit der Küste, aber um sie wirklich genießen zu können, muss man einer der abzweigenden Stichstraßen folgen, die zwar meist an einer Ferienanlage enden, aber immer auch einen Zugang zu einer kleinen Bucht am Meer bieten. Und wer hier einmal im feinsandigen Strand unter Pinien oder von einem der kleinen rosafarbenen Granitblöcke aus auf das tiefblaue Meer geblickt hat, wird verstehen, warum diese Küste zu den schönsten Ferienlandschaften Italiens gezählt wird.
Kaum glauben möchte man, dass die Erschließung dieses wunderschönen Landstrichs erst

in den 60er Jahren des vorigen Jahrhunderts, welches ja noch gar nicht so lange vorbei ist, begann. Vorher gab es hier kein Dorf, keine Straße, nur Schafe und einige Hirten. 1960 entdeckte der sagenhaft reiche, damals erst 20-jährige Prinz Karim Aga Khan auf einer Kreuzfahrt diesen Landstrich und begann zusammen mit anderen ebenfalls nicht ganz unvermögenden Zeitgenossen wie dem irischen Bierbrauer Guinness und dem italienischen Mineralwasserkönig Mentasi mit der Bebauung. Das Ergebnis kann sich sehen lassen, denn die Ferienanlagen fügen sich, zumindest meinem Eindruck nach, durchaus harmonisch in die Landschaft ein. Einziger Kritikpunkt wäre vielleicht das hohe Preisniveau, denn wer hier urlauben will, muss schon tief in die Tasche greifen. Allerdings, ein preiswertes oder gar billiges Reiseland ist ganz Sardinien nicht.

Zu den Felsformationen im Norden

Ich genieße trotzdem den Blick aufs Meer immer wieder von der gut ausgebauten Straße aus, die sich in schönen Kurven in leichtem Auf und Ab an der Küste entlang nach Norden zieht. In Abbiadori verlasse ich die Costa Smeralda und folge der etwas abseits der Küste verlaufenden Straße nach Palau, wo ich überlege, ob ich zur kleinen, aber landschaftlich reizvollen Insel Maddalena übersetzen und auf der benachbarten, über einen Damm erreichbaren Insel Caprera die Grabstätte des Freiheitskämpfers Garibaldi besuchen soll, der im 19. Jahrhundert mit seinen »Rothemden« die Bourbonenherrschaft stürzte und so zur Einigung Italiens beitrug.

Obwohl die Überfahrt keinen großen Aufwand bedeuten würde, verzichte ich darauf und beschließe, lieber den Elefanten zu besuchen. Keinen richtigen natürlich, sondern einen aus Fels.

Postkartenidyll: Die roten Felsen von Arbatax gehören zu den beliebtesten Fotomotiven auf der Insel Sardinien.

›››

Servicestellen

Cagliari: Suzuki Motauto Combet, Via Roma 74, 09100 Cagliari
Honda Cortesi A. di P. Cortesi, Via Cocco Ortu 36, 09100 Cagliari
Harley-Davidson Cagliari, Via Ciusa 58/62, 09131 Cagliari
Yamaha Il Centauro, Viale Marconi ang. Via Mercalli, 09131 Cagliari ›››

Fast überall in den Bergen findet man frische Pfefferminze, die sich gut für eine Tasse Tee eignet.

Auf meiner Weiterfahrt an der Nordküste entlang zweigt etwa 4 Kilometer vor Castelsardo die N 134 ins Landesinnere Richtung Sedini ab. Nach einigen Kilometern Fahrt steht plötzlich ein riesiger Trachytfelsen neben der Straße, dem Wind und Wetter eindeutig die Form eines Elefanten gegeben haben – ein lohnenswerter Abstecher und eine der Hauptattraktionen der Insel. Aber auch Castelsardo mit seinen steilen Gassen und langen Treppen, die zum Kastell aus dem 12. bis 14. Jahrhundert hochführen, bietet gleich darauf noch einen schönen Anblick.

Neptungrotte und Alghero

Von Porto Torres aus fahre ich durch die Nurra, eine weite Ebene, nach Alghero, um die am Capo Cáccia gelegenen Felsgrotten zu besuchen. Eine Stichstraße von 18 Kilometern Länge führt zum Kap. Zur bekanntesten Grotte, der Neptungrotte, »Grotta del Nettuno«, muss man dann noch 565 Stufen bezwingen, die zur gut 270 Meter tiefer gelegenen Höhle hinabführen. Die Treppe wird im Volksmund »Escala del Capriolo«, Rehleiter genannt, weil man die Leichtigkeit und Wendigkeit eines Rehs haben sollte, um hinunter und vor allem wieder herauf zu gelangen.

Der mittelalterliche Charme der von mächtigen Mauern und Türmen umgebenen Altstadt von Alghero verführt mich zu einer Rast in einem der vielen Restaurants, wo mir die Leibspeise der Algheresen, »Aragosta alla catalana« empfohlen wird: Hummer auf katalanische Art, bei der das Hummerfleisch schon aus der Schale gelöst und schmackhaft gewürzt dem Gast serviert wird. Auch den »Spaghetti ai dàtteri«, mit Meeresdatteln, kann ich nicht widerstehen und mache mich dann von der Küste weg auf ins Bergland.

Im bergigen Hinterland

Das Massiv des Monte Gennargentu ist mein Ziel, der in der 1834 Meter hohen Punta La Mármora,

>>>

Fortsetzung Servicestellen

Sassari: Suzuki Motauto SNC di Carboni & de Santis, Via Rockefeller 34, 07100 Sassari
Honda Tuttomotor, Via Na-poli 131, 07100 Sassari
Yamaha Motorrama Rider, Via Diaz 12 A , 07100 Sassari
Olbia: Honda Bike Company, Via Roma 147, 07026 Olbia
Yamaha Sea Motors Fress, Viale A. Moro 147/151, 07026 Olbia

Karte Euro Cart Regionalkarte 1:300.000, RV-Verlag, Italien, Blatt Sardinien

Sehenswürdigkeiten

- **Olbia:** Kapelle Cabu Abbas und Festungsanlage über der Via Mincio im Norden der Stadt.
- **Palau:** Überfahrt zur Insel La Maddalena mit dem Grab des berühmten Freiheitskämpfers Garibaldi auf der über einen schmalen Damm erreichbaren Caprerainsel.
- **Castelsardo:** Kastell aus dem 12. bis 14. Jh.; Kathedrale Sant'Antonio; Kirche Sta. Maria; lohnenswerter Abstecher zum »Steinernen Elefanten« auf der Straße Nr. 134 Richtung Sedini, ca. 4 km hinter Castelsardo gelegen.
- **Porto Tórres:** Kirche San Garino aus dem 11. Jh.; mehrere Tempelruinen aus der Römerzeit in Bahnhofsnähe.
- **Alghero:** Sehenswerte Altstadt; Kathedrale in der Via Roma; Kirche San Francesco; lohnenswerter Abstecher zu den Grotten am Capo Caccia (hin und zurück 36 km).
- **Núoro:** Heimatmuseum in der Via A. Meren 56 (offen täglich außer So. Nachmittag und Mo. 9 bis 13 Uhr und 15 – 19 Uhr); Kathedrale Sta. Maria della Neve mit klassizistischer Fassade und ionischen Säulen; Städtisches Museum mit archäologischer Sammlung in der Via Leonardo da Vinci 5 (offen täglich außer Mo. 9 – 12.30 Uhr und 16.30 – 19 Uhr).
- **Dorgali:** Archäologisches Museum in der Via Mare 8; in der Umgebung von Dorgali einige sehenswerte Grotten, teilweise nur von Cala Gonone mit dem Schiff zu erreichen.

dem höchsten Berg der Insel, gipfelt. Sein Name bedeutet übrigens nicht etwa Silberberg, was abgeleitet vom italienischen Wort argento für Silber nahe liegend wäre, sondern stammt von »Genna e bentu« ab, was auf sardisch »Tor des Windes« bedeutet und andeutet, dass die Sonneninsel auch ein anderes Gesicht haben kann.

Ich habe Glück und erreiche von Nuoro aus, das mit seinen vielstöckigen Betonbauten so gar nicht in die Umgebung passen will, die etwa 500 Meter höher gelegene Gemeinde Fonni bei Windstille. Mit 1000 Metern über dem Meeresspiegel ist es die höchstgelegene sardische Gemeinde und der einzige Ort der Insel, wo man, wenn auch nur in recht bescheidenem Ausmaß, Wintersport betreiben kann. Über den 1118 Meter hohen Passo di Caravai und den Arcu Correboi, mit 1246 Metern Höhe höchster Punkt meiner Tour, geht es noch etwas höher hinauf, bevor ich bei Lanusei das Bergland verlasse und mich schließlich bei Tortoli wieder in Küstennähe befinde. Damit ist die Bergstrecke allerdings noch nicht beendet, denn die einzige Straße nach Norden Richtung Dorgali führt von hier über den 1017 Meter hohen Genna-Silana-Pass durch das Supramonte, wie die raue Gebirgslandschaft am Ostrand des Gennargentu-Massivs heißt.

Erst hier weitet sich das Land wieder. An der Ostküste entlang, die landschaftlich aber nicht mit der Costa Smeralda mithalten kann, zieht sich die Straße nach Siniscola, von wo aus ich die Schnellstraße zurück nach Olbia benutze.

Allzu große Sehenswürdigkeiten kann das Städtchen leider nicht aufweisen, aber ein Besuch der Festungsanlage im Norden der Stadt verkürzt mir die Wartezeit bis zur Abfahrt meiner Fähre.

Im Frühjahr kleidet sich Sardinien grün, und es blüht kräftig, bevor die Sonne in den heißen Sommermonaten die Farben aus der Landschaft brennt.

FRANKREICH

Ein Land mit unterschiedlichsten Landschaften – viele wie geschaffen dafür, um vom Zweirad aus entdeckt zu werden. Beginnen wir im äußersten Nordwesten, in der Bretagne, mit Impressionen einer im Inneren von ausgedehnten Wäldern beschatteten, von einer rauen Felsküste umgebenen Region. Dazu im Kontrast das malerische Tal der Loire und die prunkvollen Schlösser. Die Touren durch die Vogesen, das Zentralmassiv und die Cevennen führen uns auf angenehmste Weise vor, dass ein großer Teil Frankreichs aus Mittelgebirgen besteht. Und auch die Provence hat mit dem Mont Ventoux für den Motorradfahrer natürlich ein bergiges Revier. Passkurven en masse erwarten uns in den Pyrenäen und eine ausgesprochen gelungene Symbiose aus Berg- und Steilküstenstraßen auf Korsika.

Bild links: Lavendelfelder sind das Erkennungszeichen der Provence – hier bei Tallignan.

Bild oben: Die vielbesungene Brücke von Avignon im Abendlicht.

Bretagne – Land der Mythen und Legenden

Die Bretagne überrascht auch den profundesten Frankreichkenner immer wieder mit ihrer Eigenart und Ursprünglichkeit. Wer hier in »Klein-Britannien« sein Motorradvergnügen sucht, findet automatisch zu einer eher meditativen Fahrweise. Den Spuren der historischen Vergangenheit, die überall präsent sind, kann sich auf Dauer keiner entziehen. Der Wald von Paimpont mit den zauberhaften Schlössern Trecesson und Brocéliande, die Nebel von Avalon oder Obelix und seine Hinkelsteine ziehen auch die abgebrühtesten Kurvenräuber in ihren Bann.

Tour 27

Streckenlänge 879,0 km

Ausgangs- und Endpunkt
Pontorson bei Le Mont-St-Michel (18 m)
Nantes (8 m)

Anfahrt München – Augsburg – Ulm – Stuttgart – Pforzheim – Karlsruhe – Pirmasens – Saarbrücken – Metz – Verdun – Reims – Paris – Mantes-la-Jolie – Elbeuf – Caen – Avranches – Autobahnausfahrt Anschlussstelle 34 – Pontorson (1168 km)

Anfahrtszeit 12 3/4 Stunden

Mautgebühren
Die Mautgebühr auf den französischen Autobahnen beträgt zwischen den Anschlussstellen Stiring und Avranches für die einfache Strecke ca. 20,80 €.

Servicestellen
St-Malo: Honda Brittany Motos, 6, rue Legobien, 35400 St-Malo
Yamaha M'Road 2, Place de la Grande Hermine, 35400 St-Malo
St-Brieuc: Harley-Davidson 22, 9, la petite Ecluse 2 A, 22120 Iffiniac (St-Brieuc)
Suzuki Richard Moto, 36, rue de Paris, 22000 St-Brieuc
Brest: Yamaha Lennez, 10/12, Place M. Gillet, 29200 Brest
BMW LV Moto, 195, route de Gouesnou, 29200 Brest
Honda Hall de la Moto, 76, rue St-Marc, 29200 Brest Ergué-Gaberic bei Quimper
Harley-Davidson, ZA de Kercurvois, 29500 Ergué-Gaberic >>>

Strecke: Pontorson (km 0,0) – Le Mont-St-Michel (hin und zurück 18 km) – Dol-de-Bretagne (km 19,0) – La Gouesnière (km 33,0) – Cancale (km 42,5) – Rothéneuf (km 57,5) – St-Malo (km 61,0) – Dinard (km 71,0) – Ploubaly (km 83,0) – Matignon (km 96,0) – Fréhel (km 116,0) – Pléneuf-Val-André (km 132,0) – St-Alban (km 138,5) – Yffiniac (km 156,5) – St-Brieuc (km 166,5) – Pordic (km 175,5) – Plouha (km 192,0) – Paimpol (km 208,5) – Lézardrieux (km 212,5) – Perros-Guirec (km 238,5) – Trébeurden (km 257,5) – Lannion (km 268,5) – Morlaix (km 257,5) – St-Pol-de-Léon (km 322,0) – Roscoff (km 325,5) – Cléder (km 39,0) – Plouescat (km 346,5) – Brignon-Plage (km 355,5) – Lesneven (km 365,5) – Brest (km 395,0) – Châteaulin (km 444,5) – Douarnenez (km 471,0) – Audierne (km 491,0) – Abstecher Pointe du Raz (hin und zurück 34 km) – Plozévet (km 501,5) – Quimper (km 528,0) – Concarneau (km 551,0) – Pont Aven (km 563,0) – Quimperlé (km 580,0) – Lorient (km 599,5) – Carnac (km 625,5) – Auray (km 637,0) – Vannes (km 656,0) – Ploermel (km 699,0) – Cempéneac (km 708,5) – Paimpont (km 720,0) – Le Gué Hébec (km 733,0) – Rennes (km 762,0) – Nantes (km 879,0)

Die lange Anreise durch den Norden Frankreichs hat ihren Tribut gefordert. Müde falle ich im kleinen Hotelstädtchen Pontorson ins »grand lit«, das obligatorische französische Doppelbett, mit den eigentlich immer zu kurzen Bettbezügen und Bettdecken.

Zum Mont-Saint-Michel

Nach einem ebenso klassischen Frühstück mit Café au lait und Croissants folge ich am nächsten Morgen der D 976 Richtung Norden. Da taucht er auch schon auf: der Felsen Mont-Saint-Michel mit seinen Klosteranlagen. Er wirkt wie eine mystische Erscheinung im morgendlichen Küstendunst – ein gelungener Einstieg für meine Bretagne-Tour. Die gotische Abteikirche auf der Felsenspitze erschließt sich nur zu Fuß, und der Weg über die steil ansteigende Budenstraße ist ebenso beschwerlich wie beeindruckend. Trotz Kitsch und Souvenirs kann man sich das Leben im Mittelalter hier gut vorstellen. Oben angekommen, verliert sich der Blick im Wattenmeer. Doch vom oftmals bedrohlichen Nass ist kilometerweit nichts zu sehen – es herrscht gerade Ebbe.

Saint-Malo

Kein Wölkchen am Himmel – wer hätte das gedacht? Während die Freunde zu Hause ihre Ostereier im Schnee suchen, sitze ich im Windschatten ohne Motorradjacke bei einem köstlichen »crêpe«, jener typischen Spezialität, die in der Bretagne ihren Ursprung hat.

Danach folge ich hinter Dol-de-Bretagne der D 4 in Richtung Saint-Malo und genieße hinter Cancale die kurvige Küstenstraße. Felsklippen, Dünen, Polder und Salzweiden geben immer wieder neue Blickwinkel frei. Der flache »Havre-Strand« in Rothéneuf lädt im Sommer bestimmt zum Baden ein, doch jetzt im April gehört das Meer noch ganz den Austernfischern. Überall werden die erfrischenden Meerestiere feilgeboten, und es fällt schwer, den ständigen kulinarischen Versuchungen zu widerstehen.

Saint-Malo empfängt mich mit einer beeindruckenden Stadtmauer um die Altstadt, die zu Fuß erkundet werden muss, da sie für motorisierte Besucher gesperrt ist.

Die karge bretonische Südküste beeindruckt durch ihre steil abfallenden Felsen, die auch für die Straßenführung eine Herausforderung darstellen.

›››

Rennes: Yamaha Planette Yam, 57, rue de Rennes, 35510 Rennes/Cesson-Sérvigné
BMW Boxer-Passion, 19, rue de Rennes, 35510 Rennes/ Cesson-Sérvigné
Suzuki DRY & squo Motos, 98, route de Lorient, 35510 Rennes
Nantes: 44 avenue, 82–84, route de Vannes, 44100 Nantes

Karte Euro Cart Regionalkarte 1:300.000, RV-Verlag, Frankreich, Blatt 2 Bretagne/ Normandie West

Die berühmten »Hinkelsteine« von Carnac geben auch heute noch den Gelehrten einige Rätsel auf.

Die Küste entlang

Dinard, ein mondänes Seebad, schreckt mich vor allem durch seine ebenfalls mondänen Preise ab, und so beschließe, ich meine »galettes« anderswo zu bestellen. »Galettes« sind die herzhaften Varianten der »crêpes«, meist mit Schinken und Käse oder Ei belegt.

Ich folge der Küstenlinie und bekomme immer wieder Ausblicke auf schöne Buchten und kleine Häfen. Das Meer fängt bereits an, sich zurückzuziehen. Zum Sonnenuntergang werden die Fischerboote wohl wieder schräg im Watt liegen. Bis zu 14 Meter Tidenhub, der größte in Europa, sind schon ein beeindruckendes Phänomen. Als Schwimmer sollte man gehörigen Respekt mitbringen, denn auch ohne Wellen kann einen das Meer, wenn man nicht aufpasst, ganz schnell vom Land wegtreiben.

Doch mein Problem ist nun eher der zunehmende Verkehr bei Saint-Brieuc. Ich bin auf der Autobahn gelandet, die Rennes mit Brest verbindet. Im August wäre ich wohl weiter nach Guingamp gefahren, wo alljährlich das große keltische Musikfestival stattfindet, doch heute lockt mich eher die große Fischplatte in meinem Übernachtungsquartier Paimpol.

Zur Côte de Granit Rose

Der nächste Tag bestätigt die Wechselhaftigkeit des bretonischen Wetters. Ich lasse mir Zeit mit der Abfahrt und wandere im Nieselregen ein Stück auf dem »Zöllnerpfad«, der über 1700 Kilometer der Küstenlinie folgt. Später klärt sich der Himmel

Sehenswürdigkeiten

- **Le Mont-St-Michel:** Berühmtes gotisches Inselkloster, Wallfahrtsort, Festung und ehemaliges Gefängnis. Nur zu Fuß zu erkunden, lohnenswerter Spaziergang im mittelalterlichen Ambiente mit jeder Menge Cafés, Restaurants und Souvenirbuden.
- **St-Malo:** Stolze ehemalige Korsarenstadt, nach totaler Zerstörung durch alliierte Bomber 1944 nach dem Krieg wieder aufgebaut. Sehr lohnenswerter Fotospot von der Hafenmole auf die Altstadt mit Stadtmauer.
- **Dinard:** Eine der ältesten und schönsten Städte der Bretagne mit hervorragend erhaltenen mittelalterlichen Befestigungsanlagen.
- **Guingamp:** Alljährlich im August findet hier ein großes keltisches Musikfestival statt.
- **Zöllnerpfad:** 1700 km markierter Wanderweg entlang der Küste mit tollen Ausblicken auf Felsen und Küstenlandschaft, gut geeignet, um sich nach längeren Motorradetappen mal die Beine zu vertreten und die Knochen zu sortieren.
- **Brest:** Pointe du Raz. Die oftmals sturmumtoste äußerste Landspitze der Bretagne ist vom Parkplatz aus in einem ungefähr 15-minütigem Fußmarsch zu erreichen.
- **Lorient:** Meereserlebnispark »Océanopolis«. Große U-Boot-Bunkeranlagen aus dem Zweiten Weltkrieg.
- **Carnac:** Château de Trecesson, ausgedehnte Neolithenfelder (Menhire bzw. Hinkelsteine), mehrfache Reihen tonnenschwerer Steine aus dem 3. Jahrtausend v. Chr., idylisch gelegen im Wald von Paimpont.
- **Nantes:** Gehört zwar nicht politisch, aber geographisch zur Bretagne; Geburtsstadt von Jules Verne; Kathedrale St-Pierre-et-Paul; altes Schloss der Herzöge der Bretagne; Musée des Beaux-Arts.

wieder etwas auf. Über Perros-Guirec komme ich an die Rosa-Granit-Küste, »Côte de Granit Rose«. Die eigenartig geformten Felsen wirken im Sonnenlicht, das durch Wolkenfetzen dringt, seltsam rosa – ein beeindruckendes Naturschauspiel, das ich gebannt betrachte. Der wieder einsetzende Regen treibt mich weiter über Morlaix nach Roscoff, wo man nach Irland und Großbritannien übersetzen könnte. Die gerade ankommende Fähre spült eine Kolonne Touristen an Land, die wohl eine raue Überfahrt hatten.

An der bretonischen Westküste

Die vergleichsweise öde Klippenstrecke zwischen Roscoff und Brignogan-Plages, 39 km weiter westlich, erinnert an die schottischen Highlands: kein Mensch weit und breit. Als mir bei einem kurzen Stop der Sturm fast die Maschine umwirft, beschließe ich, so schnell wie möglich nach Brest zu fahren. Dort besichtige ich die sagenhafte Unterwasserwelt des »Océanopolis«. Von Brest aus nehme ich die Schnellstraße Richtung Lorient, verlasse die E 60 bei der Ausfahrt Châteaulin und fahre von dort weiter nach Douarnenez, wo ich die typische Hafenatmosphäre genieße.
Der westlichste Punkt meiner Reise ist die »Pointe du Raz«, ein langer Felsrücken, der weit in den Atlantik hinausragt – einfach beeindruckend, wie die tosenden Wellen den Leuchtturm umspülen.
Ich wollte auf keinen Fall die Bretagne verlassen, ohne mir die berühmten Hinkelsteine von Carnac anzusehen. Beim Anblick des eingezäunten Feldes bin ich jedoch erst einmal enttäuscht. Die Anlage kann nur in bestimmten Bereichen betreten werden, und außerdem habe ich mir die Steine größer vorgestellt.

Durch die Wälder im Landesinneren

Am nächsten Tag muss ich mich entscheiden, ob ich weiter der Küstenlinie in Richtung Nantes folgen oder das Landesinnere erkunden will. Ich entscheide mich für »Argoat«, was auf bretonisch Wald heißt, nachdem ich schon so viel »Armor«, sprich Küste gesehen habe.
Doch so waldreich wie in früheren Zeiten ist das Landesinnere heute nicht mehr, das meiste wurde in den vergangenen Jahrhunderten dem Schiffbau geopfert. Bei Ploërmel verlasse ich die gut ausgebaute N 166 und fahre durch zartgrüne Buchen- und Eichenwälder Richtung Paimpont.
Ich bin auf der Suche nach dem Zauberwald aus der Artuslegende. Wer »Die Nebel von Avalon« gelesen hat, findet hier die richtige Kulisse zum Träumen. Doch das absolute Highlight des Tages ist das Schloss »Trecesson« inmitten seiner Wasserflächen. Vor mehr als 250 Jahren war dieser Ort als Schauplatz eines Kriminaldramas in ganz Frankreich berühmt, als eine junge, schöne Braut im Schlosspark lebendig begraben wurde.
Noch im Verkehrsgewühl bei Rennes bin ich gedanklich im Wald von Paimpont und verpasse fast die Abfahrt Richtung Nantes. Von dort aus will ich hinauf nach Orléans, um weitere Schlösser zu besichtigen, die berühmten Schlösser der Loire (siehe Tour 28).

Der Felsen Mont St-Michel mit seinen Klosteranlagen ist das Wahrzeichen der Bretagne. Die gotische Abteikirche lässt sich nur zu Fuß erschließen.

Tour 28

Streckenlänge 333,0 km

Ausgangs- und Endpunkt
Orléans (93 m)

Anfahrt München – Augs-burg – Ulm – Stuttgart – Pforzheim – Karlsruhe – Pirmasens – Saarbrücken – Metz – Verdun – Reims – Paris – Autobahnausfahrt Anschlussstelle Orléans Centre – Orléans (937 km)

Anfahrtszeit 10 1/2 Stunden

Mautgebühren
Die Mautgebühr auf den französischen Autobahnen beträgt zwischen den Anschlussstellen Stiring und Orléans Centre für die einfache Strecke ca. 19,20 €.

Servicestellen
Orléans: Suzuki Cassegrain, 57, avenue Dauphiné, 45100 Orléans Kawasaki Liberty, 112, rue du Fbg. St-Jean, 45000 Orléans

›››

Loire – Schlösser zwischen Orléans und Tours

Kunst und Kultur ist diesmal auf meiner Frankreichreise angesagt. Ich habe mich mit nichts Geringerem zufrieden gegeben als den Schlössern an der Loire, dem längsten Fluss Frankreichs, der am Fuß des Berges Gerbier-de-Jonc am Ostrand des Zentralmassivs entspringt, um nach 1020 Kilometern bei Nantes in den Atlantik zu münden. Meine Tour ist freilich nicht so lang. Sie konzentriert sich genau genommen nur auf einen kleinen Teil zwischen Orléans und Tours am Mittellauf des Flusses, wo in der von der Natur reich gesegneten Landschaft des Orléanais und des Blésois die schönsten Schlösser entstanden sind.

Strecke: Orléans (km 0,0) – La Ferté-St-Aubin (km 18,0) – Ligny-le-Ribault (km 33,0) – Chambord (km 52,0) – Huisseau-sur-Cosson (km 58,0) – Les Noëls (km 61,0) – Blois (km 63,0) – Villelouet (km 70,0) – Les Montils (km 72,0) – Cande-sur-Beuvron (km 74,0) – Chaumont-sur-Loire (km 80,0) – Rilly-sur-Loire (km 84,0) – Charge Pray (km 91,0) – Amboise (km 95,0) – Montlouis-sur-Loire (km 104,0) – Tours (116,0) – Joué-les-Tours (km 118,0) – Ballan-Miré (km 123,0) – Les Mattés (km 129,0) – Azay-le-Rideau (km 136,0) – Artagnes-sur-Indre (km 144,0) – Montbazon (153,0) – Esvres (156,0) – Cormery (km 162,0) – Reignac-sur-Indre (km 171,0) – Chambourg-sur-Indre (km 178,0) – Loches (km 186,0) – St-Quentin-sur-Indrois (km 198,0) – Bléré (km 215,0) – La Croix-en-Touraine (km 216,0) – Chenonceaux (km 220,0) – Montrichard (km 228,0) – Pentlovoy (km 235,0) – Thenay (km 237,0) – Contres (km 247,0) – Cheverny (km 258,0) – Cour-Cheverny (km 259,0) – Tour-en-Sologne (km 263,0) – Bracieux (km 268,0) – Chambord (km 276,0) – Ligny-le-Ribault (km 300,0) – La Ferté-St-Aubin (km 315,0) – Orléans (km 333,0)

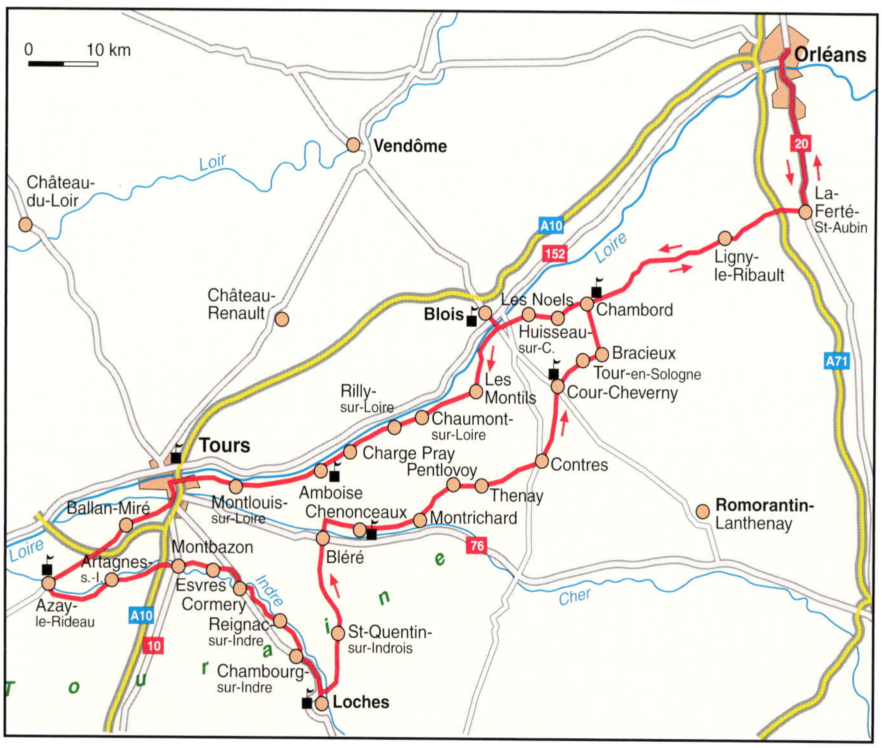

Schon auf meiner Anfahrt nach Orléans sind mir die Weinberge, die weißen Häuser und die blumenübersäten Wiesen aufgefallen, die dieser Region auch den Beinamen »Garten Frankreichs« eingetragen haben. Den positiven Eindruck können auch die zersiedelten und von Industrieparks überzogenen Vororte von Orléans nicht zerstören. Der Name der Stadt ist untrennbar mit Jeanne d'Arc, der Jungfrau von Orléans, verbunden, einem Hirtenmädchen aus Lothringen, welches die im Hundertjährigen Krieg von den Engländern unter Graf Salisbury belagerte Stadt befreite. Die 18-jährige setzte sich furchtlos an die Spitze eines Heeres des zukünftigen französischen Königs Karl VII., durchbrach den Belagerungsring und befreite die Stadt. Die Engländer, von diesem Vorgehen entmutigt, mussten sich ergeben, Stadt und Königreich waren gerettet. Johanna von Orléans hatte von ihrem Sieg und ihrem Mut leider nicht mehr viel: Am 30. Mai 1431 starb sie in Rouen auf dem Scheiterhaufen.

Das Schloss von Chenonceaux ist sicherlich eines der schönsten Wasserschlösser an der Cher.

In der Sologne

Ich verlasse die Stadt über die Pont du Maréchal Joffre auf der N 20 genau nach Süden Richtung Vierzon/Bourges. Vom Fluss selbst sind jetzt im Hochsommer nur noch einige Rinnsale zu sehen, die sich mühsam einen Weg durch die Sandbänke bahnen, aber während der Regenzeit im Herbst und der Schneeschmelze im Frühling kann er hier innerhalb weniger Stunden anschwellen, über die Ufer treten und sogar Dämme brechen. Dann stehen wohl auch Teile der Sologne unter Wasser. Sologne, so heißt das flache Heideland südlich von Orléans mit Wäldern, Seen und landwirtschaftlich genutzten Flächen mit Viehzucht, Obstkulturen, Mais- und Spargelanbau, durch welches ich mich über die Nationalstraße 61 rasch meinem ersten Schloss nähere, dem Château de Chambord.

Drei Sterne hat es in jedem Reiseführer, und schon der erste Eindruck ist überwältigend – eine weißleuchtende Masse aus Mauern, Zinnen und Türmen, die am Ende einer Allee aufleuchten. Es ist mit Ausmaßen von 156 Metern Länge und 177 Metern Breite das größte der Loireschlösser und kann als Vorläufer von Versailles angesehen werden. 1518 ließ der junge Franz I. hier im wildreichen Wald von Boulogne den Bau beginnen, und sogar Leonardo da Vinci, damals Gast von Franz I., soll ein Modell ausgearbeitet haben. Von den gewaltigen Ausmaßen von Schloss und Parkgelände kann ich mich schon auf dem Weg vom Parkplatz um das halbe Schloss herum überzeugen, der durch die Porte Royal und den Ehrenhof ins Gebäude führt. Vom Sonnensaal im Erdgeschoss geht es hinauf zu den Gemächern von König Ludwig XIV., dessen Paradezimmer noch die Régence-Täfelung aus dem Jahre 1748 aufweist. Das zweite Stockwerk ist hauptsächlich der Jagd gewidmet, während man von der kleinen Terrasse, eingekeilt zwischen den gewaltigen Türmen, einen schönen Blick auf Teile des mehr als 5500 Hektar großen Parks hat.

›››

Yamaha F. D. Moto Shop, 54, Fbg. Bannier, 45000 Orléans
Harley-Davidson Orléans, 1470, rue de la Bergeresse, 45160 Orléans Honda Image, Porte Sud RN 20, 45100 Orléans
BMW Dupont SH, 2 bis rue Tabart, 45081 Orléans
Amilly: Suzuki und Kawasaki DOHC, 645, avenue d'Antibes, 45200 Amilly
BMW Espace Dupont, 330, avenue d'Antibes, 45200 Amilly-Montargis ›››

Edle Restaurants im ländlichen Stil laden zur Einkehr.

Zurück an die Loire

Irgendwie sind Schlossführungen auch anstrengend, und ich bin froh, wieder bei meiner Maschine zu sein. Lange kann ich mich aber fahrenderweise nicht erholen, denn bis Blois, der Handelsstadt am rechten Ufer der Loire, ist es nicht weit.

Über die Pont Jean Gabriel fahre ich in die Stadt und kann dieses Mal direkt vor dem Château parken und muss auch nur einige Treppen hochsteigen. Das Schloss selbst besteht aus mehreren aneinandergefügten Gebäuden aus verschiedenen Kunstepochen, von der Feudalzeit im 13. Jahrhundert über die Renaissance im 16. Jahrhundert bis zum Klassizismus im 17. Jahrhundert. Besonders beeindruckt bin ich vom Treppenturm im Flügel Aile François I.: Er windet sich in einem achtstöckigen Turm empor, von dem drei Seiten in die Mauer eingefügt sind.

Im Schloss Amboise begeistert mich dagegen eher der Blick von der großen Schlossterrasse auf die Dächer der Stadt und die im grünen Tal dahinfließende Loire, an der entlang ich nach Tours fahre.

In der Touraine

Hin und wieder erkenne ich zwischen den Weinbergen Kalksteinfelsen. Die von silbrig glänzenden Pappelgruppen durchsetzten Obstgärten und Wiesen runden das Bild der friedfertigen Touraine, wie die Landschaft um Tours genannt wird, ab.

Die Universitätsstadt Tours selbst ist für mich mit ihrer Industrieansiedlung dann wieder weniger interessant, wenngleich die Place Plumereau in der Altstadt mit ihren schönen Fachwerkhäusern durchaus zum Verweilen einladen würde.

Sehenswürdigkeiten

- **Orléans:** Cathédrale Ste-Croix aus dem 13. Jh.; Kunstmuseum an der Place Ste-Croix mit alten Meistern der Schule von Siena; Historisches Museum im Hôtel Cabu; Maison de Jeanne d'Arc an der Place du Général de Gaulle; Centre Jeanne d'Arc in der Rue Jeanne d'Arc.
- **Chambord:** Château de Chambord, Prachtbau aus dem frühen 16. Jh. mit überwältigenden Dimensionen und wohl das berühmteste der Loireschlösser (Besichtigungsdauer ca. 1 1/2 Std.).
- **Blois:** Château de Blois (Besichtigungsdauer ca. 2 Std.) mit archäologischem Museum im Erdgeschoss des Flügels François I. rechts der großen Treppe und Kunstmuseum im 1. Stock des Flügels Louis XII.; Jardin du Roi in der Altstadt; Cathédrale St-Louis aus dem 16. Jh.; Gärten der Bischöflichen Residenz mit Jeanne-d'Arc-Statue.
- **Amboise:** Vom Château d'Amboise, dem einst viermal so großen Bauwerk sind leider nur noch ein gotischer und ein Renaissancetrakt erhalten, trotzdem eines der schönsten Schlösser an der Loire (Besichtigungsdauer 45 Min.); Le Clos-Lucé an der Rue Victor Hugo mit Arbeitszimmer von Leonardo da Vinci; Postmuseum im Hôtel Joyense.
- **Tours:** Altstadt um die Place Plumereau; Cathédrale St-Gatien aus dem 13. bis 16. Jh.; Kunstmuseum im alten erzbischöflichen Palais.
- **Azay-le-Rideau:** Château d'Azay-le-Rideau, Wasserschloss am Indre gelegen (Besichtigungsdauer 45 Min.).
- **Loches:** Château de Loches; Heimatmuseum im Königsturm; Kirche St-Ours; Rundgang um die Festungswerke der Altstadt (ca. 45 Min.).
- **Chenonceaux:** Château de Chenonceaux, zauberhaftes Renaissanceschloss, das wie ein Brücke über dem Cher liegt (Besichtigungsdauer ca. 2 Std.).
- **Cheverny:** Château de Cheverny (Besichtigungsdauer ca. 45 Min.).

An Indre und Cher

Aber ich habe eigentlich nur Augen für die Hinweisschilder nach Chinon, die mich auf die Nationalstraße 751 zu meinem nächsten Schloss in Azay-Le-Rideau führen sollen. Es ist nicht all zu groß, fast klein zu nennen, dennoch beeindruckt vor allem seine Lage direkt am Ufer des Indre. Muten die Umrisse durchaus noch gotisch an, kann es im Inneren seine Entstehung in der Renaissancezeit nicht verleugnen. Auch wenn es mit vielen wertvollen Möbeln ausgestattet ist, gefällt es mir von außen mit seinem fast trutzigem Charakter besser. Auch Schloss Loches, mein nächstes Ziel, ebenfalls am Indre gelegen, wirkt eindrucksvoll inmitten der von Festungsbauten bewehrten mittelalterlichen Altstadt.

Nicht am Indre, sondern am Cher liegt das Château de Chenonceaux, ohne dessenBesichtigung eine Schlösserrundfahrt hier tatsächlich unvollständig wäre. Es ist vor allem die Weite der Landschaft im Zusammenspiel mit den Wasser- und Grünflächen um das Schloss, die hier einen stimmungsvollen Eindruck entstehen lassen. Aber auch die architektonische Formgebung und die kostbare bis verschwenderische Ausstattung machen das Schloss zu etwas ganz Besonderem. Es wird auch »Schloss der Frauen« genannt, da seine Geschichte von einer Vielzahl von Mätressen und Königinnen 400 Jahre lang mehr oder weniger glücklich geprägt wurde. Die schöne Diana von Poitiers, die prunkliebende Katharina von Medici und die untröstliche Luise von Lothringen sind nur einige von ihnen, aber auch die Madame Dupin, die Literaturfreundin, unter welcher das Schloss die Wirren der Französischen Revolution unbeschadet überdauerte, ist hier noch gebührend hervorzuheben.

>>>

Karte Euro Cart Regionalkarte 1:300.000, RV-Verlag, Frankreich, Blatt 4, Loiretal

Durch Auwiesen und Wälder erreichen wir das reizvolle Schlösschen Montpoupon.

Vogesen – Vom Ballon d'Alsace zum Feuerfeld

Links des Rheins, etwa bei Basel beginnend, erstrecken sich die Vogesen auf einer Länge von gut 170 Kilometern und bis zu 20 Kilometern Breite Richtung Norden hinauf zum Pfälzer Wald.

Strecke: Belfort (km 0,0) – Giromagny (km 12,0) – Ballonpass (km 25,0) – St-Maurice-sur-Moselle (km 38,0) – Thann (km 70,5) – Cernay (km 76,5) – Uffholz (km 78,0) – Grand Ballon (km 100,0) – Schluchtpass (km 130,0) – Louchbachpass (km 141,5) – Bonhommepass (km 144,5) – Bagenellespass (km 151,5) – Ste-Marie-aux-Mines (km 162,5) – Le Beolay (km 174,0) – Urbeispass (km 186,5) – Steigepass (km 194,0) – Champ du Feu (km 205,5) – Obernai (km 235,5)

Tour 29

Streckenlänge 235,5 km

Ausgangs- und Endpunkt
Belfort (358 m)
Obernai (181 m)

Anfahrt München – Inning – Landsberg – Memmingen – Lindau – Rohrschach – St. Gallen – Winterthur – Zürich – Basel – Autobahnausfahrt Anschlussstelle Belfort Centre – Belfort (475 km)

Anfahrtszeit 5 1/4 Stunden

Mautgebühren
Die Anfahrtsstrecke beinhaltet sowohl in Österreich als auch in der Schweiz vignettenpflichtige Straßenabschnitte. Bei Verlassen der Bodenseeautobahn A 96 bei der Anschlussstelle Lindau und Benutzung der Bundesstraßen B 190 und 202 zwischen den Grenzübergängen Unterhöchsteg und Höchst auf ca. 16 km Länge entfällt die Vignettenpflicht für Österreich. Die Mautgebühr auf den französischen Autobahnen beträgt zwischen den Anschlussstellen Ottmarsheim und Belfort Centre für die einfache Strecke ca. 1,20 €.

Passöffnungszeiten
Die Passstraßen sind offiziell ganzjährig geöffnet. Im Winter sind jedoch auch tagelange Schneesperren möglich.

Servicestellen
Colmar: Yamaha Free Bike, 64, avenue d'Alsace, 68000 Colmar
Honda Stey Motos, 114, route de Roufach, 68000 Colmar
Suzuki Motos Dario, 67, avenue du Général de Gaulle, 68000 Colmar

›››

Gleichsam als etwas kleineres Spiegelbild des am gegenüberliegenden Rheinufer liegenden Schwarzwaldes sind mehr als zwei Drittel dieses Gebirges

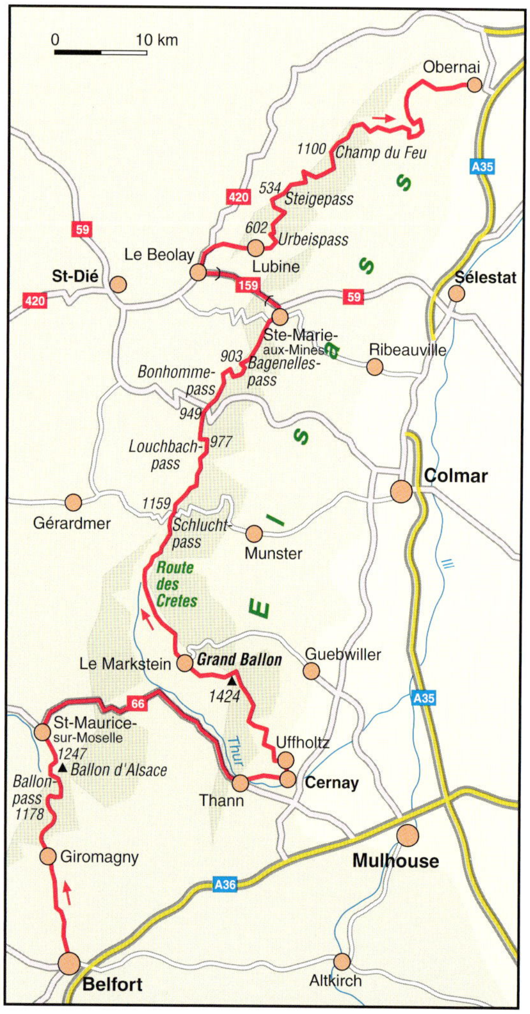

mit Wald bedeckt, vorwiegend aus Tannen, Fichten, Buchen und Erlen, der in Kammhöhe langsam verschwindet und in Hochmoore und Hochweiden mit wenigen windzerzausten und flechtenbedeckten Tannen übergeht. Zahlreiche Bergseen, die ihre Entstehung noch den eiszeitlichen Gletschern verdanken, erhöhen den Reiz dieser eher herben Landschaft. Große Gipfelstürme kann man hier nicht erleben: Mit dem Grand Ballon, dem Großen Belchen, erreichen die Südvogesen »nur« eine Höhe von 1424 Metern. Aber die vielen Kurven und die außerhalb der Hauptreisezeit weitgehend ruhigen Straßen entschädigen dafür reichlich.

Ich möchte den Vogesenhauptkamm in seiner gesamten Länge durchqueren und dabei die schönsten Strecken vom Ballon d'Alsace, dem südlichen Eckpfeiler der Vogesen, über die Vogesenkammstraße mit dem Grand Ballon, dem höchsten Berg der Vogesen, bis hinauf zur Vogesenstraße, die schon unweit von Strasbourg verläuft, kennen lernen.

Auf den Ballon d'Alsace

Erwartungsvoll verlasse ich Belfort, dessen gewaltige Festungsanlage mit der nicht minder imposanten Löwenplastik aus rotem Sandstein daran erinnert, dass die Stadt vor allem wegen ihrer strategisch wichtigen Lage an der so genannten Burgundischen Pforte, einer Engstelle zwischen den Vogesen und dem Jura, in der Vergangenheit immer wieder heiß umkämpft war.

In Richtung Norden nach Giromagny folge ich der nun mäßig ansteigenden Straße im Talboden der Savoureuse, dann nimmt der Wald zu und ich treffe auf die erste Kehre, der bis zur Passhöhe in großen Abständen noch fünf weitere folgen werden. Viel zu schnell bin ich oben, der Wald geht zurück, ich stelle meine Maschine vor dem in 1178 Metern Höhe gelegenen Restaurant du Sommet ab und betrachte die Umgebung, die sich von den Hochweiden des Gipfelplateaus in einer fast fächerförmig sich ausbreitenden, teils bewaldeten, teils von Almmatten bedeckten Hügellandschaft verliert.

Kaum zu glauben, dass vom nur unwesentlich höher gelegenen Gipfel die Aussicht an klaren Tagen bis zum Montblanc reichen soll. Aber dies vermag mich heute nicht zu dem kurzen Fußmarsch dorthinauf verleiten, auch wenn dort oben neben einer Madonnenstatue noch ein Reiterdenkmal für Jeanne d'Arc, die Nationalheldin Frankreichs errichtet wurde, besser bekannt als Jungfrau von Orléans.

Die Vogesenkammstraße

Ich komme heute auch auf der Maschine noch höher hinauf, muss dazu aber erst über die windungsreiche, dicht bewaldete Nordseite nach Saint-Maurice-sur-Moselle abfahren. Mit Erreichen der Talfurche der Moselle liegt der südliche Eckpfeiler der Vogesen, auch Elsässer oder Welscher Belchen genannt, hinter mir. Ich folge der gut ausgebauten Nationalstraße 66 nach Cerny. Aber nicht dem Industriestädtchen, dessen Altstadt noch von einer mittelalterlichen Stadtmauer umgeben ist, gilt mein Interesse, sondern der ein wenig weiter nördlich bei Uffholz beginnenden Vogesenkammstraße. Eine der landschaftlich eindrucksvollsten Strecken in den Vogesen, wurde sie im Ersten Weltkrieg ursprünglich als Militärstraße angelegt, um die Frontabschnitte zu sichern.

Wer, die Fahrt bei gutem Wetter durch diese wunderschöne Landschaft genießt, möchte kaum glauben, dass sie auch ein ganz anderes, schreckliches Gesicht haben kann. Trotzdem, am Hartmannswillerkopf, den man vom Silberlochsattel

Der Weg führt uns durch eine hügelige Landschaft zum Col de Bonhomme.

›››

Sausheim: Harley-Davidson Mulhouse, 4, rue de l'Artois, 68390 Sausheim
Honda Préférence Moto, 2, rue de l'Artois Actipolis 2 6 CD 201, 68390 Sausheim
Mulhouse: Kawasaki BG Motos, 145, rue de l'Ile Napoléon, 68100 Mulhouse
Yamaha Free Bike, 127/129, rue de Belfort , 68200 Mulhouse
Suzuki B. G. Motos, 145, rue de l'Ile Napoléon, 68170 Mulhouse/Rixheim
BMW Agora Motos, 48, rue de l'Ile Napoléon, 68170 Mulhouse/Rixheim ›››

Die Stadt Colmar ist einen Abstecher wert: sie fasziniert durch ihre gut erhaltene Altstadt.

>>>

Fortsetzung Servicestellen
Haguenau: Yamaha Moto 67, 189, grande rue, 67500 Haguenau
Honda Motos Enesser ZJ, 101, route de Bitche, 67500 Haguenau
Suzuki Moto Steib, 18 a, route de Bitche, 67500 Haguenau
Kawasaki Motos Standing, 26, route de Strasbourg, 67500 Haguenau
Fegersheim: Harley-Davidson Center of Alsace, rue du Commerce (RN 83), 67690 Fegersheim
Straßburg/Strasbourg: BMW BS Moto, 89, route des Romains, 67200 Strasbourg

Karte Euro Cart Regionalkarte 1:300.000, RV-Verlag, Frankreich, Blatt 3, Elsaß/Lothringen/Champagne

in einem kurzen Fußmarsch erreichen kann, fanden während der Kämpfe zwischen 1915 und 1916 mehr als 30.000 Soldaten den Tod. Neben dem Ehrenmal mit dem altarähnlichen Bronzeblock erinnert auch ein französischer Soldatenfriedhof mit 1260 Gräbern an diese unrühmliche Zeit. Etwas nachdenklich fahre ich weiter, aber bald beginnt die Fahrfreude wieder Oberhand zu gewinnen. Ich halte erst wieder am höchsten Punkt der Straße an, in 1360 Meter Höhe bei den Parkplätzen vor den Restaurants und Hotels, und beschließe trotz meiner unzweckmäßigen Kleidung diesmal zum etwa 60 Meter höher gelegenen Gipfel aufzusteigen. Das in Reiseführern versprochene phantastische Alpenpanorama vom Schweizerischen Säntis bis zum französischen

Sehenswürdigkeiten

- **Belfort:** Kirche St-Christoph an der Place des Armes; Place de la République mit Monument des Trois Sièges; Zitadelle mit Kunst- und Geschichtsmuseum und überlebensgroßer Löwenplastik.
- **Giromagny:** Bergbaumuseum nahe der Grande Place; Grande Place mit dem Maison Mazarin, dem Haus des Bergbaugerichts aus dem Jahre 1565.
- **Thann:** St-Theobalds-Münster aus dem 14. Jh.; Heimatmuseum in der Kornhalle; Engelsburg oberhalb der Stadt, in ca. 30 Min. zu Fuß zu erreichen.
- **Cernay:** Heimatmuseum im Thanner Tor; Storchenpark am Thurufer.
- **Grand Ballon:** Schöner Aussichtspunkt mit Orientierungstafel am Hauptgipfel; Denkmal für die Gebirgsjäger »Diables Bleus«, die »Blauen Teufel« unterhalb des Gipfels.
- **Ste-Marie-aux-Mines:** Silbermine St-Barthélemy am westlichen Stadtrand oberhalb der Kirche Ste-Madeleine und des Rathauses; Silbermine St-Louis-Eisenthur beim »Centre du Patrimoine Minier« in der Rue Weisgerber 4 (Besichtigungsdauer mit Führung ca. 3 Std.).
- **Obernai:** Reizvolle Altstadt; Marktplatz mit Sechseimerbrunnen aus der Renaissance; neugotische Stadtkirche St. Peter und Paul; neoromanische Synagoge an der westlichen Stadtmauer.

Montblanc bleibt mir aufgrund der schlechten Sichtverhältnisse jedoch verwehrt. So muss ich mich damit begnügen, die Gipfelnamen von der Orientierungstafel abzulesen. Die französischen Gebirgsjäger, denen zu Ehren etwas unterhalb des Gipfels ein Denkmal angebracht wurde, haben bestimmt weniger geschnauft als ich, nachdem ich gut 30 Minuten später wieder bei meinem Motorrad angelangt war.

Über das Feuerfeld

Auf dem Motorrad komme ich bald wieder zu Kräften, fahre hinab zum Col de la Schlucht und halte mich dann über windungsreiche, kleine, teils verschwiegene Straßen Richtung Norden. Ich möchte noch hoch zur Vogesenstraße, die sich vom Urbaispass auf 50 Kilometer Länge über eine »Champ du Feu, Feuerfeld genannte Hochfläche nach Obernai ins Rheintal zieht. Noch einmal zeigt sich mir auf dieser Strecke die Vogesenlandschaft in ihrer ganzen, zwar einfachen und klaren, dafür aber natürlichen Schönheit.

Bild links: Im Elsass ist der Geist des Weines allgegenwärtig.

Trotzdem bin ich froh, als ich Obernai erreiche, denn die kurvenreiche Strecke und auch die verwinkelte Trassenführung erfordern ständige Konzentration. Dafür nehme ich das holprige Kopfsteinpflaster im malerischen Ortskern in Kauf und freue mich auf die bekannt gute elsässische Küche, die ich nun in einem der Restaurants um die Place de la Chapelle ausgiebig testen werde.

Bild unten: Auf der Rückfahrt nehmen wir die Route über Straßburg, das nicht nur wegen seines Münsters einen längeren Besuch wert ist.

Zentralmassiv – Im Land der Vulkane

Das »massif central« liegt geographisch gesehen dort, wo sich der westliche Alpenhauptkamm entschieden nach Süden wendet, ist von diesem durch die Rhône getrennt und hat fast die Form eines rechtwinkligen Dreiecks mit den Eckpunkten Lyon, Clermont-Ferrand und Carcassonne.

Tour 30

Streckenlänge 312,5 km

Ausgangs- und Endpunkt
Clermont-Ferrand (358 m)

Anfahrt München – Inning – Landsberg – Memmingen – Lindau – Rohrschach – St. Gallen – Winterthur – Zürich – Egerkingen – Bern – Lausanne – Genf – Lyon – St-Etienne – Clermont-Ferrand (928 km)

Anfahrtszeit 10 1/4 Stunden

Mautgebühren
Die Anfahrtsstrecke beinhaltet sowohl in Österreich als auch in der Schweiz vignettenpflichtige Straßenabschnitte. Bei Verlassen der Bodenseeautobahn A 96 bei der Anschlussstelle Lindau und Benutzung der Bundesstraßen B 190 und 202 zwischen den Grenzübergängen Unterhöchsteg und Höchst auf ca. 16 km Länge entfällt die Vignettenpflicht für Österreich.
Die Mautgebühr auf den französischen Autobahnen beträgt zwischen den Anschlussstellen Perly und Clermont-Ferrand für die einfache Strecke ca. 12,90 €.
Die Auffahrt vom Clermont-Ferrand zum Puy-de-Dôme ist mautpflichtig. Die Mautgebühr beträgt 3 €.

Passöffnungszeiten
Die Passstraßen sind offiziell ganzjährig geöffnet. Im Winter sind jedoch auch tagelange Schneesperren möglich.

Servicestellen
St-Etienne: Yamaha Phili'Motos, 9, rue de Dunkerque, 42300 St-Etienne
Harley-Davidson St-Etienne, 2 – 4, rue Etienne Mimard, 42000 St-Etienne

>>>

Strecke: Clermont-Ferrand (km 0,0) – Abstecher auf den Puy de Dôme (km 12,5) – Clermont-Ferrand (km 25,0) – Randanne (km 48,0) – Le Mont-Dore (km 74,0) – La Tour d'Auvergne (km 90,5) – Bort-Les-Orgues (km 118,5) – Mauriac (km 148,5) – St-Martin-Valmeroux (km 165,5) – Salers (km 172,0) – Pas de Peyrol (km 192,5) – Le Chaumeil (km 208,0) – Condat (km 236,0) – Besse-et-St-Anastaise (km 264,0) – Murol (km 276,0) – Einmündung N 89 vor Randanne (km 292,5) – Clermont-Ferrand (km 312,5)

Auf das Zentralmassiv hat mich diesmal keine Motorradzeitschrift, sondern der Roman »Das Parfüm« des Schriftstellers Patrick Süßkind gebracht. Die Hauptperson des Werkes, Jean-Baptiste Grenouille, soll dort in einer Höhle in einem Vulkan namens Plomb du Cantal mehrere Jahre in meist vollkommener Dunkelheit, Stille und Bewegungslosigkeit gehaust haben und sich dabei überwiegend von Insekten, trockenen Flechten, Gras und Moosbeeren ernährt haben. Nicht dass mir diese reichlich unglaubwürdige und überzogene Stelle besonders imponiert hätte, aber der ganze Roman war insgesamt so spannend und hervorragend geschrieben, dass ich mich näher mit dem Zentralmassiv befassen wollte.

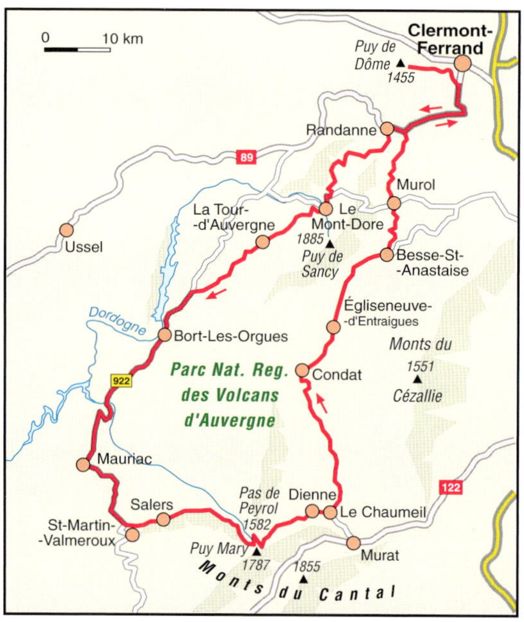

Mit seiner höchsten Erhebung, dem 1885 Meter hohen Puy de Sancy, ist das »massif central« ein Mittelgebirge, dem hochalpine Panoramen fehlen. Trotzdem braucht sich das Berggebiet mit seinen mächtigen Kalkkegeln im Norden, der Auvergne, mit den phantastischen Canyons im verkarsteten Kalkplateau der Causse sowie den mediterranen bewaldeten Hängen der Cevennen im Süden landschaftlich nicht zu verstecken.
Von den übrigen Gebieten Frankreichs immer etwas isoliert, schwer zugänglich und abseits der Hauptverkehrswege gelegen, hat sich dieses Berggebiet seine Eigenständigkeit noch weitgehend bewahrt. Trotzdem erschließen heute gute Straßen das stille, karge, teilweise fast menschenleere Bergland mit seiner rauen, melancholischen Schönheit. Es ist vor allem für diejenigen interessant, die einmal abseits der lärmenden, überlaufenen Verkehrswege Pass- und Bergstraßen genießen wollen.

Auf den Puy de Dôme

In der Metropole Clermont-Ferrand ist von dieser Ruhe freilich noch nicht allzu viel zu verspüren. Einst eine Siedlung der Averner, die hier eine ausgedehnte Befestigungsanlage errichteten, die Gergovia genannt wurde. Hier erlitt Caesar im Jahre 52 v. Chr. gegen den Gallierführer Vercingetorix während des Gallienfeldzuges seine größte Niederlage, was dem einen vielleicht aus der Lektüre des »Bellum Gallicum« im Lateinunterricht bekannt, dem anderen vom Studium der Asterixhefte her im Gedächtnis geblieben ist. Heute ist die lebhafte Stadt das unumstrittene Zen-

trum der Auvergne, wozu die Industrieansiedlungen, darunter der Reifenhersteller Michelin, der vor nunmehr gut 100 Jahren den auswechselbaren Fahrradschlauch erfand und nunmehr größter Arbeitgeber der Region ist, ihren Teil beitragen. Dennoch treffe ich beim Bummel durch die Gassen der Altstadt auf kleine romantische Plätze und schöne Brunnen und bin besonders von der kaum zwei Meter breiten Rue des Boucheries, der Straße der Metzger beeindruckt, die von der Markthalle zur Kathedrale führt und sich, von den Preisen für das Warenangebot einmal abgesehen, seit dem Mittelalter nicht verändert zu haben scheint. Und seit dem Mittelalter hat sich in dieser Region wohl auch die Methode der Mauteintreibung erhalten, wie ich bei meiner Fahrt auf den Puy de Dôme, den Aussichtsberg westlich der Stadt, feststelle. Blaise Pascal ließ im Jahre 1648 auf dem 1464 Meter hohen Gipfel das berühmte Experiment durchführen, bei dem er mit einem Quecksilberbarometer nachwies, dass Luft eine Materie ist. Diese Erkenntnis nutzen heute vor allem die zahlreichen Drachen- und Gleitschirmflieger, die den Luftraum über dem Puy de Dôme an schönen Tagen beherrschen.

Von dort oben müsste gut zu erkennen sein, dass es sich hier um eine ganze Kette von etwa 110 Vulkangipfeln handelt, die sich westlich von Clermont-Ferrand in einer gut 30 Kilometer langen Silhouette, die »Chaîne des Puys«, also Kette der Puys, oder auch »Monts Dômes« genannt wird, entlangziehen und von denen der Puy de Dôme nur der Höchste ist. Von der Straße hat man diese Übersicht aber leider nicht. Im Gegenteil, Wald versperrt oft die Aussicht, und so beschließe ich, nach Sü-den ins Gebiet der Monts Dore zu fahren, wo weitere Vulkangipfel der Auvergne in einem Regionalpark unter Naturschutz gestellt wurden. Es wird vielfach auch als Bilderbuch der Auvergne bezeichnet.

Auf der »Route des Crêtes« bei Salers im Zentralmassiv.

>>>

Honda 1ere avenue, 8, Place Villeboeuf, 42100 St-Etienne
Suzuki Eden Bike, ZJ Verpilleux, rue Necker, 42000 St-Etienne
BMW Amoruso Motos, 66, rue du 11 Novembre, 42100 St-Etienne

Le Puy en Velay: Yamaha Moto Service, 9, avenue Bonnerville, 43000 Le Puy en Velay
Honda und Kawasaki Fun Bike, 27, blvd. Georges Sand, 43000 Le Puy en Velay

Karte Euro Cart Regionalkarte 1:300.000, RV-Verlag, Frankreich, Blatt 7, Languedoc/Roussillon/Auvergne

Auf unserer Route begegnen wir immer wieder reizvollen Dörfern, die sich in die Landschaft hineinschmiegen und von einer Burg »beschützt« werden.

Sehenswürdigkeiten

- **Clermont-Ferrand:** Basilika Notre-Dame-du-Port aus dem 11./12. Jh. mit Dachbedeckung aus Lavaplatten; Versteinerte Brunnen (»Fontaines Pétrifiantes de St-Alyre«) zwischen Place des Salins und Viertel St-Alyre; Volkskundemuseum der Auvergne (»Musée du Ranquet«) im Hotel Fontfreyde; Musée Bargoin mit Abteilung für prähistorische und gallorömische Archäologie mit angeschlossenem Teppichmuseum; reizvolle Parkanlage Jardin Lecoq an der Rue F. Mitterrand.
- **Puy de Dôme:** Grotte du Puy de Dôme mit Mineraliensammlung am Beginn der Auffahrtsstrecke; Wanderung zum Gipfel (hin und zurück ca. 1 Std.) mit Informationszentrum und Orientierungstafeln; Merkurtempel nahe der Gleitschirm- und Drachenfliegerstartplätze.
- **Le Mont-Dore:** Thermalkurort mit siliziumhaltigen und kohlensäurereichem Wasser für die Behandlung von Asthma, Atemwegserkrankungen und Rheuma; sehenswertes Kurhaus mit Quellensaal, Wandelhalle, Cäsar-Galerie und Resten römischer Thermenanlagen.
- **Bort-les-Orgues:** Kirche aus dem 15. Jh. mit modernen Glasgemälden und Resten alter Befestigungsanlagen; Talsperre (»Barrage de Bort«) mit 390 Meter langer Dammkrone der Dordogne und Ausflugsbooten auf dem See, Aussichtspunkten und Besucher-Rundweg (Circuit-Visiteurs) ca. 1 km nördlich der Ortschaft an der D 979 bzw. D 922.
- **Mauriac:** Kirche Notre-Dame-des-Miracles aus dem 12. Jh. als bedeutendes Bauwerk der Haute Auvergne; Kloster St-Pierre mit Kapitelsaal und Kreuzgang aus dem 14./15. Jh.; Museum im früheren Gefängnis mit gallorömischer Keramik und liturgischem Gerät.
- **Salers:** Sehenswertes Stadtbild mit Stadtmuseum und schönen alten Stadthäusern; Kirche St-Matthieu aus dem 15. Jh.; Grande Place (auch Place Tyssandier-d'Escous) mit schlichten Häusern aus dunklem Lavagestein und Brunnen; Haus der Templer (»Maison des Templiers«) aus dem 15. Jh. mit Museum zur Stadtgeschichte.
- **Murol:** Burg aus dem 13. Jh. mit schönem Rundblick vom Burgturm, Führungen und Abendveranstaltungen mit Reiterwettkämpfen.

Zur Quelle der Dordogne

Ich finde die Nationalstraße 89 und folge dieser bis Randanne, wo ich auf die wesentlich kleinere Départementale-Straße 983 in Richtung Le Mont-Dore abbiege. Das Fahren in der waldreichen, kaum besiedelten Gebirgslandschaft entspricht nun schon eher meinen Vorstellungen. Erst mit dem Badeort Le Mont-Dore, dessen silizium- und kohlensäurehaltige Thermen schon den römischen Legionären Linderung versprachen, treffe ich wieder auf eine größere Ansiedlung. Der Ort liegt am Nordfuß des Puy de Sancy, mit 1885 Metern höchster Berg des Zentralmassivs, an dessen Hängen auch die Dordogne, der vielleicht malerischste Fluss Frankreichs entspringt.

Über eine Straße auf der Nordseite des Berges fahre ich zur Pont de Cacadogne auf etwa 1670 Meter nach oben und blicke zurück über eine weite, kuppige und grüne Hügellandschaft, die bis zu den Monts Dômes über Clermont-Ferrand reicht. Dann fahre ich über La Tour d'Auvergne und das Plateau de l'Artense nach Bort-les-Orgues.

Dort treffe ich wieder auf die Dordogne, die aber hier in einem lang gestreckten Stausee ihrer Natürlichkeit beraubt wurde. Andererseits ergeben sich dafür aber auch viele Wassersportmöglichkeiten, die vor allem von Schwimmern und Seglern genutzt werden.

Im Cantal

Mit meiner Weiterfahrt über die D 922 hinunter nach Süden verlasse ich zwar den Regionalpark der Vulkane, aber schon in Mauriac werde ich wieder unmissverständlich daran erinnert, dass das gesamte Gebiet vulkanischen Ursprungs ist. Die Klosterkirche Notre-Dame-des-Miracles ist ebenso wie auch viele Häuser hier aus dunklem, fast schwarzem Lavagestein gebaut. Sie ist das bedeutendste romanische Bauwerk in der Hohen Auvergne und gilt als eine der größten Sehenswürdigkeiten der Region.

Die landschaftlich größte Sehenswürdigkeit ist aber das Cantal, das erste der großen vulkanischen Massive der Auvergne, das sich vor etwa 20 Millionen Jahre bildete. Die Lavamassen türmten damals einen Bergstock von über 3000 Metern Höhe auf und zerflossen dabei über einem Gebiet von 2500 Quadratkilometern. Heute ist die Erdkruste schon lange wieder erstarrt, und auch die Vulkankegel sind um mehr als 1000 Meter abgetragen und ragen nur noch als Fragmente in den Himmel. Trotzdem kann das Zentrum des Cantal mit seinem Wechselspiel zwischen grünen, fruchtbaren Wiesen, dunklen Nadelwäldern, von Tälern durchzogenen Hochflächen und von Flüssen getrennten, steilen Bergketten mit scharfen Graten dem Vergleich mit manchen Alpenregionen standhalten.

Ich durchquere diese einmalige Landschaft über den Pas de Peyrol, mit 1582 Metern der höchste Übergang des Zentralmassivs, und erkenne etwas weiter im Südosten den Plomb du Cantal, mit 1855 Metern der höchste Vulkan des Cantal. Dort oben hauste also Jean-Baptiste Grenouille, denke ich und kann mir jene tragische Gestalt in dieser einsamen Landschaft durchaus vorstellen. Auf Dauer wäre es mir hier aber doch zu langweilig, und irgendwie bin ich froh, als ich wieder in den Trubel von Clermont-Ferrand eintauche.

Unterwegs bei Montaigut Les Blancs. Häuser aus düster wirkenden dunklen Steinen erbaut, geben der Landschaft ihren melancholischen Reiz.

Cevennen – Über die Cevennen-Höhenstraße

Geographisch gehören die Cevennen noch zum Zentralmassiv, aber landschaftlich unterscheiden sie sich erheblich vom nördlichen Teil des Gebirges, welches ich bei meiner Tour durch die Vulkanberge der Auvergne und des Cantal bereits kennen gelernt habe (siehe Tour 30).

Tour 31

Streckenlänge 174,0 km

Ausgangs- und Endpunkt
Mende (731 m)
Nîmes (39 m)

Anfahrt München – Inning – Landsberg – Memmingen – Lindau – Rohrschach – St. Gallen – Winterthur – Zürich – Egerkingen – Bern – Lausanne – Genf – Lyon – St-Etienne Est – St-Etienne – Mende (km 940)

Anfahrtszeit 11 1/2 Stunden

Mautgebühren
Die Anfahrtsstrecke beinhaltet sowohl in Österreich als auch in der Schweiz vignettenpflichtige Straßenabschnitte. Bei Verlassen der Bodenseeautobahn A 96 bei der Anschlussstelle Lindau und Benutzung der Bundesstraßen B 190 und 202 zwischen den Grenzübergängen Unterhöchsteg und Höchst auf ca. 16 km Länge entfällt die Vignettenpflicht für Österreich.
Die Mautgebühr auf den französischen Autobahnen beträgt zwischen den Anschlussstellen Perly und St-Etienne Est für die einfache Strecke ca. 7,80 €.

Passöffnungszeiten
Die Passstraßen sind offiziell ganzjährig geöffnet. Im Winter sind jedoch auch tagelange Schneesperren möglich.

Servicestellen
Alès Yamaha Cevennes Motos, 19, rue Guynemer/
Esp. Cial Talabat, 30100 Alès
Honda Espace Motos Alès, 26, route de Bagnoles, 30100 Alès Kawasaki Passion, 56 – 58, rue du Fbg. du Soleil, 30100 Alès

>>>

Strecke: Mende (km 0,0) – La Rouvière (km 9,5) – Bagnois-les-Bains (km 21,0) – Le Bleymard (km 30,0) – Finielspass (km 40,5) – Le Pont-de-Montvert (km 51,5) – Florac (km 72,5) – St-Laurent-de-Trèves (km 81,0) – St-Jean-du-Gard (km 123,5) – Anduze (km 137,5) – La Pyramide (km 145,5) – Nîmes (km 174,0)

Deutlich mediterraner ist das Landschaftsbild dort bereits, und die Wärme des Südens hat die Rauheit des Zentralmassivs schon erkennbar zurückgedrängt. Wein und Oliven werden hier angebaut, und weite Teile der Landschaft sind mit Wäldern aus Edelkastanien und Maulbeerbäumen bedeckt. Charakteristisch sind die tiefen Schluchten, mit denen sich die Flüsse in das Gebirge eingegraben haben. Dadurch werden die Berge in nahezu parallel verlaufende, sich nach Süden hin langsam abflachende Bergrücken gestaffelt.

Ich möchte dieses Gebiet auf der Cevennen-Höhenstraße durchqueren, einer gut 50 Kilometer langen Panoramastrecke, die durch den Cevennen-Nationalpark führt, vorher aber noch über den

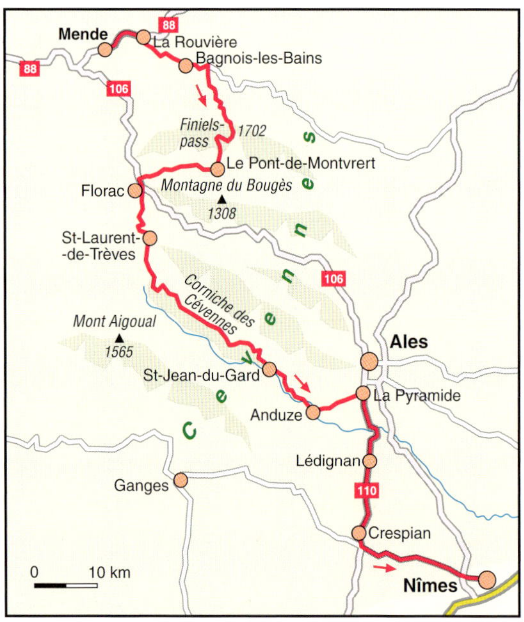

höchsten Pass fahren, den 1541 Meter hohen Col de Finiels im Gebiet des Mont Lozère.

Über den Col de Finiels

Zu diesem Zweck wähle ich die Ortschaft Mende am Südrand der Cevennen, die ich über die Nationalstraße 9 von Clermont-Ferrand aus gut erreiche. Als ich die Stadt auf der Nationalstraße 88 in östlicher Richtung verlasse, wird mir etwas vor Augen geführt, was ich bisher noch nicht wusste: Die Cevennen sind eines der niederschlagsreichsten Gebirge Frankreichs. Wie eine Staumauer stemmen sie sich den vom Mittelmeer heranströmenden feuchten Luftmassen entgegen, und wenn diese dann noch auf kalte atlantische Luft stoßen, kommt es zu äußerst heftigen Wolkenbrüchen. Und ein solcher erwischte mich genau, als ich Le Bleymard, den Ausgangspunkt der nördlichen Passauffahrt, verlassen hatte. Zwar sehe ich nach kurzer Fahrzeit ein Ortsschild mit der Aufschrift »Malavielle«, erkenne die dazugehörigen Häuser allerdings nur unterhalb des rechten Talrandes, von mir getrennt durch eine Steinböschung. Ohnehin bereits tropfnass, fahre ich gleich weiter und finde Unterschlupf im Chalet Mont Lozère, etwas unterhalb der Passhöhe.

So schnell der Regen gekommen war, so schnell verschwand er glücklicherweise auch: Auf der Passhöhe, einer von einer einsamen Waldgruppe bedeckten Hochfläche, schien wieder die Sonne. Die südliche Abfahrtsroute, über die ich auf teils schmaler, aber guter Straße hinunterfahre, unterscheidet sich deutlich von der Auffahrt.

Waren dort ausgedehnte Wälder und Wiesen anzutreffen, ist hier der Einfluss der Causses, die mit ihren verkarsteten Kalkplateaus den Wald weitgehend verdrängt haben, deutlich zu bemerken. Dürre Gräser sprießen zwischen den Steinen, und nur hin und wieder hat sich in einer Senke etwas mehr Erde angesammelt, um üppigere Vegetation zu ermöglichen. Auffällig sind die riesigen, teils übereinander geschichteten Felsbrocken an den Hängen neben der Straße, die sich in meist gemäßigtem Gefälle nach Le Pont de Montvert hinabzieht, einer kleinen Häuseransammlung in der Schlucht des Alignon, dem ich nun nach Florac folge.

Es ist ein typisches Cevennendorf, leicht verwittert, aber sympathisch, und mit knorrigen Alleebäumen, denen man ansieht, dass sie sich oft unter den Böen der heftigen Fallwinde verbiegen müssen. Auch ein Schloss aus dem 17. Jahrhundert kann es aufweisen, das früher als Gefängnis diente, heute aber ein naturkundliches Museum ist, mit einem Informationszentrum zum 1970 gegründeten »Park National des Cévennes«, dem Cevennen-Nationalpark. Dessen Gründung ging übrigens nur gegen den erbitterten Widerstand der Einheimischen vonstatten, die dabei allerdings nicht umweltrechtliche oder ökologische Belange im Sinn hatten, sondern einzig und allein ihre Jagdleidenschaft gefährdet sahen, die im Nationalpark behördlich reglementiert werden sollte und von den Jägern deshalb leidenschaftlich verteidigt wurde.

Die Cevennen-Höhenstraße

Ich verlasse den nördlichen Ausgangspunkt der Cevennen-Höhenstraße und folge nun der D 907, die noch einige Kilometer eben an der Tarnon entlang führt. Einem ersten Anstieg der Straße folgt nochmals eine längere Abfahrt, dann geht es teilweise stärker ansteigend nach Saint-Laurent-de-Trêves, wo ich anhalte und mir in der ehemaligen Kirche eine audiovisuelle Führung über das Leben

Kleine Abkühlung gefällig? Badegumpen im Ibie-Tal.

>>>

Nîmes: Yamaha Dubios Motos Center, Centre Routier International – km Delta, 30900 Nîmes
BMW Sport Moto – ETS Thome, 5, avenue de Verdun, 30900 Nîmes-Cadereau; Kawasaki Kawa Bike, 52, route de Beaucaire, 3000 Nîmes

Toulouse: Harley-Davidson Toulouse, 6 – 8, impasse Monnerville, 31200 Toulouse
Yamaha Yam 31, 119/127, avenue des Etats-Unis, 31200 Toulouse
Honda Moto New, 69, blvd. Deodat de Séverac, 31300 Toulouse
Suzuki Ducos Motos, 47/49, route du Paris RN 20, 31300 Toulouse

Süße Souvenirs für den Tankrucksack: Kastanienspezialitäten aus den Cevennen.

>>>

Karte Euro Cart Regionalkarte 1:300.000, RV-Verlag, Frankreich, Blatt 7, Languedoc/Roussillon/Champagne

der Dinosaurier ansehe, die hier vor Jahrmillionen lebten und deren Spuren auf den Kalkfelsen über dem Ort entdeckt wurden.

Am höchsten Punkt der Straße, den ich bald erreiche, in etwa 1040 Metern Höhe, erkenne ich um mich herum nur ein paar genügsame Schafe, die in der fast baum- und strauchlosen Heidelandschaft ihr karges Leben fristen. Die gegenüberliegende Talseite ist dagegen dicht bewaldet, und auch die weit vor mir liegenden Bergzüge des Languedoc sind von Wald überzogen.

Die Straße bleibt nun auf der Hochfläche, an einem Aussichtspunkt ist tief unterhalb ein Fluss zu erkennen. Er heißt Gardon de Saint-Jean, und mit »gardon« beginnen hier die Namen aller Flüsse, die sämtlich nach Südosten streben, um sich in der Hügellandschaft der Garrigues bei Nîmes zum Gard zu vereinigen. Hinter l'Hospitalet bricht die Trasse unvermittelt stark ab, wird aber dann in der Folge immer wieder von kleinen Gegenanstiegen unterbrochen. Besonders aufregend gestaltet sich die weite Landschaft und die unberührte Natur aber nicht,

Sehenswürdigkeiten

- **Mende:** Kathedrale aus dem 14. Jh.; Brücke Notre-Dame aus dem 12. Jh.; Musée Ignon-Fabre in der Rue de l'Epine mit den Themen Geologie, Paläontologie und Archäologie sowie Ausstellung über Glasmalerei.
- **Florac:** Château aus dem 17. Jh. mit Ausstellungsräumen über den Cevennen-Nationalpark und Informationszentrum; Couvent de la Présentation mit monumentalem Portal aus dem 16. Jh.
- **St-Laurent de Trèves:** Audivisuelle Vorführung über Dinosaurier in der ehemaligen Kirche.
- **St-Jean du Gard:** Heimatmuseum in einer ehemaligen Herberge aus dem 17. Jh.;
Tour de l'Horloge (Uhrenturm) im romanischen Stil über der Altstadt;
Avenue de la Résistance gegenüber dem Bahnhof mit alten Postkutschen und amerikanischen Wagen aus den 60er Jahren.
- **Anduze:** Sehenswerte Altstadt mit Pagodenbrunnen; Parkanlagen des ehemaligen Franziskanerklosters; Tour de l'Horloge (Uhrenturm) auf dem Platz der ehemaligen Burg.

in der man dafür aber selbst zur Hauptreisezeit fast ungestört unterwegs ist.
Langsam geht die Wiesenlandschaft in eine Waldzone über. War der Straßenverlauf bisher nicht allzu kurvenreich, bringen mich nun schön geschwungene Schleifen zu einer Kreuzung im Gardontal hinunter, wo ich die Straße dann leider auch wieder mit vielen anderen teilen muss.

In den südlichen Cevennen

In Saint-Jean du Gard habe ich den Endpunkt der Cevennen-Höhenstraße erreicht und tauche etwas in die Geschichte dieser Landschaft ein: Die Stadt war einst ein Zentrum der Hugenotten; als Ludwig XIV. jedoch im Jahre 1685 das Toleranzedikt von Nantes widerrief, waren diese gezwungen, entweder ihrem Glauben abzuschwören oder zu fliehen. Viele versuchten, sich hier in der Abgeschiedenheit der südlichen Cevennen der Zentralgewalt zu entziehen und ihrem protestantischen Glauben nachzugehen. Dies gelang jedoch nicht – sie wurden weiter verfolgt und ins Gefängnis gesperrt. Ein Aufstand im Jahre 1702 wurde blutig niedergeschlagen. Mehr als 5000 Männer wurden auf Galeeren gebracht, die Frauen in die düsteren Verliese des Tour de Constance in Aigues-Mortes gesteckt. Erst König Ludwig XVI. erlaubte durch sein Verdikt im Jahre 1787 den Hugenotten wieder die freie Ausübung ihres Glaubens.
Auch von dort gelangt man ohne all zu großen Umweg nach Anduze, dem »Tor der Cevennen«, das für mich zum Abschiedstor wird. Durch die Hügel der Garrigues, die fast vollständig von Weinreben überzogen sind, folge ich der N 110 nach Nîmes, das für mich vor allem deshalb interessant ist, da es direkt an der Autobahn liegt.

Entspannen, Schauen und Nachdenken – Bikepause in Belvedère de Bouzède bei Génolhac.

Tour 32

Provence – Über den Berg des Windes

Schon beim Klang des Namens Provence tauchen vor dem geistigen Auge die schier endlosen Salzsümpfe der Camargue auf, ein ausgedehntes Feuchtgebiet, das von den Mündungsarmen der Rhône umschlossen wird und über die Herden von weißen Pferden einer uralten Rasse streifen, deren Abbild man schon in steinzeitlichen Höhlenmalereien erkannt haben will.

Strecke: Avignon (km 0,0) – vor Apt (km 50,0) – Les Yves (km 56,5) – Murs (km 63,5) – Col de Murs (km 68,5) – Carpentras (km 88,5) – Bédoin (km 103,5) – Chalet Reynard (km 118,5) – Mont Ventoux (km 124,5) – Malaucene (km 145,5) – Vaison-la-Romaine (km 155,0) – Nyons (km 171,0) – Tulette (km 191,0) – Bollène (km 207,0) – Mondragon (km 213,0) – Mornas (km 218,0) – Orange (km 229,0) – Avignon (km 247,0)

Streckenlänge 247,0 km

Ausgangs- und Endpunkt
Avignon (23 m)

Anfahrt München – Inning – Landsberg – Memmingen – Lindau – Rohrschach – St. Gallen – Winterthur – Zürich – Egerkingen – Bern – Lausanne – Genf – Lyon – Valence – Orange – Autobahnausfahrt Anschlussstelle Roquemaure – Avignon (950 km)

Anfahrtszeit 10 1/2 Stunden

Mautgebühren
Die Anfahrtsstrecke beinhaltet sowohl in Österreich als auch in der Schweiz vignettenpflichtige Straßenabschnitte. Bei Verlassen der Bodenseeautobahn A 96 bei der Anschlussstelle Lindau und Benutzung der Bundesstraßen B 190 und 202 zwischen den Grenzübergängen Unterhöchsteg und Höchst auf ca. 16 km Länge entfällt die Vignettenpflicht für Österreich.
Die Mautgebühr auf den französischen Autobahnen beträgt zwischen den Anschlussstellen Perly und Roquemaure für die einfache Strecke ca. 15,70 €.

Passöffnungszeiten
Die Ventoux-Passstraße ist vom 15. Mai bis 31. Okt. geöffnet.

Servicestellen
Avignon: Yamaha Starter 84, avenue J. M. Djibou ZJ Courtine CC. Carrefour, 84000 Avignon
Harley-Davidson Avignon, 11, route de Lyon, 84000 Avignon
Suzuki Provence Moto, 25, blvd. Denis Soulier, 84000 Avignon
BMW und Kawasaki J.M.S. Motos, 77, avenue Pierre Senard, 84000 Avignon
Orange: Yamaha See Darry Blanc/Racing Moto, ZAC du Coudoulet, 84100 Orange
Suzuki , blvd. Edouard Daldier R.N. 7, 84100 Orange ›››

Man denkt aber auch an die schwarzen Stiere mit lyraförmigen Hörnern, die nur zum Zwecke des unblutigen südfranzösischen Stierkampfs gezüchtet werden, und sieht die großen Flamingoschwärme in den sumpfigeren Abschnitten des Rhônedeltas vor sich. Auf den Hochebenen dahinter leuchten riesige blühende Lavendelfelder, zu deren betörendem Duft sich noch der von wild wucherndem Thymian, Rosmarin, Basilikum, Majoran, Salbei, Melisse, Minze und Lorbeer gesellt. Alles wird überstrahlt von einem Licht, das heller und intensiver leuchtet als im übrigen Frankreich, und die gemäßigten Temperaturen sowie die geringen Niederschläge dieser Region wurden bereits in der Antike von Dichtern und Schriftstellern gerühmt.

Doch die Provence hat noch ein anderes Gesicht: Im nordöstlichen Teil steigen aus karstigen Ebenen Höhenzüge auf, die schließlich im fast 2000 Meter hohen Bergmassiv des Mont Ventoux gipfeln, ein einsamer Bergriese, der sich weit aus der Ebene von Carpentras und dem Plateau von Vaucluse aufbaut und dessen Name sich vom französischen Wort »vent« für Wind ableitet. Vor allem dem von Nordwesten aus dem Zentralmassiv durch das Rhônetal heranjagenden Mistral ist er schutzlos ausgeliefert. Wenn der »Meister«, so die provenzalische Übersetzung des Worts »mistral«, zum Angriff bläst, wünscht man sich mit Sicherheit an einen gemütlicheren Ort. Trotzdem oder gerade wegen seiner isolierten Lage ist der Berg ein beliebtes Ausflugsziel. Schon 1902 fanden hier Autorennen statt, und 1973, im letzten Jahr der Austragung, lag der Geschwindigkeitsrekord bei 142,28 km/h von Bédoin bis zum Gipfel. Auch die Radrennfahrer der Tour de France nehmen diesen Berg immer wieder in ihr Programm auf, sind allerdings auf derselben Strecke mit einer Durchschnittsgeschwindigkeit von 24 km/h nur relativ gesehen langsam unterwegs.

Über den Col de Murs

Geschwindigkeitsrekorde sind nicht mein Ziel, ich bin schließlich zum Genießen hierher gekommen. Bei Avignon, der Stadt der Päpste am Ufer der Rhône, verlasse ich die autobahnähnliche Avenue P. Sémard und fahre auf die Nationalstraße 7 Richtung Apt/Aix-en-Provence. Am Flughafen vorbei wechsle ich auf die D 22 und dann die N

Stimmungsvoller Ausblick über das Hinterland der Côte d'Azur.

100 Richtung Apt und freue mich, etwa 5 Kilometer vor dem Ort die Brücke von Julien nicht übersehen zu haben, die hier in drei weiten Bögen den rechts neben der Straße verlaufenden Calavon überspannt und aus dem Jahre 3 vor Christus stammt. Das Städtchen Apt, den das Flüsschen bald erreicht, war einst eine wohlhabende römische Kolonie und ist heute französisches Zentrum der Produktion von Ocker, einem Gemenge aus Ton und Eisenoxid, das hauptsächlich als Grundstoff für Farbe dient.

Ich erreiche den Ort nicht, sondern biege kurz vorher auf die D 4 Richtung Carpentras ab. Normalerweise ist es so: Je weniger Ziffern eine Départementalstraße hat, umso größer ihre Verkehrsbedeutung und umso besser ist sie ausgebaut. Dies bedeutet in aller Regel weniger Kurven und mehr Verkehr. In diesem Fall trifft das allerdings nicht zu: Die Straße entpuppt sich bald als schwach frequentiert, und auf dem Abschnitt über den 627 Meter hohen Col de Murs, den höchsten Punkt, den ich hier auf dem karstigen, überwiegend für Schafzucht und Lavendelanbau genutzten Plateau von Vaucluse erreiche, erwartet mich ein einziges Kurvengeschlängel. Den Mont Ventoux immer im Blickfeld, erreiche ich bald Carpentras auf der Avenue du Comptat Venaissin und parke meine Maschine auf der Allée des Platanes vor der Place des Maréchaux. Einen Besuch der Kathedrale Saint-Siffrein, deren Bau 1404 auf Veranlassung von Papst Benedikt XIII. von Avignon begonnen und erst zu Beginn des 16. Jahrhunderts abgeschlossen wurde, lasse ich mir nicht entgehen, gilt sie doch als gutes Beispiel für die südfranzösische Gotik.

Dann bin ich aber auch schon wieder auf der Maschine und verlasse Carpentras auf der D 974, in nordöstlicher Richtung der Beschilderung »Bédoin« folgend.

Am Mont Ventoux

Als lang gezogener, fast bis obenhin bewaldeter Bergrücken, dessen kahle Spitze von einer weithin sichtbaren Sendeantenne geziert wird, liegt das Massiv des Mont Ventoux wenig spektakulär vor mir. Wenn ich nicht wüsste, dass der höchste

>>>

Carpentras: Yamaha Yam 84, 314, avenue Notre Dame de la Santé, 84200 Carpentras Honda Moto Ventoux, 54, blvd. Général Leclerc, 84200 Carpentras Kawasaki Espace Roues, 258, avenue Notre Dame de la Santé, 84200 Carpentras

Karte Euro Cart Regionalkarte 1:300.000, RV-Verlag, Frankreich, Blatt 8 Provence/Rhône-Alpes/Côte d'Azur

Punkt fast die 2000er-Marke berührt, würde ich es nicht glauben. In Bé-doin beginnt die Bergstrecke. Ein Schild mit der Aufschrift »Col Mont Ventoux ouvert« am Straßenrand zeigt an, dass die Straße befahrbar ist – keine Selbstverständlichkeit, denn im Winter liegt sie unter einer meterhohen Schneedecke, die sich bis weit in den April hinein hält. Jetzt aber hat sich das milde Klima durchgesetzt, das hier unten noch Wein und Oliven reifen lässt. Auch Pfirsich- und Kirschbäume erkenne ich neben der Straße. Diese präsentiert sich übrigens in gutem Zustand, die Asphaltdecke erscheint rau und griffig, und ich komme gut voran. Die Obstbäume werden bald von einem dichten Gürtel verschiedenster Bäume, von Kiefer über Eiche, Zeder, Buche, Bergkiefer, Tanne und Lärche verdrängt, die anfangs noch die Aussicht auf die weitere Umgebung behindern. Mit dem Höherkommen werden die Bäume weniger, und die Aussicht auf das Plateau von Vaucluse, meine Anfahrtsstrecke, und den Bergzug des Lubéron

Sehenswürdigkeiten

- **Avignon:** Palais des Papes; Kathedrale Notre-Dame-des-Doms an der Place du Palais; Quartier de la Balance mit alten Adelshäusern, Arkaden und Geschäften (von der Place du Palais der Rue de la Balance folgen; Musée Louis Vouland mit Kunstsammlung und französischem Mobilar aus dem 18. Jh.
- **Apt:** Ehemalige Kathedrale Ste-Anne aus dem 11./12. Jh.; Kapelle Ste-Anne im nördlichen Seitenschiff aus dem 16. Jh.; Archäologisches Museum nahe der Kathedrale Ste-Anne; Naturparkhaus des Regionalparks Luberon mit paläontoloischem Museum an der Place J. Jaurès.
- **Carpentras:** Ehem. Kathedrale St-Siffrein an der Place du Général de Gaulle; Triumphbogen in der Nähe des Justizpalastes; Regionalmuseum in der Rue J. Fornery.
- **Bédoin:** Malerische Altstadt mit klassizistischer Kirche im so genannten Jesuitenstil.
- **Vaison-la-Romaine:** Römische Ausgrabungen im Quartier de Puymin an der Rue Bernard Noël Ecke Rue Burrus mit archäologischem Museum; ehemalige Kathedrale Notre-Dame-de-Nazareth aus dem 11. Jh.
- **Nyons:** Altstadtviertel Quartier des Forts oberhalb der Stadt um die Place du Dr-Bourdongle; Turm »Randanne« aus dem 13. Jh. mit der Kapelle Notre-Dame-de-Bon-Secours; Pont Roman aus dem 13./14. Jh. mit 40 Metern Spannweite über die Eygues bei der Rue des Déportés.
- **Bollène:** Parkanlage Belvédère Pasteur um die ehemalige romanische Chapelle des Trois-Croix; ehemalige Pfarrkirche Collégiate St-Martin aus dem 12. bis 16. Jh. auf einem Hügel im Osten der Stadt.
- **Mondragon:** Mittelalterliches Ortsbild mit Burgruine.
- **Mornas:** Burg aus dem 12. Jh. mit Resten des Wohnturmes und Kapelle.
- **Orange:** Römisches Antiktheater an der Place de la Colline St-Eutrope; Triumphbogen aus dem Jahre 20 v. Chr. im Nordteil der Stadt an der Avenue de l'Arc de Triomphe; Parkanlage Colline St-Eutrope mit Alleen und Resten der ehemaligen Oranierburg; Städtisches Museum mit Steinskulpturen römischer Bauwerke an der Rue Madeleine Roch.

weiter hinten wird immer besser, aber viel mehr werde ich von der unmittelbaren Umgebung gefesselt. Diese scheint nur aus grauweißen Kalksteinbrocken zu bestehen, dem Werk ewiger Klimastürze und Regengüsse hier oben, und ich bekomme den Eindruck, in eine öde Steinwüste eingefahren zu sein. Dann bin ich auch schon oben, parke vor dem Gasthaus und gehe einige Schritte zum südlich gelegenen Col des Tempêtes, dem »Pass der Stürme«, auf dem auf einer Orientierungstafel die Berge der Umgebung verzeichnet sind. Obwohl der Col seinem Namen heute keine Ehre macht, ist von der Umgebung leider dennoch wenig zu erkennen, denn bei schönem Wetter verhindert oft der aus den Tälern aufsteigende Dunst eine weite Fernsicht, die angeblich bis zu den 300 Kilometer entfernten Pyrenäen reichen soll.

Durch provenzalische Tallagen

Über die Westseite mache ich mich an die Abfahrt, die landschaftlich einem Spiegelbild der Auffahrt gleicht, und bin bald wohlbehalten in Malaucène wieder am Bergfuß angelangt. Ich fahre noch hinauf nach Norden, besuche kurz Nyons am Ausgang des Eygues-Tales, das vor allem seines milden Klimas und der vielen exotischen Pflanzen wegen geschätzt wird, und wechsle dann hinüber nach Bollène, das mit seinen platanenbestandenen Ringstraßen typisch provenzalisch wirkt. Hier genehmige ich mir die berühmteste Spezialität der Provence, die Bouillabaisse, eine Fischsuppe, die mindestens Drachenkopf, Knurrhahn und Seeaal enthalten muss und mit Pfeffer, Salz, Zwiebeln, Safran, Knoblauch, Thymian, Lorbeer, Salbei und Fenchel kräftig gewürzt wird. Dann kehre ich über Orange nach Avignon zurück.

Bild gegenüberliegende Seite: Die abwechslungsreiche und schmackhafte mediterrane Küche ist einen längeren Stop wert.

Bild unten: In den gewundenen Schluchten verfallen wir allzu leicht in den Rausch der Kurven.

Tour 33

Streckenlänge 327,0 km

Ausgangs- und Endpunkt
Pau (210 m)
Tarascon-sur-Ariège (47 m)

Anfahrt München – Inning – Landsberg – Memmingen – Lindau – Rohrschach – St. Gallen – Winterthur – Zürich – Egerkingen – Bern – Lausanne – Genf – Lyon – Valence – Orange – Nîmes – Montpellier – Béziers – Narbonne – Carcassonne – Toulouse – Tarbes – Biarritz – Autobahnausfahrt Anschlussstelle Pau – Pau (1668 km)

Anfahrtszeit 18 Stunden

Mautgebühren
Die Anfahrtsstrecke beinhaltet sowohl in Österreich als auch in der Schweiz vignettenpflichtige Straßenabschnitte.
Bei Verlassen der Bodenseeautobahn A 96 bei der Anschlussstelle Lindau und Benutzung der Bundesstraßen B 190 und 202 zwischen den Grenzübergängen Unterhöchsteg und Höchst auf ca. 16 km Länge entfällt die Vignettenpflicht für Österreich. >>>

Pyrenäen – Von den Pyrénées Atlantiques in die Pyrénées Orientales

Der Ruf der Pyrenäen als wildestes und unzugänglichstes Gebirge Europas hängt wohl in erster Linie mit seiner großen Entfernung von Deutschland, den entsprechend spärlichen Informationen hierzulande und der relativ späten Erschließung dieses Grenzgebirges zwischen Frankreich und Spanien zusammen.

Strecke: Pau (km 0,0) – Laruns (km 39,0) – Aubisquepass (km 57,5) – Soulorpass (km 67,5) – Arrens-Marsous (km 75,0) – Argelès-Gazost (km 87,0) – Luz-St-Sauveur (km 105,0) – Tourmaletpass (km 124,0) – Ste-Marie-de-Campan (km 138,5) – Aspinpass (km 151,5) – Arreau (km 163,5) – Peyresourdepass (km 182,0) – Bagnères-de-Luchon (km 196,0) – Fronsac (km 215,0) – Arespass (km 223,5) – Portet-d'Aspet-Pass (km 242,5) – St-Girons (km 271,5) – Portpass (km 309,5) – Tarascon-sur-Ariège (km 327,0)

In den Reiseberichten früherer Tage war von steilen Pässen entlang Schwindel erregender Abgründe die Rede, die selbst im Hochsommer von Schnee und Eis bedeckt waren, und vom unglaublich schlechten Straßenzustand, der jede Reise dort zu einer Tortur für Mensch und Material machte. Tatsächlich präsentieren sich die Pyrenäen heute als kleinere Ausgabe der Alpen, und dies in jeder Beziehung: Mit einer Gesamtausdehnung von 440 Kilometern, wobei der zentrale Teil sogar nur eine Länge von knapp 250 Kilometern hat, erreichen sie eher bescheidene Ausmaße. Und auch der höchste Berg, der im spanischen Teil liegende Pic d'Aneto, hat mit 3404 Metern Höhe lediglich Ostalpencharakter. Der Zustand der Passstraßen ist nicht besser, aber auch nicht schlechter als in den Alpen, doch der höchste Pass, der 2115 Meter hohe Tourmalet, kann es etwa mit der Großglockner-Hochalpenstraße oder dem Stilfser Joch in keinster Weise aufnehmen. Dafür entschädigt jedoch die fremdartige Landschaft mit ihren von der Erosion stark zerklüfteten Kalk- und Granitspitzen, die durch die starke Sonneneinstrahlung nur schwach vergletschert sind und somit kahl und harmlos wirken.

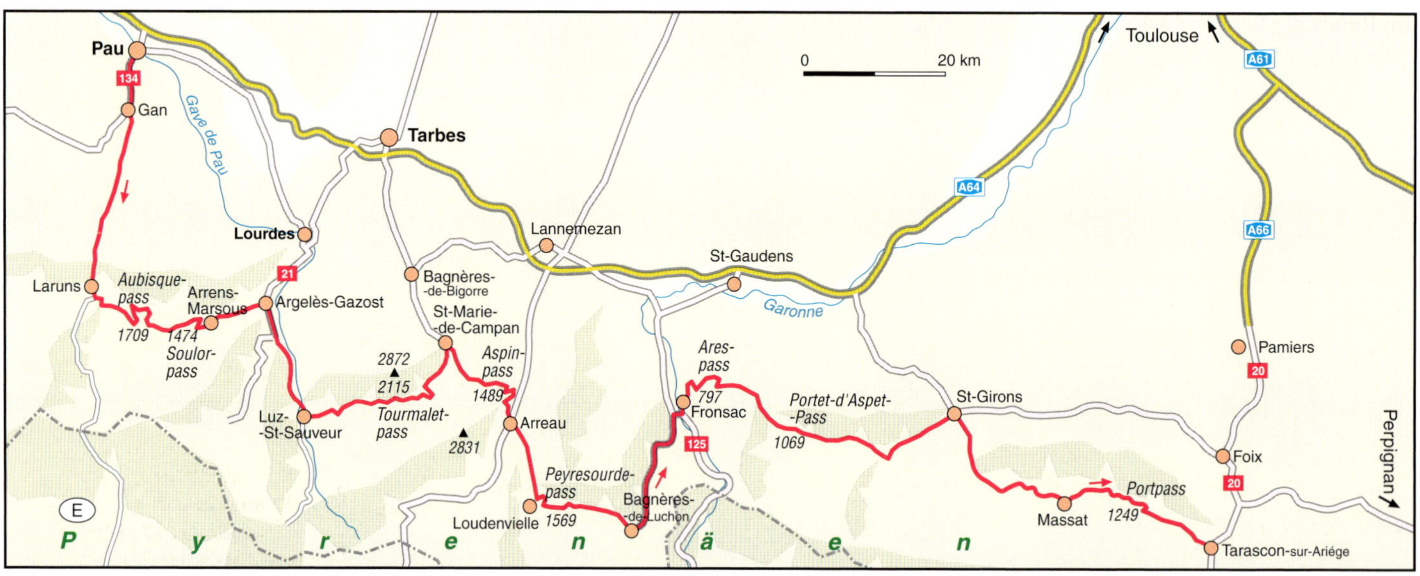

Über den Aubisque-Pass

Als Ausgangspunkt für meine Pyrenäendurchquerung habe ich die von Biarritz an der Atlantikküste günstig zu erreichende Universitätsstadt Pau am Rande der Pyrénées Atlantiques, des westlichen Teils der Pyrenäen, gewählt. Viel zu groß ist meine Ungeduld, um mich lange mit den Sehenswürdigkeiten der Stadt aufzuhalten, und so verlasse ich diese gleich über die Rue du 14. Juillet, den Gave du Pau überquerend, in Richtung Laruns.

Die Ortschaft unweit der spanischen Grenze, die ich nach halbstündiger Fahrt durch eine grüne Hügellandschaft erreiche, ist Ausgangspunkt für meinen ersten Pyrenäenpass, den 1709 Meter hohen Aubisque. Der unterscheidet sich anfangs nicht von einem Alpenpass. In weiten Schleifen zieht die Straße über einen bewaldeten Hang aufwärts. Der erste kleine Ort, Eaux-Bonnes genannt, taucht auf. Vorbei an einem winzigen Stausee geht es in ein schattiges Tal, dann wechsle ich über kleine Brücken mehrmals die Talseite und fahre in einen Talkessel ein, in dem sich der Wintersportort Gourette ausbreitet, der mit seinen modernen Hochhäusern das Landschaftsbild genauso verschandelt wie die Wintersportorte in den französischen Alpen. Die Landschaft allerdings ist anders: Es sind plattenartig geschichtete graue, von Gletschern glatt geschliffene Felsen aus verschiedenen Gesteinsschichten, die hier im 2613 Meter hohen Pic de Ger gipfeln.

Wie um alles in der Welt ist man denn hier auf diesen Namen gekommen, denke ich mir, als ich die Aufschrift »Hotel Edelweiß« an einem Gebäude neben der Straße lese, die nun schmaler werdend höher führt. Der Gürtel aus Almmatten und Tannenwald geht bald zurück, dann parke ich vor dem Hotel Col d'Aubisque auf einer von kargen Wiesen bedeckten Hochfläche, die vor allem schöne Rückblicke hinunter in den Talkessel von Gourette eröffnet.

Blick auf den eindrucksvollen Pyrenäenhauptkamm am Col du Tourmalet.

>>>

Die Mautgebühr auf den französischen Autobahnen beträgt zwischen den Anschlussstellen Perly und Pau für die einfache Strecke ca. 42,10 €.

Passöffnungszeiten

Je nach Schneelage sind die Passstraßen zwischen Mitte/Ende November und Mitte/Ende April geschlossen. >>>

Bild oben: Begegnung der dritten Art – Schafherde auf dem Col d'Aubisque.

Bild gegenüberliegende Seite: Gut erhaltene Burg in Villerouge-Termenès.

Der Soulorpass

Recht ruppig präsentiert sich der Straßenbelag anfangs bei der Abfahrt über die Ostseite, die sich hier ziemlich alpin absenkt, jedoch nach einem kurzen Gegenanstieg zum Soulorpass deutlich besser und angenehmer zu befahren ist. Zwischen lichtem, von Vogelbeerbäumen durchsetztem Laubwald geht es vorbei an schiefergedeckten Hütten hinunter nach Arrens-Marsous, einem kleinen Ort im oberen Arrenstal. Durch dieses Tal fahre ich hinab nach Argelès-Gazost und biege in dem kleinen Thermalkurort nicht nach Norden zum nur etwa 13 Kilometer entfernten weltberühmten Wallfahrtsort Lourdes, sondern nach Süden Richtung Luz-Saint-Sauveur ab.

Hoch hinaus zwischen Pic de Tourmalet und Pic d'Espade

Die Auffahrt zum höchsten Pyrenäenpass beginnt mit einer kleinen Abfahrt am Ortsende, bevor es durch grüne Wiesen mit wenig Aussicht nach oben geht. Zwei enge Kehren am Ortseingang vom Barèges, dessen Häuser sich dicht an die Straße drängen, dann geht es über kahle, teils ausgewaschene Hänge, welche die Straße in weiten Schleifen überwindet, wenig aufregend nach oben. Markant hebt sich die Spitze des Pic de Campana südlich der Passhöhe ab, an dessen Fuß die Straße mit 14 Prozent nochmals kräftig ansteigt, dann habe ich den Scheitelpunkt erreicht, der eingeklemmt zwischen dem Pic du Tourmalet und dem Pic d'Espade leider nicht die Aussicht eröffnet, die ich eigentlich erwartet hätte.

Als »ungünstiger Umweg«, wie die Übersetzung des Passnamens aus früherer Zeit lautet, würde ich die Strecke aber doch nicht ansehen, zumal die Aussicht auf der Abfahrt über die Ostseite schöner ist als bei der Auffahrt. Auch die Umgebung ist etwas grüner, und mit La Mongie kann auch diese Seite mit einem Wintersportort aufwarten. Dann geht es durch das Tal der Gripp hinunter nach Sainte-Marie-de-Campan.

Wären nicht die ungewohnt grauen Steinhäuser des kleinen gepflegten Dörfchens, könnte man sich

Sehenswürdigkeiten

- **Pau:** Boulevard des Pyrénées; Château aus dem 14. Jh. mit Volkskundemuseum im Südflügel des 3. Stocks; Musée des Beaux-Arts mit Werken italienischer, flämischer, holländischer, spanischer, französischer und englischer Künstler aus dem 15. bis 20. Jh.
- **Argelès-Gazost:** Orientierungstafel über die Bergwelt der Umgebung auf der »Terrasse des Etrangers« an der Place de la République; Abstecher nach Lourdes (hin und zurück ca. 26 km).
- **Luz-St-Sauveur:** Ruine der Burg Ste-Marie; Wehrkirche aus dem Ende des 12. Jh.
- **Ste-Marie-de-Campan:** Brunnen aus dem 18. Jh.; Kirche aus dem 16. Jh.
- **Bagnères-de-Luchon:** Thermalbadekurort mit ca. 80 Quellen mit in Fels gehauenen, unterirdischen Dampfbädern, vorwiegend zur Behandlung von Atemwegserkrankungen.
- **Tarascon-sur-Ariège:** Grotte de Lombrires mit sehenswerten Sinterbildungen etwas südlich an der Nationalstraße N 20 nach Andorra gelegen; Abstecher nach Andorra über Aix-les-Thermes ca. 85 km bis Andorra-la-Vella.

durchaus in ein deutsches Mittelgebirge versetzt fühlen. Allerdings würde man dort keine Beschilderung mit der Aufschrift »Col d'Aspin« finden, der ich nun folge.

Über Col d'Aspin und Peyresourdepass

Anfangs durch dichten Tannenwald, dann über Almmatten und Mischwaldinseln geht es hinauf zur Passhöhe, die trotz ihrer geringen Höhe von knapp 1500 Metern eine überraschend weite Aussicht eröffnet.

Auf der Abfahrt hinunter nach Arreau fallen mir vor allem die Böschungen auf, deren dunkler Schiefer von Farnen, Lavendel und Heckenrosensträuchern durchsetzt ist. Den Schiefer erkenne ich etwas später auf den Dächern von Arreau wieder, wo ich über den Peyresourdepass, der trotz seiner 1569 Meter Höhe kaum den Eindruck eines Gebirgspasses vermitteln kann, nach Bagnères-de-Luchon hinüberwechsle.

In den östlichen Pyrenäen

Mit dem größten Kurort der Pyrenäen verlasse ich auch den zentralen Pyrenäenteil, die Hautes-Pyrénées, und fahre bei Fronsac in der breiten Schwemmlandebene der Garonne langsam in die östlichen Pyrenäen, die Pyrénées Orientales hinein. Noch warten mit dem Arespass, dem Portet-d'Aspet und dem Portpass, mit 1250 Metern der höchste dieser drei, zwar keine herausragenden, aber über ruhige Straßen doch schön zu befahrende Pässe auf mich, bevor ich meine Pyrenäentour in Tarascon-sur-Ariège beende. Von dort bringt mich die Nationalstraße 20 nun entweder nach Toulouse oder ins Einkaufsparadies Andorra.

>>>

Servicestellen

Bayonne: Kawasaki Wheeling Shop, Quai Amiral Sala, 64100 Bayonne
Yamaha RAFF Motos, 42, blvd. A-Lorraine, 64100 Bayonne
Honda Atlantic Motos, 25, blvd. du Bab, 64100 Bayonne
BMW Durruty, ZJ St-Etienne, 64100 Bayonne
Biarritz: Harley-Davidson Biarritz, 1, avenue de L'Adour, 64200 Anylet
Pau-Lons: Yamaha Royal Motorsport ZAC Le Mail, 1, avenue Perlica, 64100 Pau-Lons
Honda MB Moto, 35, avenue Didier Daurat, 64100 Pau-Lons
Suzuki Motophil, 108, blvd. Charles de Gaulle, 64140 Pau-Lons
Toulouse: Yamaha Yam 31, 119/127, avenue des Etats-Unis, 31280 Toulouse
Harley-Davidson Toulouse, 6 – 8, impasse Monnerville, 31200 Toulouse
BMW Ducos Moto, 47 – 49, route de Paris, 31140 Toulouse-Aucamville

Karte Euro Cart Regionalkarte 1:300.000, RV-Verlag, Frankreich, Blatt 6 und 7, Südfranzösische Atlantikküste/Aquitaine/Pyrénées oder
Spanien Blatt 3/4, Pyrenäen/Costa Brava

Korsika – Kurvenrausch im Mittelmeer

Korsika ist ein Motorradfahrertraum, wenn man zwei Dinge mag: Wilde, ursprüngliche Naturlandschaft und Kurven. Beides hat die »Ile de Beaute«, die Insel der Schönheit, in reichem Maße. Nirgendwo sonst findet man eine solche Symbiose zwischen Meer und Gebirge.

Tour 34

Streckenlänge 640,0 km

Ausgangs- und Endpunkt
Bastia (15 m)

Anfahrt München – Garmisch-Partenkirchen – Mittenwald – Innsbruck – Brenner – Sterzing – Brixen – Bozen – Trient – Verona – Mantua – Modena – Bologna – Florenz – Autobahnausfahrt Anschlussstelle Firenze Signa – Empoli – Livorno (722 km)

Anfahrtszeit 8 Stunden

Mautgebühren
Die Inntalautobahn A 12 zwischen der Anschlussstelle Zirl Ost und Innsbruck ist vignettenpflichtig.
Bei Benutzung der Bundesstraßen B 171 und 174 zwischen Zirl Ost und Innsbruck auf ca. 11 km Länge besteht keine Vignettenpflicht.
Die Brennerautobahn ist ab der Anschlussstelle Innsbruck Süd gebührenpflichtig. Die Gebühr für eine einfache Strecke beträgt 8 €. Bei Benutzung der Brennerbundes- und der Brennerstaatsstraße zwischen Innsbruck und Sterzing besteht keine Gebührenpflicht.
Die Mautgebühr auf den italienischen Autobahnen zwischen der Anschlussstelle Sterzing und der Anschlussstelle Firenze Signa beträgt für die einfache Strecke 31,10 €.

Fähre Die Fähren zwischen Livorno und Bastia (Korsika) verkehren ganzjährig; tgl. je nach Saison mehrmals.
Der Preis für eine Überfahrt beträgt für eine Person und Motorrad ca. 68 €.
Überfahrtsdauer ca. 4 Std. ›››

Strecke: Bastia (km 0,0) – Casamozza (km 20,0) – Ponte Leccia (km 46,0) – Corte (km 80,0) – Abstecher Restonicatal (km 94,0) – Corte (km 108,0) – Pont de Castirla (km 116,0) – Calacuccia (km 131,0) – Col de Vergio (km 165,0) – Porto (km 199,0) –Cargèse (km 230,0) – Ajaccio (km 281,0) – Abstecher Punta de la Prata (hin und zurück 24 km) – Propriano (km 354,0) – Sartene (km 367,0) – Bonifacio (km 421,0) – Porto-Vecchio (km 448,0) – Col de Bavella (km 497,0) – Solenzara (km 536,0) – Bastia (km 640,0)

Wer gerade noch an einem langen, flachen Sandstrand oder in einer kleinen, felsumrahmten Bucht im bis zu 23 Grad warmen Wasser des Mittelmeeres gebadet hat, kann nur wenige Fahrminuten entfernt in einem einsamen Gebirgstal seine Füße im klaren, kalten Wasser eines Baches baumeln lassen oder auf einer Passhöhe die Aussicht auf schier endlose, von Macchia, Korkeichen oder Kastanienwäldern bedeckte Bergketten genießen. Und auch die Fahrt von einer der kleinen Buchten unter steil abfallenden Küstenfelsen bis an den Fuß mächtiger, bis in über 2700 Meter Höhe aufragender Felsmassive ist nicht einmal ein Halbtagesausflug, und dies auf Straßen, deren Kurvenreichtum jedes Motorradfahrerherz höher schlagen lässt.

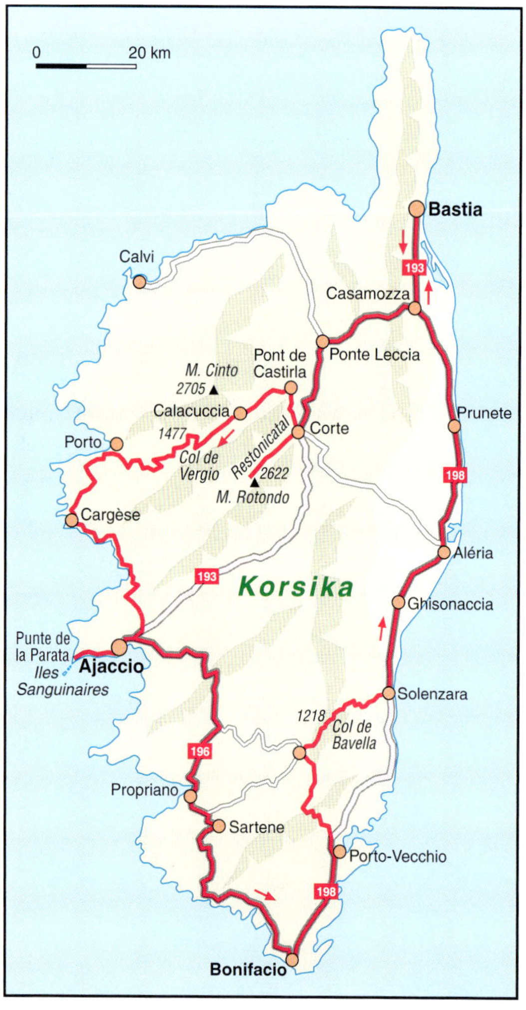

Bei der Ankunft in Bastia erschließen sich mir die Schönheiten der Insel allerdings noch nicht. Es ist eine jener typischen Hafenstädte, deren durchaus vorhandene Reize in Trubel und Hektik des An- und Ablegens, des Be- und Entladens der Schiffe und Fähren fast vollständig untergehen. Ich belasse es beim Einlaufen in den Hafen bei einem Blick auf die Häuser am Berghang, aus denen sich das Wahrzeichen der Stadt, die Kirche St-Jean-Baptiste, mit ihren markanten Doppeltürmen deutlich hervorhebt. Dann warte ich im engen Schiffsrumpf auf das Öffnen der Bug- oder Heckklappe, drücke den Anlasserknopf, holpere die Landeklappe hinunter und finde mich wenig später auf der Flaniermeile der Stadt, auf der Place St-Nicolas mit dem Napoleondenkmal wieder.

Von Bastia nach Corte

Jetzt gilt es sich zurechtzufinden, aber dies ist eigentlich kein Problem. Ich halte mich an die Beschilderung Porto-Vecchio oder Bonifacio und

Unterwegs in den weltberühmten Calanches oberhalb von Porto auf Korsika.

folge damit dem Strom der Autos, der durch einen mehrere hundert Meter langen, neu gebauten Tunnel über die Nationalstraße 193 aus der Stadt herauszieht und mir als Ortsunkundigem ohnehin wenig Chancen lassen würde, eine andere Richtung einzuschlagen. Lange begleiten mich auf der zweispurigen, hin und wieder von Kreisverkehren unterbrochenen Schnellstraße reizlose Industrieansiedlungen, aus denen die riesigen Werbetafeln der Supermärkte wie Hyper U, Super U oder Casino herausragen. Ich werde sie auf der ganzen Insel wiederfinden und zur Hauptquelle meiner Verpflegung auswählen.

Endlich, nach etwa 20 Kilometern bei der unscheinbaren Straßenkreuzung von Casamozza, biege ich Richtung Corte ins hier noch weite Golotal ab. Obwohl ich mich weiterhin auf der breiten N 193 befinde, bringen nachlassender Verkehr und einige weit geschwungene Kurven schon den ersten Fahrspaß.

Durch das Restonicatal und nach Porto

Von der Universitätsstadt Corte bin ich etwas enttäuscht, auch wenn sich die kleinen Gassen der Altstadt unterhalb der Zitadelle dann doch als recht reizvoll herausstellen. Aber mein Hauptinteresse gilt auch nicht dem Städtchen, sondern dem Restonicatal, das sich von hier aus etwa 14 Kilometer in die korsische Bergwelt hineinzieht. Von vielen wird es als das schönste Tal Korsikas bezeichnet, und diesen Eindruck kann ich durchaus bestätigen. Fahrtechnisch interessant sind die Kurven und Kehren zudem, und auch der schlechte Straßenzustand kann diesen Eindruck kaum trüben.

Alpin bleibt es auch auf der Weiterfahrt nach Porto. In Pont de Castirla treffe ich wieder auf den Golo, und was folgt, ist ein selbst für korsische Verhältnisse fast einzigartiges Kurvengeschlängel, das vor allem in der Schlucht von Sta. Regina einem Kurventraum gleicht. Aufpassen muss man allerdings schon, damit kein Albtraum daraus wird: Die Straße ist nicht allzu breit, die Kurven sind oft unübersichtlich, und wer nicht kontrolliert am Gasgriff dreht, sieht die nächste schon vor sich, wenn er die vorhergehende noch gar nicht beendet hat.

Die Straße schlängelt sich mit herrlichen Ausblicken auf die Südseite des Monte Cinto, mit 2710 Metern höchster Berg Korsikas, zum Col de Vergio hoch, um dann in nicht enden wollenden Kurven nach Porto abzufallen.

>>>

Straßenverhältnisse

Als ausreichend gut instand gehalten kann man eigentlich nur die Nationalstraßen und die touristisch bedeutenden Départementale-Straßen vorwiegend entlang der Westküste bezeichnen, und auch hier ist immer wieder mit kleineren Fahrbahnschäden und Ausbesserungen zu rechnen. Abseits dieser Hauptverbindungen sind Schlaglöcher, Ausbesserungen und Fahrbahnaufwerfungen keine Seltenheit. Grundsätzlich ist auf den Gebirgsstrecken in Korsika des Fahrbahnzustandes wegen eine vorsichtige und defensive Fahrweise dringend anzuraten.

Servicestellen

Bastia: Yamaha Racing Moto, rue Luce de Casabinaca, 20200 Bastia
Honda NSL Concept, Lieudit Erbajolo RN 193, 20600 Bastia
Suzuki Atolo Motos, 206, avenue de la Libération, 20600 Bastia
Kawasaki Nouza, RN 193, Bât. Le Concorde, 2000 Bastia

>>>

>>>

Porto-Vecchio: Yamaha CMS, route de Bastia, 20137 Porto-Vecchio
Ajaccio: BMW Eurobike, Immeuble Farucci, avenue du Président, 20090 Ajaccio
Yamaha Kit Moto, 12, blvd. Maglioli, 20000 Ajaccio
Honda Luccini Motos, avenue Pdt. Kennedy, 20090 Ajaccio
Suzuki + Kawasaki Moto Hall, Bât. A. Résistance du Rond Point 2, avenue de la Grande Armée, 20090 Ajaccio

Karte Euro Cart Länderkarte 1:250.000, RV-Verlag, Frankreich, Blatt 9 Korsika

Bild gegenüberliegende Seite: Bonifacio ist auf zumTeil auf überhängende Klippen erbaut.

An der Westküste

Trotz der Umrahmung durch steile Felsen lässt der Kiesstrand mit dem markanten viereckigen Wachturm erste Badestimmung aufkommen. Steil zieht die Straße vom Ort nach oben, und plötzlich finde ich mich inmitten einer bizarr anmutenden Szenerie aus riesigen rötlichen Felsformationen wieder, die unmittelbar neben der Straße direkt aus dem Meer herauszuwachsen scheinen. Ich bin in der Calanche, eine der bekanntesten landschaftlichen Sehenswürdigkeiten der Insel. Etwa zwei Kilometer begleiten mich die Felsriesen, dann geht es hinab nach Cargèse, einem der schönsten Orte an der Westküste mit schönen Badebuchten.
Ich folge dem Auf und Ab der Küstenstraße, genieße die wunderschönen Ausblicke über die Bucht von Sagone und nähere mich mit Ajaccio der Geburtsstadt Napoleons. Den etwa 24 Kilometer langen Abstecher zur Punta de la Parata mit dem herrlichen Blick auf die Inseln von Sanguinaires, der vor allem bei Sonnenauf- oder -untergang mit stimmungsvollen Farben sicher lange in Erinnerung bleiben wird, lasse ich mir nicht entgehen.

Die Südspitze Korsikas

Noch beeindruckender ist allerdings der Blick auf Bonifacio, den südlichsten Ort der Insel, den ich als Nächstes ansteuere. So dicht drängen sich die äußersten Häuser des Ortes an den Rand einer teilweise schon überhängenden Felsklippe aus weißem Kreidefels, dass ich mir unwillkürlich Sorgen mache, sie könnten jeden Augenblick ins Meer stürzen.
Ich verlasse meinen Aussichtspunkt auf einer Landzunge etwas südlich der Stadt und folge der Schnellstraße Richtung Porto-Vecchio. In der Bucht von Sta Giulia möchte ich noch einmal baden, und obwohl ich diese bereits kenne, fahre ich zwei Mal an der unscheinbaren Abzweigung vorbei. Für mich ist es die schönste Badebucht der Insel, ein Eindruck, der sich in der Hauptsaison, wenn sie total überlaufen ist, aber sicher relativieren lässt.

Über den Col de Bavella

Der letzte Höhepunkt ist die Auffahrt zum Col de Bavella, die ich von Porto-Vecchio aus starte. Inmitten der grandiosen Bergkulisse, die sich mir in etwa 1400 Meter Höhe bietet, wird mir der Kontrastreichtum der Insel wieder vor Augen geführt – von der Bucht nach hier oben ist kaum ein Stunde vergangen.
Ich genieße noch die Kurven der nördlichen Abfahrtsstrecke hinunter nach Solenzara, dann bringt mich die reizlose Schnellstraße entlang der Ostküste nach Bastia zurück.

Sehenswürdigkeiten

- **Bastia:** Alter Hafen; Kirche St-Jean-Baptiste mit barocker Innenausstattung; Zitadelle mit ethnographischem Museum.
- **Corte:** Zitadelle über der Altstadt; Bronzestatue mit Geburtshaus des Freiheitskämpfers an der Place Gaffori; Kirche »Eglise de l'Annonciation«; lohnenswerter Abstecher ins Restonicatal.
- **Porto:** Der lohnenswerte Abstecher in die Spelunkaschlucht ist nur zu Fuß möglich (mehrstündige Wanderung). Schifffahrt nach Girolata.
- **Cargèse:** Griechische und römisch-katholische Kirche.
- **Ajaccio:** Hauptstraße Cours Napoleon; Reiterstatue Napoleons; Napoleondenkmal und Geburtshaus Napoleons in der Rue St-Charles; lohnenswerter Abstecher zur Punta de la Parata mit Blick auf die Iles des Sanguinaires (hin und zurück ca. 24 km).
- **Propriano:** Sehenswerte Altstadt um die Place de la Libération; Prähistorisches Museum.
- **Bonifacio:** Sehenswerte Altstadt mit verwinkelten Gassen; Kirche Ste-Marie-Majeure; Kirche St-Erasme; Zitadelle der Fremdenlegion; großer Yachthafen.
- **Porto-Vecchio:** Pittoreske Altstadt um die Place de la République mit der Kirche St-Jean-Baptiste.

MOBY Lines

SPANIEN

Spanien, das bedeutet Sonne und Meer, das sind schöne Küsten und herrliche Strände. Nicht immer ganz einsam freilich und zur Hauptreiszeit vor allem an den Stränden oft überlaufen. Aber das unverwechselbare Spanien gibt es immer noch, mit seinen Naturschönheiten, charakteristischen Landschaften, prächtigen Bauwerken und der temperamentvollen Lebensart seiner Bewohner. Auf zwei Touren, dem bekannten Jakobsweg ganz im Norden und einer Tour in Andalusien, ganz weit unten im Süden, können Sie Bekanntschaft mit Spanien schließen. Vor allem zwei Dinge sollten Sie mitbringen: Zeit und Muße. Dann werden Sie das Gefühl für die Weite dieses Landes richtig genießen können.

Bild links: Der Jakobsweg ist gesäumt von kleinen Kirchen, die ihre Funktion nicht mehr erfüllen, weil die Gläubigen wegbleiben oder die Bewohner die Dörfer verlassen haben, um Arbeit in den großen Städten zu finden.

Bild oben: Fernab aller Pauschalurlaubermassen finden sich an Spaniens Küsten noch viele ruhige Orte.

Tour 35

Streckenlänge 534,0 km

Ausgangs- und Endpunkt
Santander (15 m)
Santiago de Compostela (260 m)

Anfahrt München – Inning – Landsberg – Memmingen – Lindau – Rohrschach – St. Gallen – Winterthur – Zürich – Egerkingen – Bern – Lausanne – Genf – Lyon – Valence – Orange – Nîmes – Montpellier – Béziers – Narbonne – Carcassonne – Toulouse – Tarbes – Pau – Biarritz – S. Sebastian – Bilbao – Autobahnende Aeropuerto/Norte– Santander (1783 km)

Anfahrtszeit 10 1/4 Stunden

Mautgebühren
Die Anfahrtsstrecke beinhaltet in Österreich und der Schweiz vignettenpflichtige Streckenabschnitte. Bei Verlassen der Bodenseeautobahn A 96 bei der Anschlussstelle Lindau und Benutzung der Bundesstraßen B 190 und B 202 zwischen den Grenzübergängen Unterhöchsteg und Höchst auf ca. 16 km Länge entfällt die Vignettenpflicht für Österreich. >>>

Nordspanien – Auf dem Jakobsweg nach Santiago de Compostela

Ich habe mir vorgenommen, den Norden Spaniens kennen zu lernen, und zwar auf dem traditionsreichen Jakobsweg, dem mittelalterlichen Pilgerweg, der von Pamplona nahe der spanisch-französischen Grenze durch das Ebro-Becken und Nordkastilien, dann am Rande des Asturischen Gebirges ins westliche Galizien nach Santiago de Compostela führt.

Strecke: Santander (km 0,0) – Torrelavega (km 12,0) – Santillana de Mar (km 18,0) – Comillas (km 33,0) – San Vincente de la Barguera (km 43,0) – Pesués (km 51,0) – Panes (km 60,0) – Potes (km 84,0) – Abstecher Fuente Dé (hin und zurück 46 km) – La Vega (km 92,0) – Llanaves de la Rei (km113,0) – Riaño (km 135,0) – Cistierna (km 175,0) – Gradafes (km 196,0) – Mansilla de las Mulas (km 218,0) – León (km 233,0) – La Virgen del Camino (km 242,0) – Astorga (km 286,0) – Murias de Rechivaldo (km 291,0) – El Ganso (km 302,0) – Foncebadón (km 313,0) – Molinaseca (km 332,0) – Ponferrada (km 338,0) – Camponaraya (km 343,0) – Cacabelos (km 352,0) – Villafranca del Bierzo (km 358,0) – Trabadelo (km 363,0) – Vega de Valcarce (km 368,0) – Las Lamas (km 373,0) – Pedrafita Cebreiro (km 379,0) – Samos (km 410,0) – Sarria (km 419,0) – Pacios (km 422,0) – Portomarin (km 429,0) – vor Guntin de Pallarés (km 477,0) – Palas de Rei (km 460,0) – Arzua (km 488,0) – Santiago de Compostela (km 534,0)

Aus aller Herren Länder pilgerten die Gläubigen aus Mitteleuropa zum Grabe des Apostels Jakob – spanisch Apóstol Santiago –, welcher der kirchlichen Überlieferung zufolge das damalige Hispanien missionieren sollte. Nach seiner Rückkehr nach Palästina ließ ihn Kaiser Herodes Agrippa im Jahre 44 nach Christus ermorden. Seine Anhänger brachten ihn auf einem Schiff, das der Legende nach von einem Engel begleitet worden sein soll, nach Galizien. Dort geriet sein Grab in Vergessenheit, bis es ein Einsiedler, von einem Stern geleitet, wieder entdeckte. Darauf ließ Alfonso II. an dieser Stelle eine Kirche erbauen, um die herum das heutige Santiago de Compostela entstand.

Seine Blütezeit erlebte der Wallfahrtsort im 11. und 12. Jahrhundert, als die heiligen Stätten in Jerusalem für die Christen wegen der türkischen

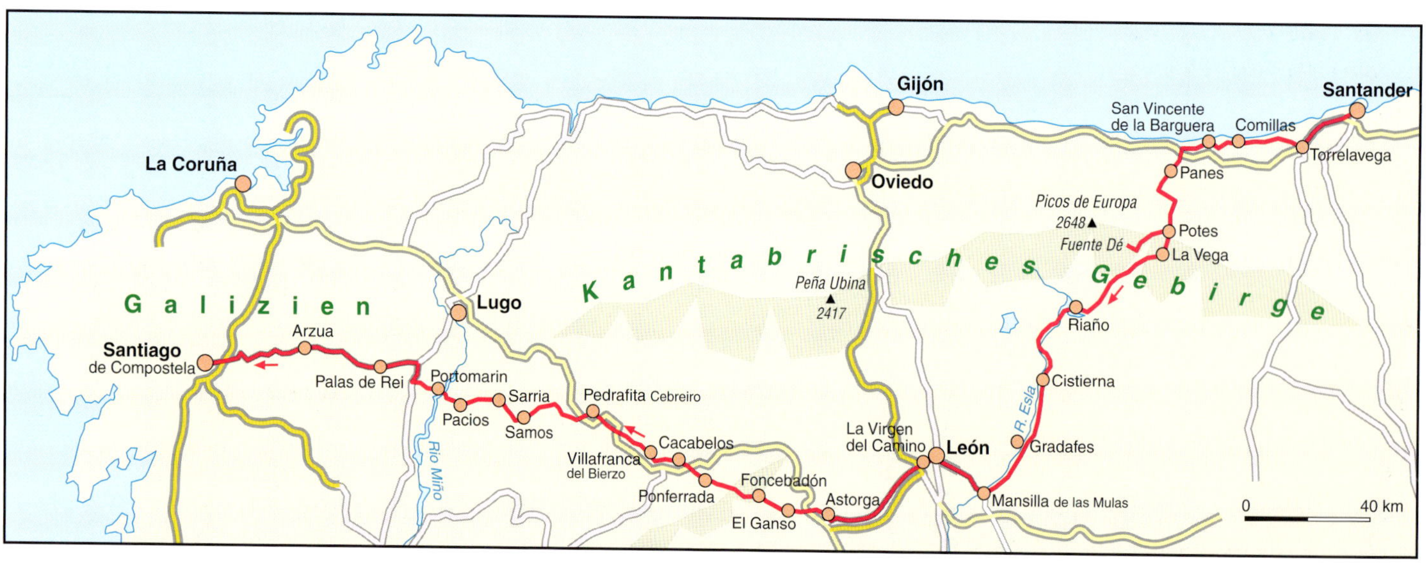

Herrschaft nicht mehr zugänglich waren. Entlang des Pilgerwegs nach Santiago de Compostela entstanden neben einer Reihe von Rasthäusern auch Kirchen, Klöster, Stifte und Andachtsstätten, die sowohl für das leibliche als auch das geistige Wohl der Pilger sorgten. Im späten Mittelalter versiegte der Strom allmählich, und im Jahre 1589 brachte eine englische Flotte unter Sir Francis Drake die Reliquien an einen sicheren Ort, wo man sie dann jahrhundertelang nicht mehr fand. Erst im Jahre 1879 wurden sie wieder entdeckt, nach Santiago de Compostela zurückgebracht, und langsam setzten auch die Wallfahrten, von Papst Leo XIII. ausdrücklich gebilligt, wieder ein.

In unserer Zeit hat der Jakobsweg eine richtige Renaissance erfahren, und es zieht wieder viele Gläubige dorthin. Früher erkannte man die Pilger an ihrer Kleidung aus Überrock, Umhang, Pilgerstock, einem ledernen Beutel sowie einem breitkrempigen, vorne hochgeschlagenen Hut, an dem ihr Wahrzeichen, die Jakobsmuschel angebracht war. Heutige Erkennungszeichen der Wallfahrer sind eher die ausländischen Kennzeichen an den Nummernschildern der Autos und Busse.

Auch ich bin nun also dorthin unterwegs, wobei ich mir aber, nach Überdenken meines ganz persönlichen Sündenregisters, erlaube, nicht die gesamte, von Pamplona bis Santiago etwa 740 Kilometer messende Strecke zu befahren, sondern etwas abzukürzen und vom Wege abzuweichen.

Von der Costa Verde ins kantabrische Gebirge

Ich habe meinen Ausgangspunkt deshalb in die altkastilische Hafenstadt Santander gelegt, die, von Hügeln umgeben, malerisch an einer Bucht der Costa Verde liegt, unweit der höchsten Erhebung des kantabrischen Gebirges, den Picos de Europa. Es ist ein noch wildes, teilweise unzugängliches Gebirgsmassiv, von tief eingeschnittenen Tälern mit reißenden Gebirgsflüssen durchzogen. Seine steilwandigen, teils majestätisch anmutenden Gipfel ragen mit dem Torre de Cerredo bis in 2643 Meter Höhe auf, und es steht in seiner Gesamtheit unter Naturschutz. Diese Picos sind dann auch mein erstes Ziel, wozu ich mich von Santander entlang der spanischen Nordküste auf den Weg mache, bei Pesués auf die N 621 ins Landesinnere abbiege und bei Panes in das Tal des Rio Deva einfahre.

Unter der glühenden Sonne der Meseta gleichen die Felder einem goldenen Teppich.

Landschaftlich schön sowie fahrerisch anspruchsvoll zwängt sich die Straße in das immer schmäler werdende Tal, das sich erst bei Potes wieder weitet, einer malerischen kleinen Ortschaft in wunderschöner Lage inmitten großzügiger Obst- und Weinanbaugebiete. Von hier führt eine Stichstraße ins gut 1000 Meter hoch gelegene Fuente Dé, wo eine Schwindel erregend steile Schwebebahn zur Aussichtsplattform Balcón de Cable in 1840 Meter Höhe führt und einen unübertrefflichen Blick auf die umgebende Bergwelt eröffnet. Auch mit dem Motorrad geht es aufwärts, nämlich auf der kehren- und windungsreichen Straße hoch zum Puerto de San Gloria, mit 1609 Metern über dem Meeresspiegel der höchste Punkt dieser Tour. Von hier senkt sich die Trasse nun langsam ins Tal des Rio Yuso nach Riano ab, einem kleinen Städtchen im oberen Elsatal.

>>>

Die Mautgebühr auf den französischen und spanischen Autobahnen zwischen den Anschlussstelle Perly und Solares beträgt für die einfache Strecke ca. 52,80 €.

Servicestellen

León: BMW und Yamaha Leon, Villa de Benavente 14, 24004 León
Suzuki Moto Legio, Covadouga 7, 24004 León
Harley-Davidson R.U.T. A. 66, CJ Fuero 7, 24001 León

>>>

>>>

Fortsetzung Servicestellen
La Coruña: Suzuki Motos Galan, Alfredo Vicenti 34, 15004 La Coruña
Yamaha A.C. Medin, Joa-quin Planells Riera 14, 15007 La Coruña
Gijón: Yamaha Rodriguez Motos, Prof. Miguel A. Glez Muniz 21, 33209 Gijón
Suzuki Motonautica, Cabrales 36, 33201 Gijón
Santander: Yamaha Motos Lolo, Justicia 6, 39008 Santander

Karte Euro Cart Regionalkarte 1:300.000, RV-Verlag, Spanien, Blatt 1/2, Spanische Atlantikküste

León

Es ist eine karge Landschaft, die neben bescheidenem Feldanbau hauptsächlich Viehzucht auf den meist nur locker mit Korkeichen bestandenen Weiden zulässt, über die ich mich nun der Provinzhauptstadt León nähere. Sie ist das Zentrum eines Eisenerz- und Kohlereviers sowie ein wichtiger Handelsplatz für das in der Umgebung gezüchtete Vieh.

Seinen Namen verdankt León der VII. römischen Legion, die hier am Südfuß des kantabrischen Gebirges im 1. Jahrhundert nach Christus ihr Lager aufschlug. Schon Plinius bezeichnete die Stadt als »urbs magnifica«, als »prächtige Stadt«, und vor allem in ihrem Westteil, wo noch Reste der spätrömischen Stadtbefestigung erhalten sind, kann man dies durchaus nachvollziehen.
Im Mittelalter war die Stadt eine wichtige Station am Jakobsweg, auf den ich nun treffe. Um dem sakralen Charakter Rechnung zu tragen, besichtige ich gleich die Kathedrale Santa Maria de Regla aus dem 13./14. Jahrhundert, mit ihrer eindrucksvollen Westfassade eines der hervorragendsten Werke der Frühgotik auf spanischem Boden. Beeindruckend auch das Innere der Kathedrale, das vom farbigen Licht der mittelalterlichen und frühneuzeitlichen Buntglasfenster bestimmt wird. Ihr Baustil steht in krassem Gegensatz zu der erst 1960 errichteten Wallfahrtskirche Virgen del Camino mit ihrer von modernen Plastiken geschmückten Fassade, auf die ich ungefähr

Sehenswürdigkeiten

- **Santander:** Kathedrale aus dem 13. Jh.; Museo Municipal de Bellas Artes in der Calle Rubio mit Werken von Goya sowie italienischen und flämischen Künstlern des 17. und 18. Jh.; Regionalmuseum mit archäologischer Abteilung in der Provinzverwaltung am kleinen Hafen.
- **León:** Kathedrale Santa Maria del Regla; Plaza Mayor in der Altstadt; Colegiata de San Isidoro; Ringmauer mit Türmen aus dem 3. Jh. n.Chr. zwischen Kathedrale und Puerta del Castillo; ehemaliges Kloster San Marcos am Nordwestrand der Stadt am Flussufer.
- **Virgen del Camino:** Wallfahrtskirche aus dem Jahre 1960 mit modernen Plastiken des katalonischen Künstlers Subirach.
- **Astorga:** Kathedrale aus dem 15./16. Jh. mit Diözesanmuseum; Museo de los Caminos (Museum des Jakobsweges) im Bischöflichen Palast neben der Kathedrale.
- **Ponferrada:** Castillo de los Templarios nahe der Plaza Mayor; gotische Kirche Santa Maria de la Encina an der Placa de la Encina.
- **Villafranca del Bierzo:** Castillo Marqués aus dem 15./16. Jh.; barocke Jesuitenkirche Santa Maria; Plaza Mayor mit schönen Adelshäusern.
- **Samos:** Kloster San Julián mit Kirche aus dem 17. Jh. mit barockem Brunnen und Kreuzgängen.
- **Sarria:** Kirche San Salvador aus dem 13. Jh.
- **Portomarin:** Wehrkirche San Juan und Kirche San Pedro aus dem 12. Jh.
- **Palas de Rei:** Romanische Kirche.
- **Santiago de Compostela:** Kathedrale aus dem 11./12. Jh. an der Plaza del Obradorio mit Grabmahl des Apostels Jakobus; Plaza de los Literários mit Casa de los Canónigos und Convento de San Pelayo; ehemaliges Benediktinerkloster San Martin Pinario an der Plaza de la Immaculada nördlich der Kathedrale; Pilgermuseum (Museo de las Peregrinaciones) in der Casa Gótica gegenüber der Kirche San Miguel; Altstadt mit Hauptgeschäftsstraßen Rua del Villar und Rua Nueva.

5 Kilometer außerhalb von León an der N 120 nach Astorga treffe.

Über Ponferrada ins Galizische Bergland

Die Autobahn würde mich nun rasch weiter nach Ponferrada bringen, aber ich wähle selbstverständlich die schon von den Pilgern benutzte Landstraße durch das Gebiet der Maragatería am Südosthang der Montes de León, deren kleine Dörfer von den Nachfahren der einstmals als Fuhrleute tätigen Maragatos bewohnt werden. An Festtagen kann man hier noch die alten Trachten, schwarze Pluderhosen für die Männer sowie rotbraune Kleider mit hellen oder roten Borten und weiße Spitzenkopftücher für die Frauen, bewundern.

Ponferrada entpuppt sich als Industriestadt, aber die dortige Ruine des Castillo de los Templarios, einer ehemaligen Tempelritterburg aus dem Jahr 1178 nahe der Plaza Mayor, gilt als eine der bedeutendsten Burganlagen Spaniens. Und auch das mit vier mächtigen Rundtürmen bestückte Castillo Marqués in Villafranca de Bierzo ist beeindruckend. Daran vorbei steigt die Straße nun ins Galizische Bergland zum 1109 Meter hoch gelegenen Pass Puerta de Piedrafita an. Man kann sich hier oben in der karstigen Berglandschaft durchaus vorstellen, dass dies kein sehr angenehmer Ort war, wenn der Wind über die kahlen Höhen pfiff, aber die Pilger fanden auf ihrem Weiterweg ja immer wieder Unterkunfts- und Einkehrmöglichkeiten.

Santiago de Compostela

Anfangs noch auf Landstraßen, ab Sarria später wieder auf Bundes- und Nationalstraßen, erreiche ich mein endgültiges Ziel genau wie die früheren Pilger dann zu Fuß, denn die Altstadt von Santiago de Compostela ist für den Verkehr weitgehend gesperrt.

So stelle ich meine Maschine in der Calle San Francisco ab, bevor ich die Plaza del Obradorio überquere und beeindruckt und bescheiden die Kathedrale betrete, deren romanischer Innenraum vom verschwenderisch über dem Grab des Apostels Jakobus errichteten Hauptaltar beherrscht wird.

Bild gegenüberliegende Seite: Am Cruz de Hierro hinterlassen die Pilger persönliche Gegenstände.

Das einem Palast ähnliche Kloster San Marcos in Leon wurde zu einem Hotel umfunktioniert.

Andalusien – Überraschung am höchsten Pass Europas

Andalusien, die südlichste der 17 autonomen Gemeinschaften des Königreichs Spanien, wie die Region amtlich genannt wird, war schon lange mein Wunschziel. Was mich abgehalten hatte, war einzig und allein die Entfernung von 2200 Kilometern, die selbst auf einem guten Reisetourer einiges an Sitzfleisch und Ausdauer abverlangt.

Tour 36

Streckenlänge 761,0 km

Ausgangs- und Endpunkt Granada (685 m)

Anfahrt München – Inning – Landsberg – Memmingen – Lindau – Rohrschach – St. Gallen – Winterthur – Zürich – Egerkingen – Bern – Lausanne – Genf – Lyon – Valence – Orange – Nîmes – Montpellier – Béziers – Narbonne – Perpignan – Le Perthus – Girona – Barcelona – Tarragona – Tortosa – Castel-lón – Valencia – Murcia – Lorca – Autobahnausfahrt Anschlussstelle Purullena – Granada (2201 km)

Anfahrtszeit 23 1/2 Stunden>>>

Strecke: Granada (km 0,0) – Pico del Veleta (hin und zurück 70 km) – Antequera (km 99,0) – Valle de Abdalajis (km 117,5)) – Pizarra (km 138,5) – Alozaina (km 157,5) – El Burgo (km 173,5) – Ronda (km 196,0) – Grazalema (km 225,0) – El Bosque (km 242,5) – Arcos de la Frontera (km 271,0) – Jerez de la Frontera (km 304,0) – Cádiz (km 336,0) – Sevilla (km 464,0) – Alcalá del Rio (km 482,0) – Lora del Rio (km 532,0) – Almodévar del Rio (km 573,0) – Córdoba (km 606,0) – Espejo (km 636,0) – Baena (km 661,5) – Alcaudete (km 686,50) – Alcalá la Real (km 710,5) – Granada (km 761,0)

Hauptanziehungsgrund für mich waren aber gar nicht einmal die maurischen Paläste und christlichen Burgen, auch nicht die stolzen Städte und das blaue Meer. Und selbst die sonnige Landschaft mit ihrem bunten Farbenspiel zwischen Orangenhainen, Sonnenblumen- und Getreidefeldern bis hin zu den Hügelketten am Horizont reizte mich diesmal nur an zweiter Stelle. Mein allererstes Ziel war die Straße hoch zum Pico del Veleta, unweit von Granada in der Sierra Nevada gelegen, die erst in 3392 Metern Höhe endet und damit die höchste öffentlich befahrbare Straße Europas darstellt.

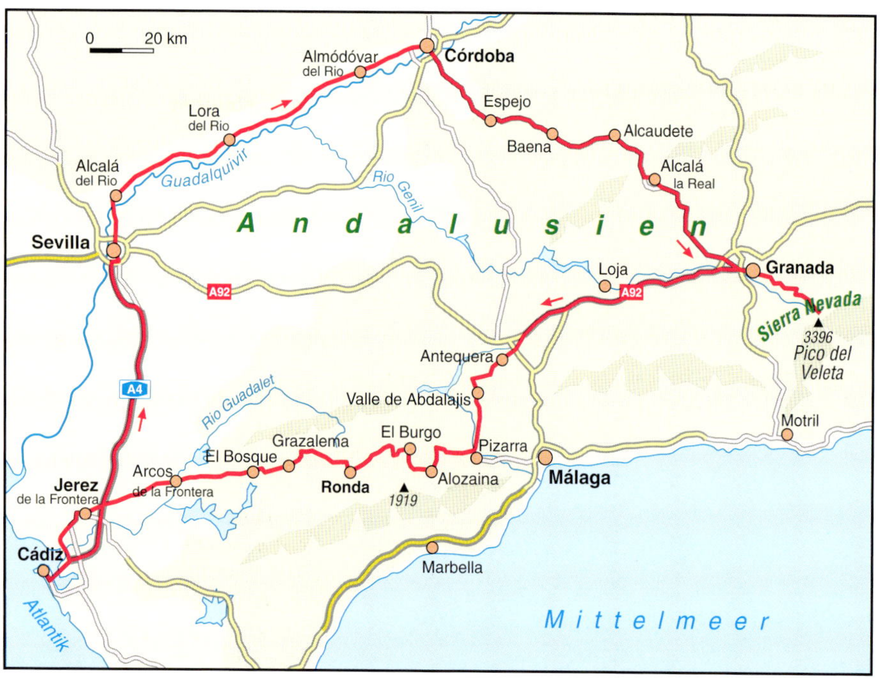

In der Sierra Nevada

Jetzt endlich ist es so weit. Ich bin in Granada angekommen, suche und finde das Hinweisschild nach Cenes de la Vega und erreiche meinen Ausgangspunkt zum Gipfelsturm nach nur 6 Kilometern Fahrt. Ich überquere den Rio Aquas, lasse die Abzweigung nach Pinos Genil unbeachtet und schwinge mich dann über viele Windungen anfangs noch durch Olivenhaine nach oben. Etwa 20 Kilometer habe ich zurückgelegt, der Baumwuchs hört auf, und wenn ich mich bisher beim Überholen oft gewundert habe, dass einige Autos Skier auf den Dachträgern hatten, wird mir beim Wintersportzentrum Solynieve klar, dass es hier zu einem Skigebiet hinaufgeht. Klar verdeutlicht dies aber leider auch der schonungslose Kahlschlag ringsum, die Skilifte und Hotel- und Bungalowsiedlungen. Den Ort selbst umfahre ich und mache mir keine allzu großen Gedanken, als der Schnee am Straßenrand immer höher wird. Stutzig werde ich erst, als ich erste Schneeflecken auf der Straße sehe, und wenig später stehe ich auch schon vor einer geschlossenen Schneedecke und muss alle Hoffnungen auf eine Weiterfahrt begraben.

Harmonische Kurvenschwünge und weiß getünchte Begrenzungen machen den »Taubenpass« bei Grazalema zu einer pittoresken Traumstraße.

Die Schuld für diesen gescheiterten Gipfelsturm musss ich einzig und allein bei mir suchen. Ich hatte einfach nicht damit gerechnet, dass jetzt Ende Mai hier noch so viel Schnee liegen würde, und es daher versäumt, mich über den Befahrbarkeitszeitraum der Straße zu erkundigen. Dies will ich nun nachholen und erfahre zu meiner allergrößten Überrraschung im Fremdenverkehrsamt von Granada, dass die Straße zwar etwa ab Mitte Juni schneefrei sei, durch die teilweise Ausweisung des Gebietes in einen Naturpark aber etwas oberhalb von Solynieve für den öffentlichen Verkehr gesperrt ist. Es dauert eine Zeit, bis ich mich von diesem Schlag erholt habe, doch dann beschließe ich, zumindest mein weiteres Besichtigungsprogramm wie geplant durchzuführen.

Granada und Ronda

Dieses beginnt, wie könnte es auch anders sein, mit einem Besuch der Alhambra, einer riesigen Anlage mit fast unüberschaubaren Sehenswürdigkeiten und genauso unüberschaubarem Preissystem der Eintrittskarten. Ich beschränke mich auf eine Besichtigung des Palastes der Nasriden, der Mauer der Alcazabe, des Palacio de Carlos und der Gärten der Alhambra und komme trotzdem ziemlich erledigt wieder bei der Maschine an.

In Ronda, meinem nächsten Ziel, das ich teilweise über die Autobahn erreiche, wollte ich auf großartige Besichtigungen eigentlich verzichten, doch dann zog mich die in einzigartiger, an der Kante eines Hochplateaus gelegene Stadt doch in ihren Bann: Auch wenn ich mich nicht unbedingt für den blutigen Sport begeistern kann, besichtige ich die zweitälteste Stierkampfarena Spaniens, die Plaza de Torre, und erkenne im angeschlossenen Museum neben Bildern von Hemingway und Orson Welles auch das des ehemaligen Bundespräsidenten Walter Scheel. Dann wechsle ich noch über die dreibögige, 70 Meter lange und 150 Meter hohe Puente Nuevo hinüber in die Altstadt und bin beeindruckt vom Schwindel erregenden Blick hinunter in die wie mit einem Beil in den Fels gehauene Schlucht, in der sich der Tajo de Ronda über mehrere Kaskaden einen Weg bahnt. Es folgt noch ein kurzer Spaziergang durch die malerische Altstadt, wo sich Gebäude im maurischen Stil mit Renaissancepalästen abwechseln.

Über Jerez de la Frontera nach Cádiz

Dafür bin ich bis zu meinem nächsten Ziel, Cádiz an der südspanischen Atlantikküste liegt, schon etwas länger unterwegs, was mir allerdings nichts ausmacht, da ich ja wieder Motorrad fahren kann

›››

Mautgebühren

Die Anfahrtsstrecke beinhaltet in Österreich und der Schweiz vignettenpflichtige Streckenabschnitte.
Bei Verlassen der Bodensee-autobahn A 96 bei der Anschlussstelle Lindau und Benutzung der Bundesstraßen B 190 und 202 zwischen den Grenzübergängen Unterhöchsteg und Höchst auf ca. 16 km Länge entfällt die Vignettenpflicht für Österreich.
Die Mautgebühr auf den französischen und spanischen Autobahnen zwischen den Anschlussstellen Perly und Purullena beträgt für die einfache Strecke ca. 58,80 €. ›››

>>>

Hinweise zur Befahrbarkeit der Passstraße auf den Pico del Veleta

Die Straße ist etwa ab Mitte Juni schneefrei. Durch die teilweise Ausweisung des Gebietes in einen Naturpark ist eine Befahrung allerdings nur noch bis in eine Höhe von ca. 2750 Metern möglich. Dann ist die Straße für den öffentlichen Verkehr gesperrt. Die Sperrung wird durch Kontrollposten überwacht. Allerdings können Ausnahmen vom Befahrungsverbot durchaus in Frage kommen. Auskünfte darüber erteilt das Spanische Fremden verkehrsamt in Berlin, Tel. (030) 8 82 65 43, oder das Fremdenverkehrsamt Granada, Tel. 0 03 49 58 22 59 90. >>>

– was durch die Sierra Grazalema auch ein wahrer Genuss ist. Wieder im Flachland weisen mir wenige Kilometer vor Jerez de la Frontera Hinweisschilder den Weg zur bekannten Motorradrennstrecke Circuito de Jerez. Ich lasse mir den kurzen Abstecher dorthin nicht entgehen, auch wenn ich dann vor verschlossenen Toren stehe.

Cádiz, die älteste Stadt Europas, hat sich einen beeindruckenden Platz auf einem aus dem Meer emporragenden Muschelkalkfelsen am Ende einer Landzunge gesucht. Ich halte erst an den Uferpromenaden und blicke abwechselnd auf die Kathedrale mit der großen gelben Kuppel und auf das blaue Wasser der Costa de la Luz, dessen heute

Sehenswürdigkeiten

- **Granada:** Alhambra (offen April bis September Mo. bis Sa. 9 – 20,00 Uhr, So. 9 – 18 Uhr, abends April bis September Di., Do., Sa. 22 – 24 Uhr); Catedral Santa Maria de la Encarnación (offen täglich 10.30 – 13 Uhr und 15.30 – 18 Uhr, So. vormittags geschlossen); Capilla Real, Grabkapelle der katholischen Könige (offen täglich 10 – 13 Uhr und 15.30 – 18 Uhr); Maurisches Viertel am Albaicin gegenüber der Alhambra; Plaza Nueva.
- **Ronda:** Puente Nuevo zwischen Neu- und Altstadt mit eindrucksvollem Blick in die Tajoschlucht; sehenswerte Altstadt mit Kirche Santa Maria la Mayor; Räubermuseum (Museo del Bandolerismo; Stadtbefestigung; Stierkampfarena Plaza de Torres in der Neustadt mit Stierkampfmuseum (offen täglich 9 – 19 Uhr).
- **Jerez de la Frontera:** Königlich Andalusische Schule der Reitkunst im Norden der Stadt (offen Mo., Di., Mi., Fr. 11 – 13 Uhr, Vorführungen Do. 12 Uhr).
- **Cádiz:** Catedral Nuevo mit Museum (offen Di. bis Sa. 10 – 12.30 Uhr); Museo de Cádiz mit archäologischer Abteilung (offen täglich außer Mo. 9.30 – 14 Uhr); Uferpromenade.
- **Córdoba:** Catedral de Córdoba (offen April bis September täglich 10 – 19 Uhr); Puente Romano über den Rio Guadalquivir; Museo de Al-Andalus (offen Mai bis September täglich 10 – 14 und 17.30 – 20.30 Uhr); jüdisches Viertel; archäologisches Museum in der Altstadt (offen Mitte Juni bis Mitte September Di. bis Sa. 10 – 13.30 und 18 – 20 Uhr); Plaza del Potro.
- **Alcalá la Real:** Burganlage Castillo de la Mota aus dem 13. bis 15. Jh.

ruhige Wellen sich nur leicht an der südlichen Staumauer brechen.

Sevilla und Córdoba

Nach Sevilla nehme ich mangels reizvoller Alternativen die schnelle Autobahn und bin vom Verkehrsaufkommen in der Hauptstadt Andalusiens, der viertgrößten Stadt Spaniens, doch etwas überrascht.
Trotzdem, ein Besuch der Catedral de Santa Maria de la Sede musste dann schon sein, vor allem der Giralda (»Wetterfahne«) wegen, des 97 Meter hohen Turms an der Nordseite der Kathedrale, Wahrzeichen der Stadt, in dessen Inneren ich über eine breite Treppe zur 70 Meter hoch gelegenen Galerie steige. Weit über die Dächer der Stadt reicht mein Blick von hier, bis über den Guadalquivir hinüber zum Gelände der ehemaligen Weltausstellung, wo 1997 der Vergnügungspark Isla Mágica errichtet wurde.

Für die Weiterfahrt nach Córdoba habe ich die Wahl zwischen der schnelleren Autobahn südlich des Rio Guadalquivir und der Bundesstraße A 431 nördlich des Flusses. Ich wähle diesmal die Bundesstraße, bin von der Marschlandschaft, durch welche sie führt, aber nicht übermäßig begeistert – von Córdoba, an den Ausläufern der Sierra Morena gelegen, dagegen schon. Wie keine andere Stadt Andalusiens hat die Altstadt mit ihren engen Gassen und den niedrigen, weiß getünchten Häusern mit hübschen, blumengeschmückten Patios, die von der Straße her einsehbar sind, ihren maurischen Charakter bewahrt.
Auf landschaftlich wieder reizvoller werdender Strecke fahre ich schließlich über das malerisch an einem Hang liegende Städtchen Baena sowie Alcalá la Real mit der größten almohadischen Festung Spaniens, von der nur noch die Burgmauern erhalten sind, nach Granada, der lebensfrohen Stadt am Fuße der Sierra Nevada zurück.

>>>

Servicestellen

Granada: BMW Nevauto, Camino de Ronda 181, 18003 Granada
Suzuki Repuetos Andrés, Paseo de Ronda 34, 18004 Granada
Yamaha Moto Repris, Avda. del Sur Edificio Presidente L 8, 18014 Granada
Harley-Davidson Evasión Motor, Urb. Jardin de la Reina Local 16, 18006 Granada
Córdoba: BMW Todo Moto, Avda. Conde Vallelano 4, 14004 Córdoba
Suzuki Romavi, Polig. Chinalos, 14007 Córdoba
Yamaha Córdoba Racing, Portugal 3, 14011 Córdoba
Jerez de la Frontera: Yamaha Auto Moto Navarro HNOS., Carrero Blanco 12, 11401 Jerez de la Frontera
Sevilla: BMW Todo Moto, Avda. de Jerez 46, 41012 Sevilla
Suzuki Armenta Motors, Recaredo 20, 41003 Sevilla
Yamaha Motos Muriel, Arroyo 52 – 54, 41003 Sevilla

Karte Euro Cart Regionalkarte 1:300.000, RV-Verlag, Spanien, Blatt 7/8, Costa del Sol/Andalusien/Costa de la Luz

Bild gegenüberliegende Seite: Tapas-Pause in der Stierkampfbar in Zahara.

Bild links: Die traditionsreiche Stierkampfarena in Sevilla gleicht von außen einer prachtvollen Villa.

BRITISCHE INSELN

Auch auf den Britischen Inseln sind es die Extreme, die ihre Faszination ausmachen. Berge und Meer, Klippen und Steilküsten, wilde Natur, daneben aber auch beschauliche Ecken wie etwa in der südwestschottischen Hügellandschaft, friedlich in der sanft gewellten Landschaft oder am Sandstrand liegende Orte reizen zum Verweilen, und vor allem kurvenreiche Strecken fast ohne Verkehr laden ein zum beschaulichen Touren. Irland, die grüne Insel, und Schottland mit seinem über weite Strecken rauem Bergland werden Sie in ihren Bann ziehen. Eines sollten Sie nicht vergessen: die Regenkombi. Es herrscht in diesen Regionen zwar ein zum Teil erstaunlich mildes Klima, eben dieses sorgt aber auch für reichliche Niederschläge.

Bild links: Fotostop am berühmten Ring of Kerry in der Republik Irland. In diesem Kapitel wird allerdings einmal der etwas unbekanntere Norden Irlands vorgestellt.

Bild oben: Auf der schottischen Isle of Skye hat man nur selten mit Gegenverkehr zu rechnen. Trotzdem Vorsicht, die meisten Straßen sind »single track roads«.

Schottland – Von den Lowlands in die Highlands

Schottland heißt für mich zuerst einmal Linksverkehr, an den es sich zu gewöhnen gilt. Vor allem beim Rechtsabbiegen hatte ich zunächst einige Probleme, wenn kein anderes Fahrzeug in der Nähe war, an dem ich mich orientieren konnte.

Tour 37

Streckenlänge 619,0 km

Ausgangs- und Endpunkt Glasgow (50 m)

Anfahrtszeit 18 3/4 Stunden

Mautgebühren Der Eurotunnel zwischen Calais und Folkstone ist kostenpflichtig. Der Shuttle verkehrt ganzjährig ab 6 bis 22 Uhr alle 15 Min. und zwischen 22 und 6 Uhr stündlich. Die Kosten betragen für die einfache Strecke für eine Person und ein Motorrad ab 124 €. Fahrtdauer 36 Min.

Anreise-Alternative Alternativ zur Anreise über den Landweg und den Eurotunnel empfiehlt sich die Fähre von Amsterdam nach Newcastle.

Anfahrt München – Ingolstadt – Nürnberg – Erlangen – Würzburg – Aschaffenburg – Frankfurt/Main – Wiesbaden – Limburg – Köln – Duisburg – Oberhausen – Elten – Arnheim – Utrecht – Amsterdam (828 km) – Newcastle – Carlisle – Motherwell – Coatbridge – Glasgow (1705 km)

Anfahrtszeit 12 Stunden

Fähre Die Fähren zwischen Amsterdam und Newcastle (England) verkehren ganzjährig, tgl. je nach Saison zwischen 3 und 7 Abfahrten, in beide Richtungen. Der Preis für eine Überfahrt beträgt pro Person und Motorrad ca. 210 €. Fahrtdauer ca. 20 Std. ›››

Strecke: Glasgow (km 0,0) – Stirling (km 26,0) – Perth (km 57,0) – Ballinluig (km 80,0) – Kingussie (km 129,0) – Aviemore (km 139,0) – Inverness (km 168,0) – North Kessock (km 172,0) – Dalnavie (km 194,0) – Fearn Lodge (km 208,0) – Bonar Bridge (km 212,0) – Inveran (km 216,0) – Lairg (km 227,0) – Altnaharra (km 248,0) – Tongue (km 265,0) – Durness (km 293,0) – Kylestrome (km 312,0) – Ledmore (km 327,0) – Ullapool (km 343,0) – Dundonell (km 362,0) – Tournaig (km 376,0) – Kerrysdale (km 382,0) – Achnasheen (km 409,0) – Lair (km 420,0) – Lochcarron (km 427,0) – Stromeferry (km 435,0) – Dornie (km 445,0) – Invergarry (km 492,0) – Fort William (km 517,0) – Abstecher Mallaig (hin und zurück 88 km) – North Ballachulish (km 529,0) – Bridge of Orchy (km 556,0) – Tyndrum (km 563,0) – Crianlarich (km 568,0) – Inveruglas (km 580,0) – Luss (km 593,0) – Glasgow (km 619,0)

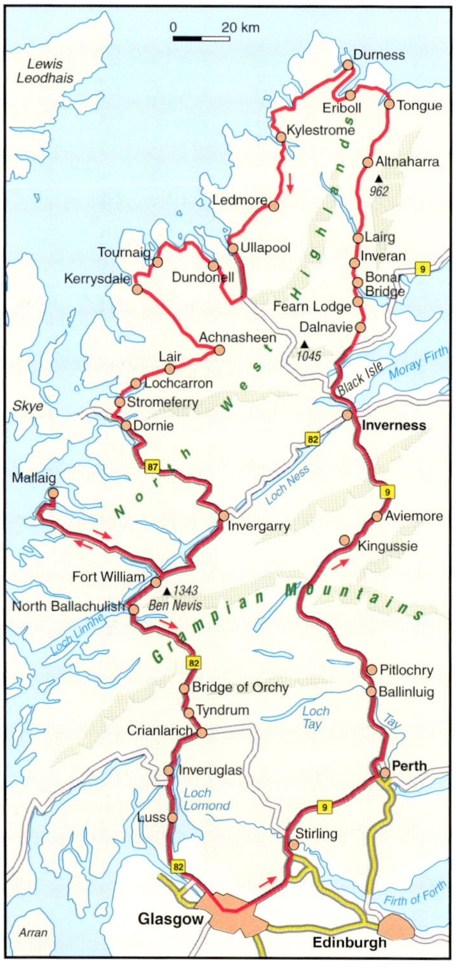

Und dies kam dort oben, im einsamen schottischen Norden, den Highlands, tatsächlich auch einige Male vor. Bei meiner langen Anfahrt durch England, von London kommend, stellte der Linksverkehr aber noch kein Problem dar, denn ich bewältigte die gesamte Strecke auf der Autobahn. Irgendwo zwischen Carlisle und Gretna Green überquerte ich unbemerkt die Landesgrenze zwischen England und Schottland und näherte mich durch die südwestschottische Hügellandschaft Southern Uplands Glasgow, der größten Stadt Schottlands.

Diese empfing mich dann auch stilgerecht mit einer weiteren schottischen Besonderheit, nämlich dem Drizzle, wie der Nieselregen hierzulande genannt wird, der die Silhouetten der Lager- und Bürohäuser, die das Stadtbild prägen, in einheitliches Grau tauchte.

Erst am nächsten Morgen konnte ich mich bei nur leicht bedecktem Himmel davon überzeugen, dass die Universitätsstadt am Clyde River tatsächlich dabei ist, ihr ehemaliges Image als schmutzig verrußte Industriestadt abzustreifen und sich zu einer modernen Metropole mit weitläufigen Parkanlagen, prächtigen Jugendstilhäusern, sehenswert renovierten viktorianischen Fassaden sowie einer sanierten Altstadt mit eleganten Einkaufspassagen, weltberühmten Kunstsammlungen und exzellenten Museen herauszuputzen.

Blickfang: die eindrucksvolle Stahlkonstruktion der Eisenbahnbrücke über den Firth of Forth.

Von Glasgow Richtung Norden

An der bekannten Glasgow Cathedral vorbei fahre ich auf den Motorway 8, der mich am schnellsten hinüber nach Perth bringen soll, der Kleinstadt am Tay, die bis 1452 sogar die Hauptstadt Schottlands war, bevor ihr Aberdeen diesen Rang ablief. Dann fahre ich auf der gut ausgebauten A 9 Richtung Norden durch eine Landschaft, die hauptsächlich von Landwirtschaft, grünen Wiesen und leicht bewaldeten Hügelrücken bestimmt wird, das Tal der Tummel aufwärts nach Pitlochry. Hinter dem Fremdenverkehrsort finde ich mich plötzlich in einer en-gen Schlucht wieder, die kaum Platz für Fluss, Straße und die Bahnlinie lässt und im Jahre 1689 Schauplatz einer schrecklichen Schlacht zwischen den katholischen und frankreichtreuen Anhängern des Hauses Stuart und den Protestanten war, die königstreu eine Annäherung an England befürworteten. Die Stuart-Anhänger unter John Graham of Claverhouse gewannen zwar damals die Schlacht gegen die Royalisten unter Wilhelm von Oranien, verloren letztendlich jedoch den Kampf um ihre Unabhängigkeit, die mit der Zusammenlegung der Parlamente und der Mitgliedschaft im »Vereinigten Britischen Königreich« Anfang des 18. Jahrhunderts endete.

In den Grampian Mountains

Charles Edward Stuart, besser bekannt als Bonnie Prince Charlie – so manchem vielleicht auch aus dem Kinofilm »Braveheart« in Erinnerung – war einer der letzten, der diesen Verlust der eigenen schottischen Identität und Individualität nicht hinnehmen wollte. Er versuchte, das Rad der Geschichte zurückzudrehen, bevor er im April 1746 im Moor von Culloden vernichtend geschlagen wurde. Unterstützt wurde er dabei vorwiegend von den Highlander-Clans, streng hierarchisch und patriarchisch geordneten Familienverbänden, die den rauen Norden beherrschten, von dem ich mir bei der Weiterfahrt auf der A 9 über die kahlen, menschenleeren Felskuppen der Grampian Mountains einen ersten Eindruck verschaffen kann.

>>>

Servicestellen

Aberdeen: BMW John Clark, Wellington Road, West Tullos Aberdeen, AB 13, 3 EW
Honda und Kawasaki Mc Gowan Motorcycles, 72 Hutcheon Street, Aberdeen, Grampian, AB 25 3 TB
Suzuki Shirlaws Motorcycles, 92 Crown Street, Grampian, AB 11 6 HJ

>>>

Am Loch Ness

Doch nochmals treten die Berge zurück, und langsam senkt sich der »Highway to the Highlands« in die Ebene von Inverness ab, an der Mündung des wohl bekanntesten schottischen Sees, des Loch Ness. Den See selbst bekomme ich, genau wie das darin beheimatete Monster, das ein Mönch im 8. Jahrhundert als Erster gesehen haben will, nicht zu Gesicht. Denn der Loch Ness versteckt sich lang gezogen im Hügelland westlich der Stadt. Ich verzichte sowohl auf einen Abstecher dorthin als auch auf die Teilnahme an einer Ausflugstour per Schiff und begnüge mich mit dem Besuch des Original Loch Ness Visitor Centre mit einem Souvenirladen sowie einer Audiovisionsshow.

Sehenswürdigkeiten

- **Glasgow:** Cathedral (offen April bis September Mo. bis Sa. 9.30 – 18 Uhr, So. 14 – 17 Uhr); George Square mit City Chambers und Merchants House; Gallery of Modern Art Ecke Queen Street/Ingram Street (offen Mo. bis Do. und Sa. 10 – 17 Uhr, Fr. und Sa. 11 – 17 Uhr); Museum of Transport mit Ausstellungsstücken von Schiffsmodellen über Kutschen, Straßenbahnen und Feuerwehrautos bis zu Motorrädern in der Bunhouse Road (offen Mo. bis Do. 10 – 17 Uhr, Fr. und So. 11 – 17 Uhr).
- **Stirling:** Stirling Castle; Argryll und Sutherland Highlanders Regimental Museum; Smith Art Gallery and Museum in der St. John Street.
- **Perth:** Black Watch Regimental Museum in der Hay Street mit Exponaten zur Militärgeschichte dieses Regiments (offen Mai bis September Mo. bis So. 10 – 16.30 Uhr); St. John's Church aus dem 15. Jh.; Museum & Art Gallery mit naturgeschichtlicher und künstlerischer Sammlung an der George Street (offen Mo. bis Sa. 10 – 17 Uhr).
- **Killiecrankie:** Besucherzentrum mit Erinnerungsstücken an die Schlacht von Killiecrankie (offen Juni bis August 9.30 – 18 Uhr).
- **Kingussie:** Highland Folk Museum.
- **Kincraig:** Highland Wildlife Park Kincraig mit Polarfüchsen, Braunbären, Bisons, Luchsen und Wölfen (offen Juni bis August 10 – 17 Uhr).
- **Inverness:** Original Loch Ness Visitor Center (offen April bis Ende Oktober täglich 10 – 18 Uhr, Juli und August bis 21 Uhr); Official Loch Ness Monster Exhibition; Bootstouren zum Loch Ness zwischen März und Oktober täglich 10 – 17 Uhr, Abfahrt vom Visitor Center.
- **Ullapool:** Ullapool Museum & Vistor Center in der West Argyle Street mit natur- und volkskundlichen Exponaten (offen April bis Oktober Mo. bis Sa. 9.30 bis 17.30 Uhr, Juli und August auch 19.30 – 21.30 Uhr).
- **Fort William:** Volks- und naturkundliches West Highland Museum (offen Juni bis September Mo. bis Sa. 10 – 17 Uhr, Juli und August So. 14 – 17 Uhr); Ben Nevis Whiskey an der Lochy Bridge, älteste Whiskey-Destillerie Schottlands; Ausgangsort für die Tour auf den Ben Nevis, dem höchsten Berg Schottlands (hin und zurück 6 – 8 Std.); Abstecher nach Mallaig vorbei am Glenfinnan Monument zum Gedenken an Charles Edward Stuart, bekannt als Bonnie Prince Charlie, Besucherzentrum mit Audiovisionsschau (offen April/ Mai und September/ Oktober 10 – 17 Uhr, Juni bis August 9.30 – 18 Uhr).

Auf der Black Isle in Richtung Nordküste

Ich möchte weiter in den Norden Schottlands mit seiner unberührten Naturlandschaft aus Bergen, Hochmooren und lang gezogenen Klippen, an denen das Meer anbrandet. Aber zunächst begleiten mich noch Ackerland und Sandstrände auf meiner Fahrt über die flache Halbinsel Black Isle, und die Wasserfläche des Cromarty Firth wird von zahlreichen Bohrinseln verschandelt. Ich muss erst von der A 9, die weiter an der Ostküste verläuft, ins Landesinnere abbiegen, um nach und nach den Eindruck von grandioser Natur und Einsamkeit zu bekommen, für den diese karge Landschaft bekannt ist.

Allzu sehr ablenken lassen darf ich mich dabei nicht, denn die Straßen sind teilweise nur einspurig, manchmal unübersichtlich, und obwohl sich nicht viele Touristen hierher verirrt haben, ist doch immer wieder mit Gegenverkehr zu rechnen. Auch die Schafe am Straßenrand behalte ich im Auge, und hin und wieder erschreckt mich ein Kaninchen, das vor mir über die Straße wetzt. Als ich die Nordküste bei Tongue erreiche, kommt noch eine weitere landschaftliche Komponente hinzu: das Meer, das sich nun vor mir ausdehnt. Ich fahre an der Nordküste entlang und erreiche mit Durness wieder eine größere Häuseransammlung und gleichzeitig das nordwestlichst gelegene Dorf des britischen Festlandes.

Durch die North West Highlands zum Ben Nevis

Ich habe den wohl einsamsten und unwegsamsten Teil meiner Reise angetreten und beginne die Rückfahrt auf enger gewordener Straße, die sich zwischen Sandstränden, unwirtlichem Moorland, Seen und Bergen an der Küste entlang nach Ullapool schlängelt. Ich bleibe noch etwas an der Küste, um die weiterhin großartige Landschaft des Wester Ross genießen zu können, bevor ich mich nach Invergarry wieder ins Landesinnere absetze. Dort lasse ich auch die letzte Gelegenheit zu einem Ausflug nach Loch Ness ungenutzt und wende mich lieber dem Ben Nevis zu, dem mit 1343 Metern höchsten Berg Schottlands, den ich bei Fort William erreiche.

Die »Road to the Isles«

Gut sechs Stunden Fußmarsch müsste ich für eine Besteigung des Ben Nevis für Hin- und Rückweg einplanen, aber ich verzichte darauf und bewältige lieber den Abstecher auf die A 830 hinüber nach Mallaig in der halben Zeit. »Road to the Isles« wird die Strecke genannt, die als eine der schönsten des Landes gilt. Dann verabschiede ich mich langsam vom Norden Schottlands, trete auf der A 82, die hier am westlichen Rand der Grampian Mountains verläuft, die Rückfahrt nach Glasgow an und erreiche die Lowlands diesmal von Norden her über den Loch Lomond.

>>>

Fortsetzung Servicestellen

Glasgow: BMW Motorrad Central, 288 Kirkintilloch Road, Glasgow G64 2 PT
Honda und Suzuki Mickey Oates Motorcycles, 19 North Canalbank Street, Port Dundas Glasgow Strathclyde 6 P 4 9 XP
Yamaha Rideon Motorcycles, 19 – 21 Nightsdale Street, 641 2 QA Glasgow
Harley-Davidson West-Coast, 147 –151 North Street, 63 7 DA Glasgow

Newcastle: Honda M & S Motorcycles, 204 Westgate Road, Newcastle Tyne & Wear, NE 4 6 AN

Edinburgh: Kawasaki Edinburgh, 195 Slateford Road, EH 14 1 QA
Suzuki Alvins Com., 23 Sea-field Road East, Midlothian, EH 15 1 ED
Yamaha Carrick Motorcycles, 62 Queen Charlotte Street, EH 6 7 ET Edinburgh

Karte Euro Cart Regionalkarte 1:300.000, RV-Verlag, Großbritannien, Blatt 3/4, Schottland/England Nord

Bild gegenüberliegende Seite: Blick auf die aufregende Passstraße nach Applecross im Westen Schottlands.

Einsame Straße nahe der »Road to the Isles« an der Westküste auf dem Weg zur Isle of Skye.

Irland – Der hohe Norden der Grünen Insel

Irland ist ein Paradies für Schafe und natürlich auch für Motorradfahrer. Hier kommen selbst Fahrer kleinerer Maschinen auf ihre Kosten, denn die meisten Straßen sind eng und verwinkelt und nicht selten ist die Höchstgeschwindigkeit auf 40 mph, ca. 64 km/h begrenzt.

Tour 38

Streckenlänge 703,5 km

Ausgangs- und Endpunkt Dublin (15 m)

Anfahrt München – Nürnberg – Würzburg – Frankfurt – Wiesbaden – Limburg – Siegburg – Köln – Düren – Aachen – Geleen – Brüssel – Gent – Brügge – Dunkerque – Calais – Dover – Canterbury – London – Birmingham – Shrewsbury – Chirk – Bangor – Holyhead – Dublin (1536 km)

Anfahrtszeit 17,30 Stunden >>>

Strecke: Dublin (km 0,0) – Swords (km 8,0) – Balbriggan (km 19,0) – Drogheda (km 30,0) – Dunleer (km 44,0) – Dundalk (km 64,5) – Newry (km 77,5) – Warrenpoint (km 84,5) – Newcastle (km 111,5) – Clough (km 117,5) – Killough (km 128,0) – Portaferry (km 139,5) – Newtownards (km 158,0) – Belfast (km 167,0) – Carrickfergus (km176,5) – Larne (km 191,5) – Cushendall (km 217,5) – Ballycastle (km 233,5) – Portrush (km 252,0) – Coleraine (km 260,5) – Limavady (km 273,5) – Londonderry/Derry (km 290,5) – Abstecher/ Rundfahrt über Inishowen Peninsula Halbinsel über Moville, Carndonagh und Buncrana auf der R 238 (ca. 93 km) – Letterkenny (km 312,5) – Abstecher Fanad Peninsula – Kilmacrenan (km 333,5) – Dunfanaghy (km 357,5) – An Fál Carrrach (km 368,5) – Gort an Choirce (km 374,5() – Meen Laragh (km 378,5) – Bloody Foreland Landspitze (km 385,5) – Derrybeg (km 392,5) – Gaoth Dobhair (km 402,5) – An Clochán Liath (km 417,5) – Maas (km 438,5) – Glenties (km 445,5) – Ardara (km 455,5) – Abstecher über Killybegs nach Teelin zum Slieve League (ges.: 48 km) – Donegal (km 493,5) – Ballyshannon (km 515,5) – Enniskillen (km 546,5) – Belturbet (km 576,5) – Cavan (km 594,5) – Kells (km 642,5) – Navan (km 658,5) – Dublin (km 703,5)

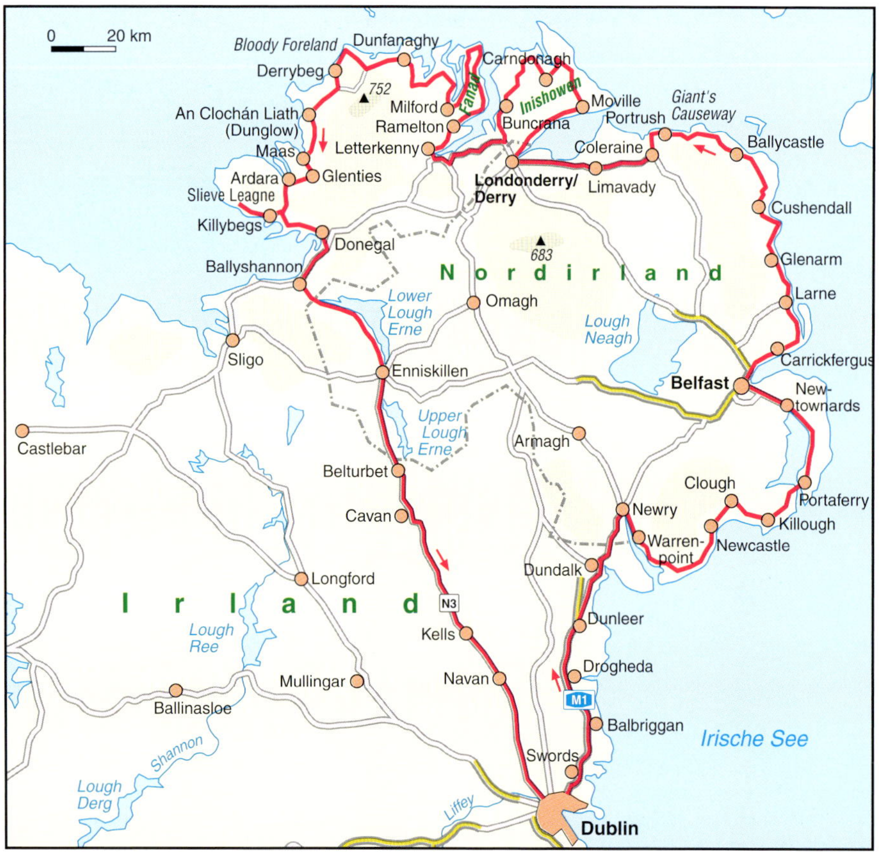

Aber nicht einmal diese sollte man immer ausschöpfen, zumal auf einspurigen Nebenstrecken stets mit Schafen oder Gegenverkehr zu rechnen ist. Aber man kommt ja nicht zum Rasen, sondern zum Genießen auf die Insel.

Auch wenn Irland klein ist, sollten sich selbst Reisende, die drei Wochen Zeit haben, überlegen, ob sie wirklich die gesamte Insel sehen wollen, auch wegen der langen Anreise aus Deutschland, Österreich oder der Schweiz.

Ich wähle für meine Tour durch den Norden der Insel, der vielleicht noch nicht ganz so bekannt ist wie der Südwesten, als Startort Dublin. Mit meiner

Anfahrtsstrecke über Belgien, durch den Eurotunnel und weiter von London hinauf zum Fährhafen Holyhead habe ich den kürzesten Weg ausgesucht, der mit mehr als 17 Stunden reiner Fahrzeit freilich immer noch lang genug ist – auch wenn es durchaus Sinn machen würde, mit der Fähre von Pembroke oder Fishgard nach Rosslare Harbour bei Wexford überzusetzen. Entgegen allen Unkenrufen ist die Küste zwischen Wexford und Dublin – wenn auch ohne besondere Attraktionen – durchaus sehenswert.

Vor Dublin kann man in dem schönen Küstenort Bray Station machen, in Dun Laoghaire das Joyce-Museum im Hafenturm besuchen oder einen Vorgeschmack auf die wilde Mischung aus meernahen Bergen, engen Sträßchen und einsamen Pässen im Norden bekommen, denn das vermitteln auch die Wicklow Mountains vor Dublins Haustüre. In Glendalough, einer verwitterten Klosterstadt, gibt es neben einem gut erhaltenen Rundturm einen eindrucksvollen Friedhof zu bestaunen, der seine mystische Stimmung besonders im Morgendunst oder bei Sonnenuntergang entfaltet.

Dublin

Zu Dublin wissen die zahllosen Reiseführer mehr zu berichten – hier nur so viel: In wenigen Großstädten findet man wohl eine derartig bunte Mischung auf so engem Raum: gemütliche Pubs aus dem 18. Jahrhundert neben scheußlichen Bausünden, geschniegelte Manager Rücken an Rücken mit Punks und Straßenmusikern in Pubs, edle Boutiquen und bunte Straßenmärkte, erlesene Esslokale sowie die Fish&Chips-Institution »Burdock's«. Und die Trink- und Kontaktfreudigkeit der Iren ist legendär … Nur ein Tipp: Wenn Sie auf Ihrer Tour durch Irland einen Aufenthalt in Dublin planen, buchen Sie vor. Speziell an Wochenenden ist die Stadt oft komplett ausgebucht. Und fragen Sie nach einem sicheren Abstellplatz für Ihr Bike. Sonst wird Dublin vielleicht die erste und letzte Station auf Ihrer Reise sein.

Nach Nordirland

Von Dublin aus fahre ich dem Motorway 1 nach Norden, vorbei am Dubliner Flughafen bis zu der 911 von Wikingern gegründeten Handelsstadt Drogheda. Heute fristet der Ort eher ein etwas tristes Schattendasein, interessant ist hier vor allem ein Abstecher an die nahe Kultstätte Newgrange, eine mehr als 5000 Jahre alte Gräberstadt.

Zwischen Dundalk und Newry überquere ich die Grenze nach Nordirland. Je nach politischer Großwetterlage in Nordirland durchfährt man den Grenzposten ohne jede Kontrolle oder muss zuweilen lange warten.

Irlands nördlichstes County Donegal kann mit zahlreichen Sandstränden glänzen.

Bild gegenüberliegende Seite: Nach der Tour – Guinness!

›››

Mautgebühren
Der Eurotunnel zwischen Calais und Folkstone ist kostenpflichtig. Der Shuttle verkehrt zwischen 6 und 22 Uhr alle 15 Min., zwischen 22 und 6 Uhr alle 60 Min. Kosten für die einfache Strecke für eine Person und ein Motorrad: ab 124 €. Fahrtdauer 36 Min.Von der Innenstadtmaut für London sind Motorräder ausgenommen.

Fähre Zwischen Holyhead und Dublin ganzjährig tgl. zwei Abfahrten mit der Jumbofähre (Fahrzeit 3 1/2 Std.), vier mit der Schnellfähre (Fahrzeit 2 Std.). Kosten für eine Person und ein Motorrad für die einfache Fahrt 60 € bzw. 70 €. ›››

>>>

Servicestellen
Dublin: Honda Clonskeagh Motors, Clonskeagh Road, Dublin 14
BMW Murphy & Gunn Ltd., Milltown Road, Milltown, Dublin 6
Yamaha Pat Barron Motorcycles, Old Bawn Road, Dublin
Harley-Davidson Dublin, 24/25 Blessington Street, Dublin 7
Suzuki Naas Road, Naas Road 12,
Incynta Clyne/Keith Finn, Dublin 12
Donegal: Honda Tony Kelly Cars, Pearse Road, Letterkenny, Co. Donegal
BMW Graham Motors, Pearse Road, Letterkenny, Co. Donegal
Yamaha Mulroys Business Park, Canal Road, Letterkenny, Co. Donegal >>>

Belfast und die Küste entlang

Die Landschaft bis Belfast ist unspektakulär. Belfast selbst aber ist eine hoch interessante Stadt, gezeichnet von den langen Konflikten zwischen Protestanten und Katholiken. So glänzend sich die Innenstadt mit ihren Shops präsentiert, so abweisend sind manche Außenbezirke mit Ruinen, graffitiverschmierten Mauern und festungsähnlichen Polizeistationen. Erschrecken Sie nicht, wenn Sie – selbst hinter Verkehrsinseln – schwer bewaffnete Soldaten sehen. Das gehört zumindest in unruhigen Zeiten zum Stadtbild Belfasts.

Der landschaftlich schöne Teil meiner Tour beginnt direkt nördlich von Belfast, immer an der Atlantikküste entlang. Erst geht es in Richtung Carrickfergus, dem einstmals wichtigsten Hafen in Nordirland mit einem Castle aus dem 12. Jahrhundert. Hinter Larne befinde ich mich auf der phantastischen Küstenstraße der Coast of Antrim und steuere das Städtchen Ballycastle an – ein guter Stützpunkt für Ausflüge zu den bizarren Basaltsteinformationen des Giant's Causeway, zur Bushmills Destillery (besser den Bus benutzen, Whiskeyprobe!) oder zu der romantischen Ruine des Dunluce Castle.

An der Nordspitze Irlands

Nächste Station ist Londonderry beziehungsweise Derry, wie es die Iren aus der Republik nennen. Auch hier sind die Spuren des Nordirlandkonflikts allgegenwärtig. Hinter Londonderry überfahre ich wieder die Grenze zur Republik Irland. Wer es jetzt ganz einsam und karg mag, der folgt an der Abzweigung nach Überquerung des Foyle River der Straße Nr. 238 und macht eine Rundtour auf der Inishowen Peninsula. Bis zum nördlichsten Zipfel der Halbinsel bei Malin Head sieht man unzählige kleine Buchten mit Sandstränden, steile

Sehenswürdigkeiten

- **Dublin:** Trinity College mit Old Library (offen Mo. bis Sa. 9.30 – 17 Uhr, So. 12 – 16.30 Uhr); Dublin Experience & Douglas Hyde Gallery mit Multimediashow zur Stadtgeschichte (Mai bis September tgl. 10 – 17 Uhr) und Ausstellungen zeitgenössischer irischer Künstler (offen Mo. bis Fr. 11 – 18 Uhr, Do. 11 – 19 Uhr, Sa. 11 – 16.45 Uhr); National Museum (offen Di. bis Sa. 10 – 17 Uhr, So. 14 – 17 Uhr), Erholungspark St. Stephen's Green an der Kildare Street (im Sommer mittags Konzerte mit irischer Musik); historisches Stadtviertel »Temple Bar« am Südufer des River Liffey mit vielen Pubs; Dame Street mit pittoresken Gassen, kleinen Läden, Pubs, Nachtclubs und Restaurants; Christ Church Cathedral am Christ Church Place (offen tgl. 10 – 17 Uhr), ältestes steinernes Gebäude der Stadt; St. Patrick's Cathedral (offen Mo. bis Fr. 9 – 18 Uhr, Sa. 9 – 17 Uhr, von November bis März auch So. 10 – 16 Uhr).
- **Drogheda:** Millmount Fort & Museum zur Stadtgeschichte und schönem Blick über die Stadt (offen Mo. bis Sa. 10 – 18 Uhr, Sa. 14.30 – 17.30 Uhr).
- **Belfast:** Crown Liquer Saloon gegenüber dem Hotel Europa an der Great Victoria Street als bekanntestes Pub Belfasts; Black Cab Tours, geführte Touren mit schwarzen Taxis durch die Arbeiterviertel im Westen mit Informationen zu historischen Zusammenhängen und zur Stadtgeschichte (Buchungsmöglichkeiten über Hotels oder unter Tel. 0 80 00 32 20 03); Shankill Road mit Wandbildern mit militärischen Motiven zwischen St. Anne's Cathedral und Crumlin Road.
- **Londonderry/Derry:** Tower Museum mit Exponaten zur Stadtgeschichte; kath. Stadtviertel Bogside mit politischen Wandmalereien und Bloody Sunday Memorial; Derry Craft Village, ein zwischen Shipquay und Magazine Street angelegtes »Dorf«, in dem sich das Leben in Derry zwischen dem 16. und 19. Jh. wiederspiegeln soll; The Fifth Province im Calgach Centre mit Audivisionsshow zur Geschichte und Kultur der Kelten in Irland.
- **Donegal:** Donegal Castle am Marktplatz (offen März bis Oktober tgl. 9.30 – 18.30 Uhr), für Liebhaber von Dampflokomotiven empfiehlt sich ein Besuch im Donegal Railway Heritage Center im Nordosten der Stadt.
- **Cavan:** Lifeforce Mill in der Bridge Street am Kennypottle River mit Möglichkeit zum Selbstbacken eines Brotes im Rahmen einer ca. 40-minütigen Führung (Mai bis September tgl. 10 – 17 Uhr).

Klippen, dazu Weiler und Ortschaften, in denen die Zeit irgendwann stehen geblieben zu sein scheint. Wer weniger Zeit hat und derartige Schönheiten trotzdem nicht missen will, fährt seinen kleinen Rundkurs auf der Fanad Peninsula – meist auf schmalen Sträßchen mit rissigem Belag. Schafe und Gegenverkehr verlangen auf der 60 Kilometer langen »scenic route« besondere Vorsicht. Ausgangspunkt für diesen Abstecher ist Letterkenny, die größte Stadt in der Grafschaft Donegal mit zahlreichen Versorgungsmöglichkeiten.

Von Letterkenny fahre ich hinauf in den Norden des Landes zum Bloody Forland, aus dem gälischen Cnoc Fola für Blutiger Berg, wie die breite, nach Nordwesten weisende Ecke dort oben dann auch genannt wird. Der Name ist aber nicht etwa auf ein Schlacht zurückzuführen, sondern auf die rote Färbung der Felsküste bei Sonnenuntergang. Und auch das Wasser färbt sich dann rot, und das vor der Insel liegende Eiland Tory Island wird zu einem rot glühenden Traumgebilde. Ich fahre die Küste entlang nach Ardara durch eine Landschaft, die zu den beeindruckendsten ganz Irlands zählt. Es geht durch wilde, gebirgige und vor allem einsame Landstriche. In dieser Gegend wird traditionell Tweed hergestellt, sozusagen die Klimafaser der Iren, robust, wetterbeständig, atmungsaktiv.

Hinter Ardara fahre ich den westlichen Zipfel zum Rossan Point hinauf, um der höchsten Klippenformation Europas, Slieve League, einen Besuch abzustatten. Über Teelin komme ich nach etwa drei Kilometern zum Bunglass Point, dann endet der schmale Fahrweg bei einem Parkplatz. Etwa vier Kilometer zieht sich von hier ein Gratweg die Klippen entlang zum höchsten Punkt, 601 Meter über dem Meer, der im freien Gelände zwar gut erkennbar ist, bei Nebel oder schlechter Sicht der fehlenden Markierungen wegen und auch bei Regen aber tunlichst gemieden werden sollte. Im lebendigen Städtchen Donegal, Namensgeber dieser nördlichsten der irischen Provinzen, nehme ich langsam Abschied von meiner Tour durch den Norden Irlands.

Die Glücklichen, die noch viel Zeit haben, können sich nun aufmachen zur Erkundung der malerischen Westküste mit der wilden Berglandschaft Connemaras oder den Cliffs of Moher. Ich aber wähle die Route zurück nach Dublin an den Ufern des Lough Erne entlang über Enniskillen und Cavan bis nach Dublin, das mir nach der Einsamkeit im Norden nun noch hektischer und lebendiger als zu Beginn meiner Reise vorkommt.

>>>

Fortsetzung Servicestellen-
Drogheda: Yamaha J. Kennedy, 1, Carrols Quay, Drogheda
Cavan: Honda Brendan Walsh Motors Ltd., Ballinagh Road, Cavan

Karte Euro Cart Regionalkarte 1:800.000, RV-Verlag Blatt Großbritannien,Irland

Bild oben: Der Giant's Causeway an der nordirischen Coast of Antrim ist eine Ansammlung zumeist hexagonaler Steinsäulen vulkanischen Ursprungs.

Bild unten: Ein malerischer Küstenabschnitt nördlich des Sleave League.

SKANDINAVIEN

Der hohe Norden Europas ist insbesondere wegen seiner vielerorts fast archaisch anmutenden Natur und der gewaltigen Dimensionen auch für Motorradtourer ein lohnendes Ziel. Wo sonst in Europa findet man so viele Seen, so ausgedehnte Wälder, so dünn besiedelte Landstriche, so lange, einsame Straßen wie in Schweden? Wo sonst sind die Täler so weit, die hochalpin anmutenden Berge so nah wie in Norwegen? Wo sonst gibt es eine so innige Verbindung zwischen dem Meer mit seinen tief ins Land ziehenden, still daliegenden Fjorden und der rauen Gebirgslandschaft und wo sonst findet man so ausgedehnte sanft gewellte Hochflächen? Dazu das Licht! Besonders um Mittsommer herum erstrahlt die skandinavische Landschaft fast rund um die Uhr in mildem Licht, was das Gefühl der nordischen Weite noch verstärkt.

Bild links: Traumstraßen – wie hier in Norwegen auf dem Weg hinauf zum Dalsnibba – gibt es im Land der Trolle im Überfluss.

Bild oben: Ein Wahrzeichen Südorwegens – der senkrecht abfallende Felsen »Preikestolen« über dem Lysefjord.

Schweden – Auf den Spuren des Wasalaufs

Schweden, das ist für uns Deutsche Ikea, Astrid Lindgren, Michel von Lönneberga, Pippi Langstrumpf, Königin Silvia ..., vor allem aber auch sehr viel unberührte Natur, durch welche sich geradlinige Straßen ziehen, die erst am Horizont zu enden scheinen.

Tour 39

Streckenlänge 1491,0 km

Ausgangs- und Endpunkt Helsingborg (10 m)

Anfahrt München – Ingolstadt – Nürnberg – Fürth – Würzburg – Fulda – Kassel – Göttingen – Hildesheim – Hannover – Hamburg – Neumünster – Schleswig – Kolding – Köge – Kopenhagen – Helsingör – Helsingborg (1289 km)

Anfahrtszeit 14 Stunden

Mautgebühren
Die Mautgebühren in Dänemark betragen für die einfache Strecke für eine Person und ein Motorrad 17,60 €.
Die Storebaeltbrücke zwischen Kolding und Koge ist mautpflichtig.

Fähre Die Fähren zwischen Helsingör (Dänemark) und Helsingborg (Schweden) verkehren ganzjährig tgl. alle 20 Min., nachts alle 30 Min., Fahrtdauer ca. 45 Min.

Servicestellen
Göteborg: BMW Kenneths MC-Service, Magnetgatan 6, 41101 Göteborg
Honda Göteborg Ahlquist MC, Friggatan 20, 41101 Göteborg
Yamaha Zäta-Motor Kent Zackrisson, Aminogatan 32, 41101 Göteborg
Harley-Davidson Göteborg, Friggagatan 2, 41101 Göteborg
Karlstad: BMW Autowax Bil, Bromsgaten 9, 65221 Karlstad
Honda, Suzuki, Ducati, Triumph Bike Corner, Gjuterigatan 5, 65221 Karlstad
Yamaha MC-Tekno, Gjutergatan 8, 65005 Karlstad >>>

Strecke: Helsingborg (km 0,0) – Göteborg (km 232,0) – Trollhättan (km 308,0) – Karlstad (km 454,0) – Torsby (km 489,0) – Mora (km 649,0) – Falun (km 733,0) – Stockholm (km 938,0) – Nörrköpping (km 1087,0) – Jönköping (km 1254,0) – Helsingborg (km 1491,0)

Vor langer, langer Zeit bin ich schon einmal in Schweden gewesen, damals aber nicht auf dem Motorrad, sondern auf Langlaufskiern, mit denen ich die 90 Kilometer lange Strecke des Wasalaufes von Sälen nach Mora bewältigte. Recht erfolgreich war ich damals zwar nicht, aber trotzdem wollte ich noch einmal dorthin zurück, um mir mit etwas mehr Muße ein Bild von diesem Land zu machen, das mir vorwiegend als vereiste Langlaufspur in Erinnerung geblieben ist, die sich hügelauf, hügelab durch endlosen Wald dahinzieht.

Vom dänischen Helsingör habe ich mit der mehrmals stündlich verkehrenden Fähre über den Öresund ins schwedische Helsingborg übergesetzt. Und es tat ganz gut, sich nach der langen Anfahrt auf der 20-minütigen Schifffahrt wieder die Beine vertreten zu können, zumal ich auf meiner geplanten Tour hinauf nach Mora in Mittelschweden noch ausgiebig Gelegenheit zum Fahren bekommen würde, wie allein schon ein Blick auf die Karte zeigte, welche die gewaltigen Entfernungen in diesem lang gestreckten Land, das bis hinauf zum Polarkreis reicht, allerdings nur erahnen ließ.

Bei der Einfahrt in den Hafen fällt mir der Kärnan auf, ein 35 Meter hoher Backsteinturm, dessen Spitze die schwedische Flagge mit dem gelben Kreuz auf blauem Grund ziert. Er liegt am oberen Ende des lang gestreckten Marktplatzes, in dessen Geschäftsauslagen ich nun Namen wie »jordgubbe« für Erdbeere, »blåbär« für Heidelbeere und »körsbär« für Kirsche lese. »äpple« für Apfel sowie »apelsin« für Apfelsine wären dagegen auch ohne die dazu ausgelegte Ware zu verstehen, und auch der Kaffee, mit dem ich mich in einer der »kafeterias«, den Schnellgaststätten, stärke, bedarf keines Wörterbuches.

An der Küste entlang nach Göteborg

Ich habe den ersten Teil meiner Reise an der Südwestküste entlang hinauf nach Göteborg gelegt, und wenn ich auf der Autobahn, die hier

Kurz vor einem Gewitter in Dalsland. Die düstere Stimmung verleiht der Landschaft einen besonderen Reiz.

am Kattegat entlang führt, auch nicht allzu viel von der Landschaft Südschwedens zu sehen bekomme, fällt mir doch auf, dass es sich um einen vorwiegend landwirtschaftlich genutzten, fruchtbaren Landstrich handeln muss. Zum Meer hin bestimmen Sandstrände und bewaldete Dünen das Bild, das sich bis Göteborg nicht wesentlich ändert.

Zum Vänernsee

Die Stadt dehnt sich vom Hafen aus schon weit in ein hügeliges, teils bewaldetes Umland, in welches ich nun, der Beschilderung Trollhättan folgend, einfahre. Die gut ausgebaute Reichsstraße 45 zieht sich am Götaälv entlang nach Norden zum Vänernsee. Es ist der größte See Schwedens, und mit einer Fläche von 5546 Quadratkilometern ist er fast zehn Mal so groß wie der Bodensee, aber hier von der Straße aus kann man dessen riesige Fläche gar nicht erahnen. Man müsste schon mit dem Flugzeug oder mit dem Boot unterwegs sein, um die schier unüberblickbaren Ausmaße erfassen zu können, genauso wie die Tatsache, dass Schweden von ungezählten größeren und kleineren Seen fast vollständig überzogen ist. Von der Straße aus sieht man nicht sehr viel, hauptsächlich Wald, Hügelrücken und kleine Städte mit häufig rot und weiß gestrichenen Holzhäusern.

In Vänersborg an der Südspitze des Sees gelegen parke ich deshalb an der Promenade am Seeufer und kann nach Norden hin kein Ende entdecken. Der Sage nach soll die Göttin Gefijdon den See erschaffen haben, als sie eines Nachts eine riesige Erdscholle entnahm, um diese in die Ostsee zu setzen, woraus das dänische Seenland entstanden sein soll. Aus der zurückgebliebenen Mulde soll sich dann der Vänernsee gebildet haben. Realistischer scheinen allerdings geologische Vorgänge gewe-sen zu sein, die zu einer Landerhebung in der Nacheiszeit geführt haben.

>>>

Trollhättan: BMW und Honda Bike Trollhättan, Lextorpsrägen 997, 46137 Trollhättan
Harley-Davidson Super Cycle, Installatörvgen 16, 46137 Trollhättan

Stockholm: Yamaha MC-Proffsen H.L.W., Hägerstensallée 12, 12904 Stockholm
Harley-Davidson House, Bolmensrägen 47, 12050 Stockholm

Karte Euro Cart Regionalkarte 1:800.000, RV-Verlag, Blatt Schweden/Dänemark/Norwegen

Gemütlicher geht es kaum noch. Schwedische Holzhäuser strahlen eine besondere Behaglichkeit aus.

So stelle ich meinen Tageskilometerzähler auf Null und beginne meine Fahrt am Westufer entlang hinauf nach Karlstad, das an der Nordspitze des Sees liegt. Als ich auf den Marktplatz der Provinzhauptstadt vor dem Friedensmonument von Ivar Johnsson parke, das an die Auflösung der schwedisch-norwegischen Union 1905 erinnern soll, zeigt er fast 150 Kilometer an. Ich setze mich auf die Terrasse eines kleinen Lokals und bin von den Preisen für die Gerichte angenehm überrascht. Galt das Preisniveau doch viele Jahre als überteuert, scheint es nunmehr sogar unter dem der deutschen Gastronomie zu liegen. Nur der Preis von acht Euro für ein kleines Bier macht es mir leicht, darauf zu verzichten, mich stattdessen mit Alkoholfreiem zu begnügen, um dann gestärkt mit einem vorzüglichen Zanderfilet die Weiterfahrt anzutreten.

Nordwärts zum Siljansee

Entlang der norwegischen Grenze fahre ich nun weiter nordwärts, meinem endgültigen Ziel und Umkehrpunkt Mora am Siljansee entgegen. Es ist eine attraktive Ferienlandschaft hier in Mittelschweden mit einer recht reizvollen Landschaft, in der Hochland mit Ebenen und Seen abwechselt. Der Wald wurde vielerorts gerodet, aber größere landwirtschaftliche Nutzung lässt der Boden nicht zu, so dass hauptsächlich Hafer angebaut wird. Doch der Haupterwerbszweig ist ohnehin die Holz verarbeitende Industrie.

Mora, Zielort des berühmten Wasalaufes, erkenne ich nicht mehr wieder. Nicht etwa weil sich der kleine Marktort so verändert hätte, sondern weil die Landschaft damals tief verschneit war und ich zudem von der Anstrengung ziemlich geschafft war. Jetzt fällt mir der freistehende Glockenturm der

Sehenswürdigkeiten

- **Helsingborg:** Backsteinturm Kärnan am Marktplatz; neugotisches Rathaus; Stadtmuseum an der Södra Storgaten 31.
- **Göteborg:** Gustav-Adolf-Platz mit Rathaus aus dem 17. Jh.; Historisches Museum in der Norva Hamugatan 12; Vergnügungspark Liseberg; Kunstmuseum u. a. mit Werken von Rembrandt am Götaplatz; sehr lebendige Innenstadt, besonders zu Mittsommer.
- **Trollhättan:** Saab-Automuseum; Königsgrotten; Freilichtmuseum im Naturpark.
- **Karlstad:** Värmlandmuseum im Sandgrundpark mit kulturhistorischer Sammlung; Östra Bron über den Klärälven, längste Steinbrücke Schwedens aus dem 18. Jh.; Stora-Platz mit Friedensmonument von Ivar Johansson.
- **Mora:** Glockenturm mit Kirche aus dem 13. Jh.; Kunstsammlung Zorn; Freilichtmuseum am Ortsrand mit ca. 40 alten Häusern und Höfen; Wasalaufmuseum im Klubhaus des Sportvereins.
- **Falun:** Dalarnamuseum mit Kunsthalle; Falu-Gruva, Kupfergrube mit Museum (Besichtigung zwischen Mai und Aug. täglich möglich).
- **Stockholm:** Königliches Schloss auf der Altstadtinsel Stadsholmen; Domkirche südwestlich hinter dem Schloss; Deutsche Kirche am Storteget; Ritterhaus aus dem 17. Jh.; Nationalmuseum südöstlich vom Gustav-Adolf-Platz (offen Di. bis Sa. 11 – 17 Uhr, Di. und Do. bis 21 Uhr, Mo. geschlossen); Wasamuseum (offen täglich 9.30 – 19 Uhr) und Nordisches Museum auf der Djurgardeinsel; Freilichtmuseum Skansen mit zoologischem Garten.

Ortskirche aus dem 13. Jahrhundert auf, und auch für den See, der von sanft ansteigenden, teils bewaldeten Hügeln umrahmt wird, habe ich einen Blick. Im kleinen »Vasaloppsmuseet«, im Klubhaus des Sportvereins untergebracht, erfahre ich, dass der Lauf seit 1922 zur Erinnerung an Gustav Eriksson ausgetragen wird, der hier im Jahr 1520 die Männer von Dalarna, wie diese Provinz genannt wird, zum Freiheitskampf gegen die Dänen aufrief. Auf seiner anfänglichen Flucht vor den Dänen floh er auf Langlaufskiern Richtung Norwegen nach Sälen, bevor er den Kampf schließlich doch gewann und 1532 als Gustav I. Wasa zum König von Schweden gekrönt wurde.

Ich habe genug gesehen, erstehe in einem Souvenirladen noch eines der kleinen bunten Holzpferdchen, die als Dala-Pferdchen bezeichnet werden und typisch für diese Region sind, und trete die Rückreise an.

Stockholm

Um nicht auf der gleichen Route zurückzufahren, wähle ich die Strecke über Falun, Borlänge und Avesta nach Stockholm. Die Hauptstadt Schwedens möchte ich mir nicht entgehen lassen und bin überrascht, wie harmonisch sich das Stadtbild mit den weitläufigen neuen Wohnvierteln in das bewaldete, teils von Felskuppen besetzte Hinterland einfügt. Die ganze Stadt verteilt sich über mehrere Inseln und Halbinseln, und es dauert etwas, bis ich zur Altstadt, der »Gamla Stan«, mit dem Reichstag, dem königlichen Schloss und der Domkirche vorgedrungen bin. Einen Besuch der Deutschen Kirche, der »Tyska Kyrkan«, auch St.-Gertrud-Kirche genannt, unternehme ich hauptsächlich des Namens wegen, der Heimatgefühle in mir aufkommen lässt, dann erwartet mich zurück nach Helsingborg fast ausschließlich nur noch Autobahn.

Stiller Genuss. Natur pur gibt es in Schweden im Überfluss. Und ein Lagerfeuer wärmt nicht nur, es hält auch die Mücken auf erträgliche Distanz.

Norwegen – Durch das Tal der Könige von Oslo nach Trondheim

Es war eine lange Fahrt von München hier herauf nach Oslo. 1800 Kilometer zeigt mein Tageskilometerzähler, der eigentlich Zweitageskilometerzähler heißen müsste, denn bei gut 20 Stunden reiner Fahrzeit war ich zwei Tage unterwegs. Ich hätte doch auf den Rat wohlmeinender Freunde hören und die Fähre benutzen sollen.

Tour 40

Streckenlänge 544,0 km

Ausgangs- und Endpunkt
Oslo (100 m) Trondheim (20 m)

Anfahrt München – Ingolstadt – Nürnberg – Fürth – Würzburg – Fulda – Kassel – Göttingen – Hildesheim – Hannover – Hamburg – Neumünster – Schleswig – Kolding – Köge – Kopenhagen – Helsingör – Helsingborg – Halmstad – Varberg – Göteborg – Svinesund – Moos – Oslo (1804 km)

Anfahrtszeit 20 1/2 Stunden

Mautgebühren
Die Mautgebühren in Dänemark und Norwegen betra-gen für die einfache Strecke für eine Person und ein Motorrad 18,60 €.
Die Stadteinfahrt Oslo ist für Motorräder gebührenfrei. Die Storebaeltbrücke zwischen Kolding und Köge ist mautpflichtig.

Fähre Die Fähren zwischen Helsingör (Dänemark) und Helsingborg (Schweden) verkehren ganzjährig tgl. alle 20 Min., nachts alle 30 Min., Fahrtdauer ca. 45 Min.

Anreise-Alternative
Alternativ zur Anreise auf dem Landweg empfiehlt sich die Fähre zwischen Kiel und Oslo

Anfahrt München – Ingolstadt – Nürnberg – Fürth – Würzburg – Fulda – Kassel – Göttingen – Hildesheim – Hannover – Hamburg – Neumünster – Kiel (875 km) – Stadteinfahrt Oslo (880 km) ›››

Strecke: Oslo (km 0,0) – Lillehammer (km 186,0) – Ringebu (km 243,0) – Dombås (km 346,0) – Hjerkinn (km 378,0) – Oppdal (km 428,0) – Støren (km 491,0) – Trondheim (km 544,0)

Teurer wäre dies dann wohl auch nicht gekommen, denn auf der Anfahrt durch Schweden habe ich schon kurz vor der Grenze einen dieser Kästen am Straßenrand, die noch nicht einmal besonders getarnt sind, übersehen, der sich dann prompt als stationäre Radaranlage entpuppte. Den Infrarotblitz, der mir entgegenschleuderte, brachte ich sofort mit dem Bußgeldbescheid in Verbindung, der mir nach meiner Rückkehr entgegenflattern würde. Im weiteren Verlauf achtete ich peinlichst genau auf die Geschwindigkeitsschilder, die auf Landstraßen bei 90 km/h und auf Schnellstraßen zwischen 90 und 110km/h fordern, was meine Stimmung nicht allzu sehr verbesserte. Trotzdem, mit dem Überschreiten der Grenze nach Norwegen waren dieses Missgeschick und die Anreisestrapazen bald vergessen, und ich freute mich auf meine Reise durch das Land der Fjorde. Über Oslo, die Hauptstadt des norwegischen Königreiches, habe ich gelesen, dass sie als grünste und flächenmäßig größte Hauptstadt Europas gilt, was allerdings daran liegt, dass lediglich etwa ein Viertel des 450 Quadratkilometer großen Stadtgebietes bebaut ist. Keine Ahnung, wie lange ich also schon im Stadtgebiet unterwegs bin, ohne es zu bemerken. Als sich jedoch Mautstellen vor mir aufbauen, an denen die Autofahrer Münzen in kleine Trichter werfen, habe ich die Innenstadt sicher erreicht. Für Motorräder ist die Einfahrt glücklicherweise kostenlos, was mir umständliches Kramen nach Münzen erspart. Um mir einen ersten Eindruck von der Stadt zu verschaffen, fahre ich gleich Richtung Hafen Pipervika, um den sich das Stadtzentrum konzentriert.

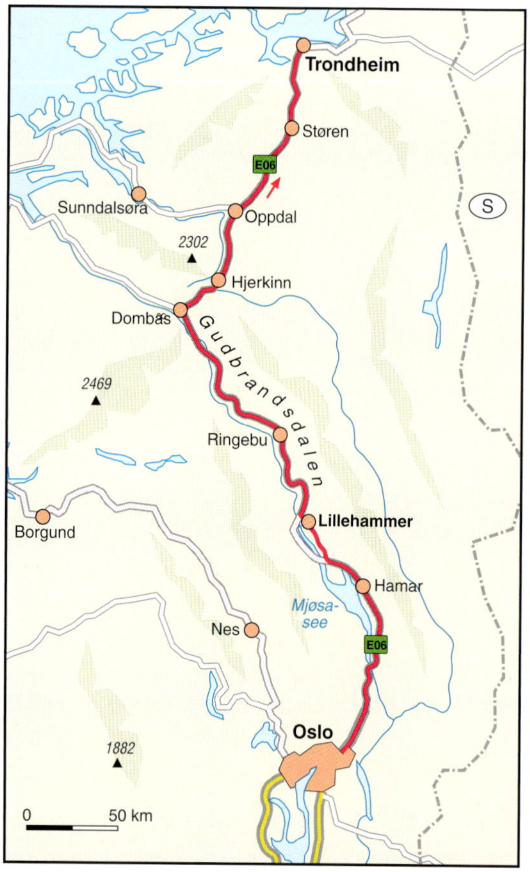

Oslo und Holmenkollen

Ich sehe die Schilder zum Hauptbahnhof (»Sentralbanestasjonen«) und parke direkt vor der Touristeninformation. Dann vertrete ich mir die Beine, indem ich die gut 1,5 Kilometer lange Hauptgeschäftsstraße und Flaniermeile Oslos, die

Karl Johansgate mit ihren unzähligen Läden, Boutiquen, Cafés und Restaurants zum Königsschloss hinunterspaziere. Zurück bei der Maschine habe ich mir noch etwas vorgenommen: Ich möchte die Holmenkollen Sprungschanze nordwestlich der Stadt besuchen. Dem Suchen des Weges dorthin mit dem Motorrad ziehe ich die etwa 20-minütige Fahrt mit der Stadtschnellbahn vom Nationaltheater aus vor. Über 700.000 Besucher kommen jährlich zu dieser größten Touristenattraktion Norwegens, und der Blick von der Schanze, die 1952 anlässlich der Olympischen Winterspiele hier gebaut wurde, ist grandios. Mit Skiern würde ich sie aber für kein Geld der Welt hinunterfahren, und so benutze ich auch abwärts wieder den Aufzug.

Nach Lillehammer

Zurück an der Maschine glaube ich, genug gesehen zu haben, und verlasse die Stadt in nordöstlicher Richtung auf der E 6 durch die ausgedehnten Stadtrandsiedlungen. Eine hügelige Landschaft nimmt mich auf, über eine weit gespannte Straßenbrücke überquere ich die Vorma und erreiche die Südspitze des Mjøsasees. Da sich die Straße am Ostufer entlang immer wieder vom See entfernt, wird es mir gar nicht richtig bewusst, dass es sich hier um den größten See Norwegens handelt. Stattdessen fallen mir mehr die großen Kornfelder entlang der Straße und die stattlichen, rot gestrichenen Bauernhöfe auf, die sich doch deutlich von der gewohnten oberbayerischen Bauweise unterscheiden.

Im Rausch der Kurven. Bei den 29 Serpentinen des Geirangervegen hinauf zum Dalsnibba kommen selbst Schräglagensüchtige auf ihre Kosten.

>>>

Anfahrtszeit 9 1/2 Stunden

Fähre Fähren zwischen Kiel und Oslo verkehren ganzjährig tgl. um 13.30 Uhr in beide Richtungen. Der Preis für eine Überfahrt beträgt pro Person und Motorrad ca. 230 €. Fahrtdauer ca. 19 1/2 Std. >>>

>>>

Servicestellen
Oslo: BMW Motozentrum, Okernveien 99, Postboks 323 Okern, 0511 Oslo
Honda MC-Oslo, 0190 Oslo, Tel. 23 03 97 00
Honda Jeco Mc, 0661 Oslo, Tel. 23 06 00 50
Suzuki Bilsenter RSA avd Skoyen, Dvammensveien 130, 0227 Oslo
Yamaha AR Tuning, Trondheimsveien 80, 0565 Oslo
Harley-Davidson Christiana, Stromsveien 266, Alnabru, 0668 Oslo
Lillehammer: Honda MC-Huset Lillehammer, 2619 Lillehammer, Tel. 61 25 38 60
Yamaha Motorsport, Hovemorn 45, 2624 Lillehammer
Trondheim: Honda Kellox Motorsenter, 7448 Trondheim, Tel. 73 94 97 70
Yamaha Strandveien Auto Verdal, Strandveien 29, 7493 Trondheim

Karte Euro Cart Regionalkarte 1:800.000, RV-Verlag, Blatt Schweden/Dänemark/ Norwegen

In Lillehammer, dem einen oder anderen vielleicht noch von den Olympischen Winterspielen 1994 her ein Begriff, verlasse ich den See, und langsam tritt ein Wechsel in der Landschaft ein.

Im Gudbrandsdalen

Die Felder gehen in grüne Wiesen über, hinter denen sich bewaldete steile Hänge und karge Berge erheben. Ich bin im Gudbrandsdalen, das sich entlang des Flusses Lågen gut 200 Kilometer hinauf nach Norden erstreckt. Es ist das berühmteste Tal Norwegens, was noch auf das Mittelalter zurückgeht, als hier die Könige zur Krönung nach Trondheim zogen. Heutzutage ist es eines der beliebtesten Reiseziele Norwegens, gleichzeitig das am dichtesten besiedelte Tal und die wichtigste Nord-Süd-Verbindung Norwegens. Landschaftlich spiegelt es in erster Linie die bäuerliche Seite Norwegens wider, streckenweise eng und dicht bewaldet, dann wieder breit und mit viel Platz für grüne Weideflächen, fruchtbare Äcker und stattliche Dörfer. Wenn die fremdartige Holzbauweise nicht wäre, könnte man sich in ein deutsches Mittelgebirge versetzt fühlen. Für das Dovrefjell, die Gebirgslandschaft, die ich nun bei Dombås weiter der E 6 folgend erreiche, trifft dies nicht zu.

Im Dovrefjell

Langsam zieht die Straße nach oben, geschlossener Nadelwald geht in einen immer spärlicher werdenden Birkenbestand über, dann fahre ich in eine Hochfläche ein mit niedrigem Buschwerk, windzerzausten Bäumen, mit von Moosen und Flechten bedeckten Felsbrocken und kleinen Seen, dahinter kaum höher erscheinende Bergrücken, auf denen noch Schneereste liegen. Es ist eine fast archaische, für mich völlig fremdartige Landschaft, und es würde mich nicht wundern, wenn plötzlich ein Moschusochse, von denen es in diesem teilweise zum Nationalpark erklärten Gebiet etwa 100 Stück geben soll, auftauchte. Allerdings tut mir keines der scheuen Tiere, deren ursprüngliche

Sehenswürdigkeiten

- **Oslo:** Domkirche am Großen Markt (offen täglich 10 – 16 Uhr); Nationalgalerie in der Universitätsgata Nr. 13 mit größter Kunstsammlung Norwegens (offen Mo., Mi., bis Sa. 10 – 18 Uhr, Do. bis 20 Uhr, Sa. 10 – 16 Uhr, So. 11 – 16 Uhr); Historisches Museum hinter der Nationalgalerie (offen Di. bis So. 10 – 16 Uhr); Königliches Schloss am Ende der Karl-Johans-Gata; Hafenrundfahrt mit dem Boot ab Rathauskai (Dauer ca. 50 Min., Mitte Mai bis Mitte August von 11 – 18 Uhr stündlich).
- **Lillehammer:** Kunstmuseum am Marktplatz; Fahrzeugmuseum am Lilletorget (offen Mitte Juni bis Mitte August 10 – 18 Uhr); Olympiapark bei der Fußgängerzone.
- **Dombås:** Im Fremdenverkehrsbüro können tägliche Führungen in den Dovrefjell Nationalpark mit Besuch der Moschusochsen gebucht werden.
- **Trondheim:** Nidaros-Dom (offen Juni bis August Mo. bis Fr. 9 – 18 Uhr, Sa. bis 14 Uhr; So. 13 – 16 Uhr); Erzbischöfliches Palais; Bybrua-Pfahlhäuser an der Bispegata nordwestlich des Dom; Festung Kristiansen (offen Juni bis Aug. Mo. bis Fr. 10 – 15 Uhr, Sa., So. 11 – 16 Uhr); Volkskundemuseum (offen Juni bis August täglich 11 – 18 Uhr).

Population bereits von den Wikingern ausgerottet wurde und die dann in den 1930er Jahren mit einer Herde von 23 Tieren aus Grönland wieder hier angesiedelt wurden, den Gefallen.

Also halte ich ersatzweise nach den Trollen Ausschau, diesen als gutmütig und einfältig beschriebenen Sagengestalten aus dernorwegischen Mythologie, die in der unwirtlichen »Utmark«, dem Land außerhalb des menschlichen Einflusses, unter Felsen, Moosen, an Flüssen und in dichten Wäldern leben sollen. Ich kenne sie aus den Büchern des wohl bekanntesten norwegischen Dichters Henrik Ibsen, der sie in seinem 1867 erschienen Roman »Peer Gynt« so vortrefflich beschrieben hat. In diesem Buch wird die Hauptperson genau hier in dieser Gegend fast mit der Tochter eines Trolls verheiratet.

Als ich, wenig verwunderlich, auch keine Trolle entdecken kann, verlasse ich das Fjell, wie im skandinavischen Raum jegliches Gebiet oberhalb der Waldgrenze genannt wird, fahre wieder abwärts und erreiche langsam lebensfreundlichere Regionen mit grünen Wiesen, etwas Wald und den typischen dunkelrot gestrichenen Holzhäusern.

Bild gegenüberligende Seite: Im Romsdal in Norwegen gibt es abseits der Hauptstraßen natürlich auch noch einige Schotterpisten.

Bild oben: Wer in Norwegen mit dem Motorrad unterwegs ist, wird immer wieder auf Schiffe als Transportmittel angewiesen sein. Und warum nicht einmal eine Teilstrecke mit den berühmten Hurtigruten zurükklegen?

Trondheim

Über eine in kleinen Wellen leicht ansteigende und abfallende Straße nähere ich mich Trondheim, der drittgrößten Stadt Norwegens, malerisch an einer Bucht des Trondheimfjords gelegen und von einem Kranz bewaldeter Berge umgeben. Auf einer Brücke überquere ich die Nidelva und parke dann vor Trondheims bedeutendster Sehenswürdigkeit, dem Nidaros-Dom, in dem die Krönung des norwegischen Königs seit 1814 durch Verfassung vorgeschrieben ist. Drinnen lasse ich die Atmosphäre auf mich wirken, bevor ich mich anderntags, genau wie die Könige, auf den Rückweg mache.

Abendstimmung am Trondheimfjord – dem Ziel unserer Reise.

Bildnachweis

H.-J. Arndt: S. 36, 39 u., 44, 64, 65; H. Bauregger: S. 54, 55, 67, 68, 69, u., 71, 72, 73, 86, 87, 113; Zeitschrift Tourenfahrer/M. Biebricher/St. Kurz: S. 5 u., 7 M., 131, 132, 133; Zeitschrift Tourenfahrer/M. Biebricher: S. 135, 136, 137 (2); Zeitschrift Tourenfahrer/U. Böhringer: S. 7 u., 8, 29, 31, 32, 33, 40, hintere Innenklappe links o.; U. Böhringer: S. 34, 39 o., 45, 60/61, 84, 93, 109, 110, 111, 115, 124/125, 139, 140, 141; R. Eppli: S. 5 M., 189, 174, 177 (2), 179, 187 o.; D. Fuchs: S. 43 u., 78, 85; Zeitschrift Tourenfahrer/M. Golletz: hintere Innenklappe links u., S. 4, 74/75, 75, 97, 98, 99; M. Hepper: S. 17, 18, 19, 22, 23, 49, 50, 51; M. Hartum: S. 57, 58, 128, 129; A. Hülsmann: S. 46/47, 47, 52, 53, 121, 122, 123, 178/179, 181, 182, 183, 185, 186, 187 u.; B. Irlinger: S. 175; Zeitschrift Tourenfahrer/F. Klose: S. 7 o., 81, 82, 83; Zeitschrift Tourenfahrer/H. Nitschke: S. 9 u., Innenklappe hinten links, 165, 166, 167; Zeitschrift Tourenfahrer/D. Schäfer: S. 5 o., 9 o. und M., 158/159, 159, 161, 162, 163, vorder Umschlagsklappe; D. Schäfer: hintere Innenklappe rechts, S. 4, 10/11, 14, 15, 69 o., 101, 102, 103, 105, 106, 107, 143, 144, 145, 145, 147, 148, 149, 151, 152, 153, 171, 172, 173, Umschlagsrückseite; H. E. Studt: Titelfoto, S. 13, 25, 26, 27, 28/29, 35, 37, 41, 43 o., 61, 62, 63, 77, 79, 125, 127, 155, 157, 168/169; Zeitschrift Tourenfahrer/Th. Trossmann: S. 6, 89, 90, 91 (2), 94, 95 (2); Th. Trossmann: S. 114, 117, 118, 119. **Titelbild:** Entspannung an der Côte d'Azur (Hans M. Engelke)

Impressum

Produktmanagement: Carl-Christian Steinbeißer
Textredaktion: Claudia Schmidt
Bildredaktion: Heinrich Bauregger
Layout: Regina Bocek
Umschlag: Nina Andritzky
Herstellung: Thomas Fischer
Kartografie: Achim Norweg
Repro: Repro Ludwig, A – Zell am See
Druck: MKT Print, Ljubljana, Slowenien

Textnachweis: Alle Touren sind von Rudolf Geser außer 5, 13, 14 (H. Bauregger), 1, 9, 11, 27, 39 (M. Hartum), 38 (Dr. H. Kämmerer).

Alle Angaben in diesem Werk hat der Autor sorgfältig recherchiert und auf den aktuellen Stand gebracht. Sie wurden vom Verlag geprüft. Für die Richtigkeit der Angaben kann jedoch keine Haftung übernommen werden.

Für Hinweise und Anregungen sind
wir jederzeit dankbar. Bitte richten Sie diese an:
Bruckmann Verlag
Lektorat
Postfach 40 02 09
D-80702 München
E-Mail: lektorat@bruckmann.de

Die Deutsche Nationalbibliothek – CIP-Einheitsaufnahme
Ein Titeldatensatz für diese Publikation ist bei der
Deutschen Nationalbibliothek erhältlich.

Die Erstauflage erschien 2003 unter dem Titel »Die schönsten Motorradtouren in Europa« beim Südwest-Verlag.

Aktualisierte Neuauflage 2008

Printed in Slovenia by
MKT Print, Ljubljana

ISBN 978-3-7654-5123-2

WEITERE TITEL

Die schönsten Motorradtouren

ISBN 978-3-7654-5101-0

ISBN 978-3-7654-4425-8

ISBN 978-3-7654-4437-1

Die schönsten Motorrad-Inseln
ISBN 978-3-7654-4432-6

Die schönsten Motorradtouren: Bayerische Seen
ISBN 978-3-7654-4847-8

Die schönsten Motorradtouren: Küstenstraßen
ISBN978-3-7654-4848-5

Die schönsten Motorradtouren: Im Westen Deutschlands
ISBN 978-3-7654-4435-7

Die schönsten Motorradrouten: Norditalien
ISBN 978-3-7654-4883-6

Die schönsten Motorradrouten: Spanien
ISBN 978-3-7654-4352-7

Die schönsten Motorradrouten: Süditalien
ISBN 978-3-7654-4265-0

Die schönsten Motorradrouten: Tschechien
ISBN 978-3-7654-4424-1

Die schönsten Motorradrouten: Norwegen
ISBN 978-3-7654-4592-7

Westalpen mit dem Motorrad
ISBN 978-3-7654-4431-9

Das komplette Programm unter
www.bruckmann.de

BRUCKMANN